科 创 未 来

主 编：周先荣 许秋红

副主编：吉发荣 邱 挺 陈益飞

编 者：周绍清 顾 维 谢兴宇 李晓华

　　　　杨晓澜 陈海涛 刘志红 温如孺

　　　　浦丹萍 张 翀 王卫坚 周 颖

　　　　曾 峰

苏州大学出版社

图书在版编目(CIP)数据

科创未来 / 周先荣, 许秋红主编. —苏州: 苏州大学出版社, 2019.7
(STEAM精品课程系列丛书 / 马建兴, 周先荣主编)
ISBN 978-7-5672-2832-0

Ⅰ.①科⋯ Ⅱ.①周⋯ ②许⋯ Ⅲ.①科学知识-初中-教材 Ⅳ.①G634.71

中国版本图书馆CIP数据核字(2019)第118035号

科创未来
Kechuang Weilai

周先荣 许秋红 主编

责任编辑 徐 来

苏州大学出版社出版发行
(地址: 苏州市十梓街1号 邮编: 215006)
苏州工业园区美柯乐制版印务有限责任公司印装
(地址: 苏州工业园区东兴路7-1号 邮编: 215021)

开本 890 mm×1 240 mm 1/16 印张 13.75 字数 385千
2019年7月第1版 2019年7月第1次印刷
ISBN 978-7-5672-2832-0 定价: 39.80元

苏州大学版图书若有印装错误, 本社负责调换
苏州大学出版社营销部 电话: 0512-67481020
苏州大学出版社网址 http://www.sudapress.com
苏州大学出版社邮箱 sdcbs@suda.edu.cn

编委会

丛书顾问：丁 杰　解凯彬

丛书主编：马建兴　周先荣

丛书副主编：孙雅琴　吴 洪

执行编委：张 凝

编　　委：（按照姓氏笔画排序）

王　健　朱家华　任小文

江　山　汤志明　吴红漫

邹全红　沈宗健　张　云

张　锋　陈汉清　范懋炜

林颖韬　罗章莉　郑　吉

郑建英　徐　华　曹红英

崔　鸿　梁　军　戴　黎

序言

　　STEAM 教育，是当下国际教育界高度关注的热点议题。它以项目式学习（PBL）为出发点，重在培养学生科学（Science）、技术（Technology）、工程（Engineering）、艺术（Art）、数学（Mathematics）等方面的素养，注重发展学生的批判性思维、交往与合作能力和问题解决能力。1986 年，美国国家科学基金会 (NSF) 发布的《本科的科学、数学和工程教育》提出了"科学、数学、工程和技术教育集成"的纲领性建议，强调"使美国下一代成为世界科学和技术领导者"，这被视为提倡 STEM 教育的开端。由于艺术 (Art) 在发展学生创造性和批判性思维、21 世纪技能方面的重要作用，它的加入使 STEM 教育发展为 STEAM 教育理念，即形成了"以数学为基础，通过工程和艺术理解科学和技术"的跨学科的、以项目式和情境性学习为主体的 STEAM 教育。

　　2015 年 9 月初，教育部发布的《关于"十三五"期间全面深入推进教育信息化工作的指导意见（征求意见稿）》明确建议学校"探索 STEAM 教育"。从国家层面来看，STEAM 教育目前已被纳入我国的课程标准。2017 年教育部印发的《义务教学小学科学课程标准》特别把 STEAM 教育列为新课程标准的重要内容之一。2019 年 1 月 3 日上午 10 时 26 分，我国的"嫦娥四号"探测器不负众望，成功地在月球背面软着陆，这是有史以来人类的航天器第一次成功登陆月球背面。在倍感骄傲之际，我们不能忘记，中国航天事业创始人、著名教育家钱学森先生曾提出过著名的"钱学森之问"——教育面临的最艰难最核心的问题，其一就是如何教人尽快获取聪明才智，其二就是如何培养创新能力。这恰恰与 STEAM 教育理念不谋而合。

　　近年来，国内也掀起了 STEAM 教育的热潮，众多教育研究者、教育管理者、一线教师，乃至社会教育机构纷纷投身其中。在一片喧嚣繁华中，有一群 STEAM 教育的爱好者、探索者与实践者，他们期望能做一种遵循认知规律的、符合学生生活实际的、与本土融合而非单纯平移并指向立德树人的 STEAM 教育，"苏式"STEAM 教育由此诞生了。有感于当下真正适合基础教育阶段学校开展 STEAM 教学的教材严重匮乏，他们首创性地开发了第一期"'苏式'STEAM 精品课程系列丛书"（2018 年 10 月已由苏州大学出版社出版）。这是一套区别于一般科技史料读本的 STEAM 教材。它内容丰富，贴近生活，以主题统领下的学科核心概念和跨学科核心概念建构为特征展开课程的设计与开发，充分利用真实生活中随手可得的情境素材作为课程资源，精心设计项目式活动和活动串，以核心问题为导向，有机整合科学、技术、工程、艺术和数学等多学科知识，以指引学生像科学家一样探索未知，激发学生作为学习者、创造者和 21 世纪社会公民的潜能，鼓励学生以多样性和多元化的方法解决问题，倡导基于项目和问题的学习方式——PBL(Project-Based Learning & Problem-Based Learning)，让每一位学生相信自己是一名创新者，并最终成为一名创造者。

　　STEAM 教育有两个基本理念：第一，注重学习与现实世界的联系；第二，注重学习的过程，而非仅仅重视应试的卷面成绩。具体而言，STEAM 教育不仅仅提倡学习科学、技术、工程、艺术和数学这五个

领域的知识，更提倡一种新的教学方式——让学生自己动手完成他们感兴趣并且和生活相关的项目，在此过程中学习各学科以及跨学科的知识。较应试教育而言，STEAM 教育不仅是一种理念上的转型，更是一次实践上的飞跃，也是一项"功在当代，利在千秋"的事业。

我国课程体系相对固定，分科教育由来已久。平时，诸如"我是一名语文教师""我是教一年级数学的"等声音不绝于耳。言下之意：我不是教其他学科的，也不是教其他年级的，所以那些"其他"与我无关。凡此种种，形成了学科隔膜，使学生的思维深度、发散性受到了限制。人类的进化史从来都是一部打破疆界的拓展史。诚然，工作与学习过程模块化、标准化、程式化，这些都是提高效率的有效手段。但在当下，我们需要学会在充满不确定性的复杂环境中生存与发展，在解决问题的同时创造新知识，在虚拟网络和现实生活之间构建联系，这就必须化界解锁。唯其如此，我们才有可能解决复杂的挑战性问题。当初美国在设计登月等系统性任务时，常将科学家、技术专家、数学家、工程师与政治家组织到一起，使他们在设计过程中互联、互动。在这样的过程中，STEAM 呈现出其特有的效能，并将逐渐成为一种跨学科的整合教育而改变教育原有的结构与格局。STEAM 教育致力于消除传统分科式教育的弊端，将多学科知识进行深度融合，培养学习者高阶思维能力、创造力、合作与交往能力等核心素养。但是，在一些学校，所谓的 STEAM 课程还停留在书本学习层面，课程缺乏实践性；还有一些学校，STEAM 课程的内容格式化，缺乏地方特色，远离学生的生活实际，索然无味；更有一些 STEAM 课程只是人为地拼接学科内容，并未以研究对象为中心统整相关科学知识。这些都不是真正意义上的 STEAM 课程。STEAM 课程的质量是制约当下我国基础教育阶段 STEAM 教育发展的一个瓶颈，也是一个突破口。

基于"立德树人"的教育立场，融 STEAM 理念和吴地特色于一体，这些 STEAM 教育的探索者们又在第一套"'苏式'STEAM 精品课程系列丛书"的基础上编写了第二套 STEAM 教材。本丛书选取了具有江苏地方特色且贴近学生生活的素材，旨在扩大学习情境的范围，增强学生的人文素养，培育学生的科学思维，使学生养成主动学习的意识，强化其解决问题的能力，最终将其培养成具有科学创新素养和人文底蕴的人。

教育的终极目标都是为了孩子的发展。随着科学技术的迅猛发展和国际交流的日益增多，我们更应该思考的是："Are your children globally competent？"（您的孩子是否具备国际化能力？）联合国教科文组织的埃德加·富尔先生说："未来的文盲，不再是不识字的人。"本丛书不仅提供了基于生物、地理、物理、化学与数学等多学科知识融合的 STEAM 课程设计，更重要的是以此为案例传递 STEAM 的教育理念，探讨 STEAM 教学方法，为从 STEAM 教育走向"创客"教育探寻出路，为促进学生深度学习提供参考。今天，拥有高效学习方式已经成为基础教育发展的新趋势，本丛书将给在学校转型、教育变革阶段的学生、教师和家长提供借鉴。

本丛书的作者们牺牲自己的休息时间，夜以继日地开展了卓有成效的工作。这些作品代表了作者们的思想，更传播了 STEAM 教育的精髓——强调跨界，倡导合作，重在实践，关心生活，关注发展，并感受人文与艺术之美。

面对未来，唯有不忘本来，努力奔跑，方得始终。

面对未来，唯有铭记初心，谦谦为匠，方能前行。

己亥年春于南京大学

编写说明

习近平总书记指出:"科学技术是第一生产力,创新是引领发展的第一动力。"当今世界,新一轮科技革命和产业变革正在孕育兴起,科技已成为推动经济社会发展的主要力量,深刻影响着世界格局,改变着人类的生产、生活方式。广义的技术是世界上所有能带来经济效益的科学知识。工程学是通过研究应用数学、自然科学、经济学、社会学等基础学科的知识并加以实践,从而达到改良各行业中现有建筑、机械、仪器、系统、材料和加工步骤的设计和应用方式的一门科学。工程思维在于统筹之上的优化与精致,工程之美在于设计。基础教育应坚守教育初心,用科技创造未来,让创新改变世界,以工程精致万物,借助数学认识自然,通过艺术成就人生,让学生的21世纪能力在学习、实践中得到提升,让教育真正促进每一个学习者的发展。

江苏大地,山清水秀,经济繁荣,教育发达,文化昌盛,素有"山水江南、鱼米之乡"的美誉。这里是吴越文化、长江文化的发祥地之一,更是我国近代科技教育的发祥地之一。据《苏州史记》记载:宋朝年间,由于宋政府"尚文抑武"和太湖地区印刷刻书业的发达,苏州的文化教育事业得到很大发展,范仲淹首创苏州府学,知名学者辈出。各种证据表明:古代和近代的吴地人民在农耕、冶铸、桑蚕丝绸、城市建筑、交通运输、园林技艺、军事兵器、中医药、化学、工艺美术、民俗饮食等领域均取得了辉煌成就。随着《中国制造2025》的实施,江苏依托于深厚的人文底蕴,以现代科技为支撑,"江苏制造"正逐渐转变为"江苏智造",成为江苏人民展现自身智慧与科技创新相融合的靓丽名片。

汲取江苏历史文化精髓,以"科技改变生活"为主要线索,以"融合创新"和"项目式学习(PBL)"为理念,以贴近学生的生活实际为导向,我们开发了以"科创未来"为主题的STEAM精品课程。本书包括"那么小 那么大——纳米""寻找基因的图谱——从DNA走向基因编辑""探微——显微镜的构造原理与应用""智慧生活——学生编程与人工智能""舌尖上的江苏——江苏美食与美食文化""寒暑江苏 宜人四季——温度及其调节"6章,旨在通过基于项目的实践活动,让学习者认识并了解江苏的科技发展、生产工艺,把握时代脉搏,掌握学科核心概念和跨学科核心概念,形成并发展创新意识、实践能力、科学思维、探究能力、工程素养、审美情趣、信息技术素养以及合作交往能力等正确价值观、关键能力和必备品格。

本书内容丰富,图文并茂,章首语和题记充满诗情画意;章节学习目标明确;学习内容充满趣味,并且饱含江苏传统文化和现代科技的味道;探究实践、创客空间、技能训练的操作指导具体明确;章节评估质性评价和量化评价并举,注重实践成果展示,充分体现重要概念的理解及核心概念的建构、科学思维的发展、操作技能的运用;延伸探究注重学习与生活相联系,注重生产、生活中的真实问题的科学解决之道。值得注意的是,本书不仅仅提供了基于数学、生物、地理、物理、化学、人文艺术等学科知识融合为主体的STEAM课程设计,更重要的是以此为案例传递了STEAM的"融创为先""实践为本""本土融合"的教育理念,探讨STEAM教学方法,为践行从STEAM教育走向"创客"教育探寻出路,为促进学习者深度学习提供参考,为学生的终身发展奠基。

第 1 章 那么小 那么大
——纳米 / 1

第 1 节 初遇纳米——纳米与纳米技术 / 2

第 2 节 初识纳米——纳米技术的原理 / 10

第 3 节 初探纳米——纳米材料及其应用 / 18

第 2 章 寻找基因的图谱
——从 DNA 走向基因编辑 / 27

第 1 节 探索规律——遗传的秘密 / 28

第 2 节 宁有种乎——基因与性状 / 40

第 3 节 众生蓝图——基因与我们 / 48

第 4 节 偷天换日——基因工程 / 57

第 3 章 探微
——显微镜的构造原理与应用 / 70

第 1 节 观察与多角度观察——科学实验的方法与途径 / 71

第 2 节 显微镜的前世今生——显微镜的发展历程与制作 / 81

第 3 节 "微"观天下——显微镜在生产生活中的应用 / 90

第 4 章 智慧生活
——学生编程与人工智能 / 103

第 1 节 3D 打印——数字造物 / 104

第 2 节 Scratch——积木搭建 / 111

第 3 节 万物皆可联——物联网就在身边 / 118

第 4 节 人工智能——引领未来 / 123

第 5 节 Python——代码编程 / 129

第5章 舌尖上的江苏
——江苏美食与美食文化 / 137

第1节 美食江苏——城市的味觉记忆 / 138

第2节 神奇的"6+1"——美食中的营养物质 / 144

第3节 茶韵悠悠酒飘香——历史悠久的酒、茶文化 / 150

第4节 众口能调——美食的色、香、味 / 156

第5节 健康饮,安全食——合理膳食 / 163

第6章 寒暑江苏 宜人四季
——温度及其调节 / 170

第1节 春江水暖——初识温度 / 171

第2节 暖玉温香——人体的体温和调节 / 177

第3节 凉意习习——冷却方法和制冷工艺 / 188

第4节 温暖如春——取暖和制热技术 / 195

第5节 舒适随意——人工智能的恒温系统 / 200

再次为春天里的小草歌唱(代后记)/ 208

第1章 那么小 那么大
——纳米

《天问》有云："遂古之初，谁传道之？上下未形，何由考之？"人类自诞生以来，对世界的探索便从未停止。"宏观在宇，微观在握"，展示了人类在宏观和微观两个尺度上对世界的好奇。但作为长度单位的纳米（nm），于许多人而言却依然陌生。你可知道，早在30多亿年前纳米便已存在。2000多年前，蛋白石、陨石碎片、动物的牙齿、海洋沉积物等纳米材料就被人们广泛用于各种生产实践。中国古代字画历经千年而不褪色，古代铜镜保存千年而熠熠生辉，其间都深藏着纳米材料的贡献。

纳米世界，别有洞天。在我们的多彩生活中，便藏有很多纳米的影子。例如，莲叶能出淤泥而不染，壁虎在高墙上能如履平地般行走，有种布可以防水，有种防晒霜的防晒能力比普通防晒霜更强……正可谓"小小纳米，大大用途"。纳米技术被认为具有"提高能源利用效率，帮助清洁环境和解决重大健康问题"等作用，其产品将更小、更轻，功能更强，需要的能源更少，原材料更少，价格也更便宜。

但创造"纳米技术"一词的科学家 K. Eric Drexler 曾发出警告："我们正在开发极其强大、极其危险的技术。"人们担心，纳米技术的科学和发展将比政策制定者制定适当的监管措施更快，我们需要进行更广泛的讨论以确定风险和利益之间的平衡。

内容提要

* 纳米与纳米技术
* 常见的纳米材料及其主要用途
* 探究纳米材料的特性
* 利用纳米材料制作日常生活用品

本章学习意义

纳米是一个很小的度量单位，肉眼无法直接观察到，所以"纳米"这个词语在人们的心目中非常神秘。学习本章内容你将了解到什么是纳米、常见纳米材料有什么用途，还可以纳米材料为原料制作日常生活用品，探究纳米材料的特性。

当你走进这一章，我们将为你打开纳米的大门，并一起揭开纳米材料的神秘面纱，让你感受无处不在的纳米科技，体验于微小处见宏大的神奇。

第 1 节　初遇纳米
——纳米与纳米技术

学习目标

说出　什么是纳米
　　　　纳米技术的运用
描述　纳米技术的主要特征
认识　纳米材料
学会　纳米材料的制备
　　　　制作胶体

关键词

- 纳米
- 纳米技术
- 纳米与生物
- 纳米与医药
- 纳米与生活

艺术鉴赏

1993 年，继 1989 年美国斯坦福大学搬走原子团 "写" 下斯坦福大学英文名字以及 1990 年美国 IBM 公司使用扫描隧道显微镜（STM）在镍表面用 36 个氙原子排出 "IBM" 之后，中国科学院北京真空物理实验室自如地操纵硅原子成功 "写" 出 "中国" 二字（图 1-1-1），标志着我国开始在国际纳米科技领域占有一席之地。

图 1-1-1　操纵硅原子 "写" 下的 "中国" 二字

庄子认为："天下莫大于秋毫之末，而泰山为小。" 从哲学视角来看，纳米是 "那么小"，又是 "那么大"。小小的纳米，却有着非常神奇的功能——"有了纳米，飞檐走壁或许不再是梦想""有了纳米，我们可以制造纳米传感器，用于疾病的早期诊断、监测和治疗""有了纳米，我们可以研发纳米卫星，用一枚小型运载火箭发射千百颗卫星，按不同轨道组成卫星网，监视地球上的每一个角落，使战场更加透明"……让我们一起走进这神秘的 "纳米世界" 吧！

一　初识纳米

❋ 什么是纳米

纳米，英文是 nanometer，译名即为毫微米，如同厘米、分米和米一样，是长度的度量单位，国际单位制符号为 nm。1 nm=10^{-9} m，比单个细菌的长度还要小得多。单个细菌用肉眼通常无法观察到，若用显微镜等可测得其直径约是 5 μm。假设一根头发的直径是 0.05 mm，将它轴向平均剖成 5 万根，每根的厚度大约就是 1 nm。也就是说，1 nm 就是 0.000001 mm。正是纳米，才让自然界中有了很多神奇的存在。

❋ 飞檐走壁不再是梦想

大壁虎可以生长到 40 cm，却依旧能在光滑的墙壁上轻松游走，其飞檐走壁的功夫很是让人类羡慕。是否因为它的脚趾上具有黏性物质呢？研究者通过电子显微镜观察发现，原来它的脚趾上覆有纳米级黏性的肉垫，这些肉垫可以完美贴合在墙面的任何小孔中。这些肉垫是由一种多分级、多纤维状表面的结构组成的（图 1-1-2）。壁虎的每个脚趾生有数百万根细小刚毛，每根刚毛的长度为 30~130 μm，直径为数微米，约为人类头发直径的十分之一。刚毛的末端又分叉形成数百根更细小的铲状绒毛(100~1000 根)，每根绒毛长度及宽度方向的尺寸约为 200 nm，厚度约为 5 nm。

图 1-1-2　大壁虎的脚趾及其层状结构

人类已将对于壁虎的观察结果运用到仿生学上。如图1-1-3所示是美国斯坦福大学开发的仿生壁虎机器人Stickybot，它是以真实的壁虎为原型，模仿其外形、吸附方式和运动方式设计制作的。科学家表示，Stickybot还可作为行星探测器或救援装置使用，它们的应用前景非常广泛。

图1-1-3　仿生壁虎机器人Stickybot

在电影《碟中谍4》中，主角汤姆·克鲁斯凭借双手就可以在楼宇间实现飞檐走壁。在现实生活中，科学家们使用一种纳米材料制造出了黏性手套和鞋子，使穿戴者能够像电影中的主人公那样黏附在墙壁或玻璃上，并任意攀爬。

2011年，南京航空航天大学研发出能代替人执行探测、拍摄等任务的仿生壁虎机器人（图1-1-4），受邀参加了"十一五"国家重大科技成就展。

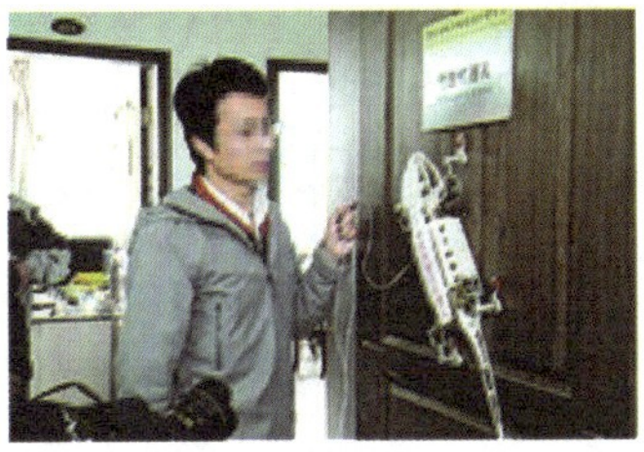

这些爬行机器人能吸附在墙上行走，代替人类来执行反恐侦查、地震搜救等难度高、危险性大的任务。相信未来，人类飞檐走壁也不再是梦想。

图1-1-4　中国仿生壁虎机器人

颜色绚丽的硅藻

海洋中的硅藻呈现出多种靓丽的颜色，非常好看（图1-1-5）。

硅藻是一种单细胞植物，**细胞内具有色素体**。硅藻常由数个或很多个细胞个体连结成群体，形态多种多样。硅藻的大小一般在1～500 μm之间，其中的色素体就是能够发光的量子点，其大小一般为几纳米。事实上，当微粒尺寸缩小到纳米级时，光吸收会明显加强，产生一些新的光学特性，如对红外线有吸收和发射作用，但对紫外线有遮蔽作用。不同大小的微粒其遮蔽力与光波的长短有关，不同的硅藻里面的色素体大小也不一样，因此可以产生五彩缤纷的颜色。

图1-1-5　颜色绚丽的硅藻

二　纳米技术

最早提出纳米尺度上科学和技术问题的人是著名物理学家、诺贝尔奖获得者理查德·费曼。1959年，他在一次著名的讲演中提出：如果人类能够在原子或分子的尺度上加工材料、制备装置，我们将有许多激动人心的新发现。他指出，我们需要新型的微型化仪器来操纵纳米结构并测定其性质。那时，化学将变成根据人们的意愿逐个地准确放置原子的问题。

知识链接

"纳米机器人"的研发已成为当今科技的前沿热点。

来自加州大学圣迭戈分校的研究人员最近成功地将一个微型机器人用在一只胃部受到了细菌感染的小白鼠身上。这个微型机器人像一辆电动小车一样可以进入小白鼠的体内，它由镁制成核心。微型机器人被吞下并来到胃部之后，胃酸和镁反应产生氢气。携带着抗生素的纳米机器人能够检测周围的酸度，当酸度降低时，便会释放出抗生素。研究人员一连五天为胃部感染的小白鼠定点输送抗生素，最后成功地治愈了小白鼠体内的胃部细菌感染。

知识链接

海龟在美国佛罗里达州的海边产卵，但出生后的幼小海龟为了寻找食物，却要游到英国附近的海域才能得以生存和长大。最后，长大的海龟还要再回到佛罗里达州的海边产卵。如此来回需5～6年。为什么海龟能够进行几万千米的长途跋涉而不迷路呢？原来，它们依靠的是头部内的纳米磁性材料为它们准确无误地导航。

历史回顾

1990年7月，第一届国际纳米科学技术会议在美国巴尔的摩举办，标志着纳米科学技术的正式诞生。

1991年，碳纳米管被人类发现，它的质量是相同体积钢的六分之一，强度却是钢的10倍，成为纳米技术研究的热点。

1993年，中国科学院北京真空物理实验室自如地操纵原子成功"写"出"中国"二字，标志着我国开始在国际纳米科技领域占有一席之地。

1999年，纳米技术逐步走向市场，全年纳米产品的营业额达到500亿美元。

知识链接

纳米四氧化三铁具有超顺磁性、小尺寸效应、量子隧道效应等，使其能够区别于一般的四氧化三铁。目前，磁性纳米四氧化三铁已经在催化剂、造影成像、靶向给药、药物载体、DNA检测等应用领域表现出良好的应用前景。

化学共沉淀法是指在包含两种或两种以上金属阳离子的可溶性溶液中加入适当的沉淀剂，将金属离子均匀沉淀或结晶出来。

在纳米四氧化三铁的制备实验中，通常把Fe(Ⅱ)和Fe(Ⅲ)的氯化物溶液按1:2（摩尔比）混合后，加入过量的氨水或氢氧化钠溶液，在一定温度和pH下，高速搅拌进行共沉淀反应，然后将沉淀过滤、洗涤、烘干，制得纳米四氧化三铁。具体反应的化学方程式为：

$$Fe^{2+} + 2Fe^{3+} + 8OH^- = Fe_3O_4 + 4H_2O$$

纳米科学是指人们对于自然的观察、分析能力达到纳米或者接近纳米尺度后兴起的研究该尺度物质性质的科学。纳米技术就是人们利用这一尺度范围内物质的特殊性质，以及对物质在这一尺度内进行改造，以取得更好的性质而加以利用的技术。纳米科学和纳米技术统称为纳米科技。

纳米技术是一种能操作细小到0.1～100 nm物件的新型技术。由20世纪中叶发现至今，纳米技术快速发展，其创造的价值也不可估量，广泛应用于生活、环保、军事和医药等领域。

进入21世纪，世界各国纷纷意识到纳米技术对社会经济发展、科学技术进步、人类生活等方面会产生巨大影响，都进一步加大了对纳米技术的研究力度，并将其列为21世纪最重要的科学技术。美国、欧盟、日本纷纷将纳米技术的研究和发展列为国家科学技术发展的重要组成部分；我国也于2003年成立了国家纳米科学研究中心，并于2005年将纳米科学与技术研究列为《国家中长期科学和技术发展规划纲要（2006—2020）》的四大重点学科之一。

探究·实践

纳米四氧化三铁的制备及磁性检测

实验目的

1. 了解纳米四氧化三铁的合成。
2. 利用水相法合成纳米四氧化三铁。
3. 检验纳米四氧化三铁的磁性。

实验器材 三口烧瓶、pH计、高速离心机、恒温水浴箱、四水合氯化亚铁、六水合氯化铁、油酸、氢氧化钠溶液、蒸馏水、氮气、磁铁等。

实验步骤

1. 在250 mL三口烧瓶中加入100 mL蒸馏水、200 mg四水合氯化亚铁和541 mg六水合氯化铁，搅拌至全部溶解。
2. 向三口烧瓶中加入1 mL油酸，搅拌至分散均匀。
3. 向三口烧瓶中通入氮气5 min，以赶跑烧瓶中的空气。
4. 将溶液升温至30 ℃。
5. 向三口烧瓶中缓慢添加0.1 mol/L氢氧化钠溶液，至pH=10，高速搅拌15 min。
6. 停止加热。
7. 待温度降至室温，用磁铁靠近液体，检验所得到的纳米四氧化三铁是否能被磁铁吸引。
8. 将所得液体高速离心，得到纳米四氧化三铁粉末。

经过半个多世纪的发展，纳米技术已经成为一个集前沿性、交叉性和多学科特征的新兴研究领域，其理论基础、研究对象涉及多个不同的学科。用纳米材料制作的器材质量更小、硬度更强、寿命更长、维修费更低、设计更方便。利用纳米技术还可以制作出特定性质的材料或自然界不存在的材料，如生物材料和仿生材料等（图1-1-6、图1-1-7）。

图 1-1-6 纳米随手贴　　图 1-1-7 纳米魔力擦

纳米粒子尺寸与表面原子数的关系如表 1-1-1 所示。

表 1-1-1 纳米粒子尺寸与表面原子数的关系

粒径 /nm	包含的原子数 / 个	表面原子所占比例 /%
20	2.5×10^5	10
10	3.0×10^4	20
5	4.0×10^3	40
2	2.5×10^2	80
1	30	99

从表 1-1-1 可以看出，随着粒径的减小，表面原子所占比例迅速增加。表面原子的晶体场环境和结合能与内部原子不同，表面原子周围缺少相邻的原子，有许多悬空键，具有不饱和性质，易与其他原子相结合而稳定下来，因而表现出很大的化学和催化活性。超微颗粒的表面具有很高的活性。在空气中，金属超微颗粒会迅速氧化而燃烧。如要防止自燃，可采用表面包覆或有意识地控制氧化速率的方法，使其缓慢氧化生成一层极薄而致密的氧化层，确保表面稳定化。利用表面活性，金属超微颗粒可望成为新一代的高效催化剂、贮气材料以及低熔点材料。

> **知识链接**
>
> 表面效应是指纳米粒子表面原子与总原子数之比随着粒径的变小而急剧增大所引起的性质上的变化。

> **学科交叉**
>
> **热运动**主要有三个途径。热传导：主要由绝热材料中的固体部分来完成；热对流：主要由绝热材料中的空气来完成；热辐射：它的传递不需要任何介质。

> **知识链接**
>
> **纳米绝热材料的应用**
>
> 钢铁工业——钢包、中间包、电炉、加热炉、退火炉、混铁炉、烧结炉等。
>
> 石油化工业——裂解炉、加热炉、管道等。
>
> 陶瓷业——回转窑、梭式窑、隧道窑等窑体及管道。
>
> 工业炉窑——背衬绝热、炉窑炉衬、炉窑隔热带等系统。
>
> 电力工业——核电绝热系统、蒸汽轮机、锅炉管道系统。
>
> 家用电器——加热器、烤炉、烤箱、电饭煲、微波炉、电磁炉、壁炉等电器仪表的隔热保护。
>
> 航空航天、建筑、建材、高/低温工程防火隔热等领域。

探究·实践

尝试探究纳米隔热垫的隔热效果

实验目的　学会探究纳米隔热垫的隔热效果。

实验器材　100 mL 烧杯 2 个，煤油温度计 2 支，三脚架 2 个，石棉网 2 张，酒精灯 2 个，纳米隔热垫 1 块（10 cm×8 cm），计时器 1 个，100 mL 量筒 1 个。

实验步骤

1. 用量筒各量取 50 mL 清水分别倒入两个烧杯中。
2. 用温度计分别测量清水的初始温度（图 1-1-8），并做记录。
3. 将两个烧杯分别置于三脚架上，一个三脚架上加石棉网，另一个三脚架上加石棉网和纳米隔热垫，用酒精灯同时开始加热（图 1-1-9），用计时器计时 3 min，同时停止加热。
4. 用温度计分别测量两个烧杯中清水的温度，并做记录（图 1-1-10）。

图 1-1-8 测量初始温度　　图 1-1-9 加热　　图 1-1-10 记录结果

> **实验结论** _____。
> **思考** 这样的纳米隔热垫在实际生活中有什么用途？

纳米技术是未来信息科技与生命科技进一步发展的共同基础，纳米技术势必重新划分未来世界科技竞争的版图，引发一场新的工业革命。美国《新技术周刊》曾指出：纳米技术对21世纪经济增长的贡献，或许将超过微电子学在20世纪后半叶对世界的影响。

纳米科学作为一门交叉性很强的综合性学科，已不能将其归为具体哪一门传统的学科领域，它与物理、化学以及生物学科都有着密切的联系，体现了STEAM思想。这些学科相互影响、相互发展，最终产生了一些新的学科领域：纳米体系物理学、纳米力学、纳米化学、纳米材料学、纳米生物学等。在现代科技中，学科交叉和边缘领域更容易取得创新性突破，因此，纳米科技的发展具有更多创新的机遇。

🌸 当纳米技术遇到生物

纳米生物技术是指用于研究生命现象的纳米技术。它是纳米技术和生物学的结合，主要包含两个方面：利用新兴的纳米技术解决生物学问题；利用生物大分子制造分子器件，模仿和制造类似生物大分子的**分子机器**。

> **知识链接**
>
> 生物芯片的研究主要包括两个方面：① 纳米复合材料在生物芯片制备方面的应用，增强核酸、蛋白质与片基间的静态与动态黏附力，促进小型化、高分辨率与多功能化；② 拓宽生物芯片的应用范围，如用于植物药有效成分的高通量筛选、癌症等疾病的临床诊断以及作为细胞内部信号传感器等（图 1-1-11）。
>
>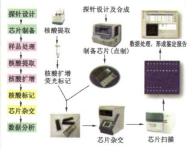
>
> 图 1-1-11 生物芯片的制备及应用

> **调查走访**
>
> #### 走进纳米园
>
> 苏州工业园区生物纳米科技园 SIP BioBay（图 1-1-12）位于苏州工业园区独墅湖高等教育区西南部，是苏州工业园区培育生物科技产业发展的主要创新基地，为苏州乃至中国生物科技产业的腾飞打造新的创新平台。
>
>
>
> 图 1-1-12 苏州工业园区生物纳米科技园

🌸 当纳米技术遇到医药

纳米医学是随着纳米生物医药发展起来的用纳米技术解决医学问题的学科。纳米技术和材料的发展将给医学领域带来一场深刻的革命，主要在治疗癌症和心血管疾病方面有着重要意义和作用。这主要依赖于纳米材料具有与一般材料所不同的物理、化学性能。

> **知识链接**
>
> #### 应用纳米技术诊治恶性肿瘤
>
> 把磁性纳米粒子结合抗癌药物注入人体内做靶向治疗，将大大提高肿瘤的药物治疗效果。科学家用金纳米材料开发出一种内含药物的纳米球，外面有二氧化硅涂层，注射入人体后可发射近红外线，从而识别癌细胞，并把光能转化为热能直接杀死癌细胞而不会对健康组织造成损害。还有一种超微颗粒乳剂载体，其极易与游散于人体内的癌细胞融合，若用它来包裹抗癌药物，可望制成克癌"导弹"。

纳米技术可能将在以下方面对医学产生较大的影响：

使诊断更精确。 应用纳米技术可将微型诊断仪器植入人体内（图1-1-13），仪器可随血液在体内运行，实时将体内信息传送至体外记录装置。

使治疗更有效。 将常规治疗药物纳米化，可提高药效、减少用量、降低副作用。这对于恶性肿瘤的治疗有重要作用。

成为防治疾病新武器。 运用纳米技术在血流中进行巡航探测，可及时发现病毒、细菌的入侵，并予以歼灭，从而消除传染病。

另外，纳米化药物容易透过血管和组织屏障，易被巨噬细胞吞噬，故亦能增强药物的靶向性。

当纳米技术遇到衣物

纳米技术在纺织服装上的应用主要是利用纳米材料分子小的特性，通过加工处理改变原有衣物的质地或性能，增加一些新的功能：或改变产品的外观效果使其防缩防皱，或改变产品的质地以增加着装的舒适度与人体的贴合性，或强化产品的抗污清洁能力，或增加产品的护体或保健功能（如防紫外线）等。到目前为止，几乎所有的纳米服装、服饰的防水、防油、防污效果都是让某种纳米级的微粒覆盖在纤维表面或镶嵌在纤维甚至分子间隙间。由于这种微粒十分微小（粒径小于100 nm）且表面积大、表面能高，在物质表面形成一个均匀、厚度极薄（用肉眼观察不到、用手摸感觉不到）、间隙极小（小于100 nm）的"气雾状"保护层。正是由于这种保护层的存在，使得常温下尺寸远远大于100 nm的水滴、油滴、尘埃、污渍甚至细菌都难以进入布料内部而只能停留在布料表面，从而产生了防水、防油、防污等特殊效果（图1-1-15）。同时，由于形成保护层的纳米级微粒极其微小，几乎不会改变原布料的物性，如颜色、舒适度、透气性。研究表明：运用纳米技术研发的服装产品除具备防水、防油、防污等功能外，其负离子的作用能调和脑神经并提高人体活力，远红外线可有效增强服装的保暖性，使冬天着装更轻便。

澳大利亚皇家墨尔本理工大学的研究团队研发出一种新型的纳米增强纺织材料（图1-1-16）。这种独特的纳米结构材料廉价但非常有效。将这种纳米结构应用到纺织品上，纺织品就具有了在阳光下分解有机污渍的能力。这就意味着，衣服如果脏了，在灯下或者阳光下晾晒一会儿就干净如新了。

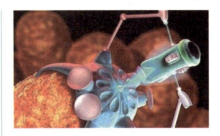

图1-1-13 应用纳米技术植入诊断仪器

> **知识链接**
>
> 新加坡南洋理工大学（NTU）、中国清华大学和美国凯斯西储大学的联合团队开发出一种像纤维一样的柔性微型超级电容器（图1-1-14），可织成衣服作为穿戴式医疗监控、通信设备或其他小型电子产品的电源，在研发新型储能装置方面迈出了一大步。该研究成果已在《自然·纳米技术》上发布。
>
> 这种新型设备是一种超级电容器，犹如电池家族中的"堂弟"。它囊括的石墨烯和碳纳米管的互联网络十分紧致，其存储的能量相比一些薄膜锂电池更具优势。该装置具有保持充电和释放能量比电池快得多的优点。这种纤维结构的杂化材料提供了巨大可接触的表面区域，并高度导电。

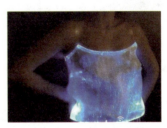

图1-1-14 可穿式纳米电容器

图1-1-15 防油污服装　　图1-1-16 具自洁功能的纳米增强纺织材料

| 知识链接 | 探究·实践 |

丁达尔效应

在光的传播过程中，光线照射到粒子时，如果粒子的大小大于入射光波长很多倍，则发生光的反射；如果粒子的大小小于入射光波长，则发生光的散射，这时观察到的是光波环绕微粒而向其四周放射的光，称为散射光或乳光。

丁达尔效应就是光的散射现象（或称乳光现象）。由于溶胶粒子大小一般不超过100 nm，小于可见光波长（400～700 nm），因此，当可见光透过溶胶时会产生明显的散射作用。此外，散射光的强度还随分散体系中粒子浓度的增大而增强。

自然界中的丁达尔效应如图1-1-18所示。

图1-1-18 自然界中的丁达尔效应

制备 Fe(OH)$_3$ 胶体溶液

实验目的
1. 了解丁达尔效应的产生条件。
2. 了解制备 Fe(OH)$_3$ 胶体溶液的实验原理。
3. 验证丁达尔效应（图1-1-17）。

实验器材 100 mL 烧杯（2个）、蒸馏水、FeCl$_3$ 饱和溶液、激光笔（1支）。

实验步骤
1. 取1个100 mL 烧杯，加入25 mL 蒸馏水。
2. 将烧杯中的水加热至沸腾。
3. 向沸水中逐滴加入5～6滴 FeCl$_3$ 饱和溶液。
4. 继续煮沸至溶液呈红褐色，此时停止加热。
5. 另取一个100 mL 烧杯，加入25 mL 蒸馏水，逐滴加入5～6滴 FeCl$_3$ 饱和溶液。
6. 把盛有液体的两个烧杯都置于暗处，用激光笔分别照射烧杯中的液体，在与光束垂直的方向上观察。

图1-1-17 丁达尔效应

相信不久的将来，纳米技术会给人类带来更多的便利与好处，它将会成为继计算机、基因技术之后世界强国追逐的又一大科技热点。因为纳米技术的魅力主要在于它几乎可以将人类目前所有的高科技重新定义。随着纳米技术的逐渐起步，很多在科幻小说中才出现的诸如飞檐走壁、针对细胞进行手术治疗等幻想将逐渐成为可能。

本节自我评估

一、概念理解

1. 纳米材料是以（　　）尺度材料为主要研究对象的技术。
   A. 1～10 nm　　　　B. 0.5～100 nm　　　　C. 0.1～100 nm　　　　D. 0.01～100 nm

2. 纳米材料广泛运用于生产、生活中，其中磁性纳米四氧化三铁已经在催化剂、造影成像、靶向给药、药物载体、DNA 检测等应用领域表现出良好的应用前景。本节实验中纳米四氧化三铁的制备用的是（　　）。
   A. 反相微乳液法　　B. 化学共沉淀法　　C. 溶胶凝胶法　　D. 空气液化法

3. 在光的传播过程中，会因为介质大小的不同产生不同的效果，其中丁达尔效应属于光的（　　）现象。
   A. 折射　　　　　　B. 反射　　　　　　C. 折射加反射　　　　D. 散射

4. 纳米魔力擦和纳米随手贴这两种"神器"给我们的生活带来了便利和惊喜，这两种"神器"都具有表面效应，表面效应指的是（　　）。

A. 纳米粒子表面原子与总原子数之比随着粒径的减小而急剧增大所引起的性质上的变化

B. 纳米粒子表面原子与总原子数之比随着粒径的减小而急剧减小所引起的性质上的变化

C. 纳米粒子表面原子与总原子数之比随着粒径的增大而急剧增大所引起的性质上的变化

D. 纳米粒子表面原子与总原子数之比随着粒径的减小而不能引起材料性质上的变化

5. 请你判断下列有关纳米知识的叙述是否正确。

（1）纳米技术就是研究小尺寸的材料的技术。（   ）

（2）纳米科学是一门独立的学科，与物理、化学、生物等学科无联系。（   ）

（3）集成电路中的所有器件尺度都在毫米尺度，所以和纳米科技无任何联系。（   ）

二．思维拓展

1. 什么是纳米材料？纳米材料需要具备哪两个基本特征？
2. 请举例说明纳米科技在生活、环保、军事和医药等领域的应用。
3. 查找资料，了解DNA、细胞和生物组织的精确尺度范围。
4. 试着用物理公式推导一只重达150 g的壁虎倒立趴在天花板上时每只脚掌上承受的力的大小（N）。

第 2 节 初识纳米
——纳米技术的原理

学习目标

- **说出** 什么是莲叶效应
- **描述** 莲叶效应的原理
- **概述** 疏水性
- **学会** 探究不同动植物的疏水性
  制作纳米防水布

关键词

- 莲叶效应
- 疏水性
- 接触角

伫立在盛夏的荷塘边,我们总能想起"予独爱莲之出淤泥而不染,濯清涟而不妖"的诗句。可是,莲为什么可以出淤泥而不染呢?"攀荷弄其珠,荡漾不成圆"这又是什么原因呢?世间万物,奥妙无穷。莲在适宜生存的环境中不断进化,竟能产生"莲叶效应"这般精妙的生理功能,其间蕴含着小小纳米的大大奥秘!

一 莲叶效应

什么是莲叶效应

远在 2000 多年前,人们就发现有些植物虽然生长在污泥里,但是它们的叶子却几乎保持着清洁,一个最为典型的例子就是莲叶(图 1-2-1)。莲通常生长在沼泽和浅水区域的污泥之中,但却具有"出淤泥而不染"的特性。这使得莲的纯洁几千年来一直是人们称颂的对象。

莲叶上的灰尘和污垢会很容易被露珠和雨水带走,从而保持表面的清洁。莲叶表面的特殊结构具有自我清洁功能,科学家将这样的自我清洁现象称为**莲叶效应**。

图 1-2-1 莲叶

探究·实践

探究莲叶的疏水性

实验目的 通过实验探究莲叶的疏水性。
实验器材 干燥泥土少量、新鲜莲叶、清水等。
实验步骤
1. 把干燥的泥土撒在莲叶表面。

2. 把准备好的清水滴在莲叶上，轻轻晃动莲叶，让清水与莲叶上的泥土接触。
3. 观察实验现象。

实验现象 _____。
实验结论 _____。

❋ 莲叶效应的原理

莲叶始终保持清洁的机理一直不为人们所知，直到 20 世纪 60 年代中期，随着扫描电子显微镜 (SEM) 的发展，人们才逐渐揭开了莲叶"出淤泥而不染"的秘密。1977 年，德国波恩大学的 Barthlott 和 Neinhuis 通过扫描电子显微镜（图 1-2-2）研究了莲叶的表面结构形态。通过扫描电子显微镜还可以看出，莲叶叶面上布满了一个挨一个隆起的"小山包"（图 1-2-3），山包上面长满了绒毛，在山包顶上又长出了一个个馒头状的"碉堡"凸顶，"碉堡"的整个表面被微小的蜡晶所覆盖，每一个乳突上又分布着大量纳米级的细枝状结构，而且莲叶的表皮上存在许多的蜡质三维细管。这样的**微纳米复合结构**致使水滴与莲叶表面具有很小的接触面积，在莲叶表面的接触角大于 140°。因此，莲叶表面蜡质组分和微纳米复合结构共同作用，赋予了莲叶独特的超疏水和低黏附性。

图 1-2-2　扫描电子显微镜

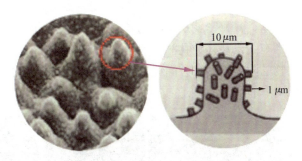

图 1-2-3　扫描电子显微镜下莲叶表皮上的"小山包"

在化学课程中，疏水性（Hydrophobicity）指的是分子（疏水物）与水互相排斥的物理性质。疏水性分子偏向于非极性，并因此较易溶于中性和非极性溶液（如有机溶剂）中。疏水性分子在水中通常会聚成一团，而水在疏水物表面则会形成一个很大的接触角而成水滴状。

接触角（Contact Angle）是指在气、液、固三相交点处所作的

艺术鉴赏

爱莲说

[宋] 周敦颐

水陆草木之花，可爱者甚蕃。晋陶渊明独爱菊。自李唐来，世人甚爱牡丹。予独爱莲之出淤泥而不染，濯清涟而不妖，中通外直，不蔓不枝，香远益清，亭亭净植，可远观而不可亵玩焉。

予谓菊，花之隐逸者也；牡丹，花之富贵者也；莲，花之君子者也。噫！菊之爱，陶后鲜有闻；莲之爱，同予者何人？牡丹之爱，宜乎众矣。

思考　你知道莲是如何做到"出淤泥而不染"的吗？

学科交叉

扫描电子显微镜

扫描电子显微镜（Scanning Electron Microscope），简称 SEM，是 1965 年发明的较现代的细胞生物学研究工具，主要是利用二次电子信号成像来观察样品的表面形态。二次电子能够产生样品表面放大的形貌像，这个像是在样品被扫描时按时序建立起来的，即使用逐点成像的方法获得放大像。

艺术鉴赏

图 1-2-4 雨伞上的水珠

知识链接

研究表明，具有较大接触角的超疏水性表面结构为微米级及纳米级结构的双微观复合结构，且这种结构直接影响水滴的运动趋势。超疏水表面的构造通常采用两种方法：一是在疏水材料表面上构建微观结构，二是在粗糙表面上修饰低表面能物质。

气－液界面的切线与固－液交界线之间的夹角 θ，是润湿程度的量度（图 1-2-5）。接触角越小，表面润湿性能越好。通常将 90° 定为润湿与否的标准。将与水的接触角大于 90° 的固体表面称为疏水表面，将与水的接触角小于 90° 的固体表面称为亲水表面。超疏水表面则是指与水的接触角大于 150° 的固体表面。

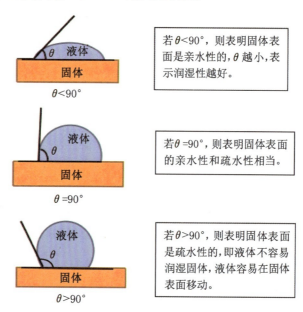

图 1-2-5 接触角

二 自然界中的疏水性生物

动物的疏水性

自然界中很多动物的某些器官也具备疏水性。例如，蝉、蝴蝶以及蜻蜓等昆虫的翅膀具有纳米级结构，让它们在飞行时不会沾染空气中的灰尘，进而保持飞行时的轻盈状态；蚊子复眼的每个小眼上都排列有紧密的六边形乳突，纳米乳突使小眼外界的杂质包括水雾都难以污染复眼周围的环境，使得这些昆虫的眼睛具有特异的"防雾性能"，它们的视野不仅广阔，还尤其清晰；水黾可以在水面上轻松行走甚至跳跃，其秘密就在于它的多毛腿部的强大超疏水性；鲸与海豚的表皮拥有纳米尺寸的孔洞，因而具备自洁功能，一方面可以避免有害微生物的附着，另一方面可以在水中活动时减小身体与水的摩擦力；蜘蛛网上的纳米结构让它在雨天也不会被破坏（图 1-2-6）。

雨中的蜻蜓　　扫描电镜下蚊子的眼　　行走在水面上的水黾　　蜘蛛网

图 1-2-6 动物的疏水性

自然界中能在水上漂的动物非水黾莫属。通过对水黾腿部微观结构的观察，纳米材料专家、中科院院士江雷教授领导的科研小组发现，水黾之所以具备这种优异的水上特性，其原因并非以前学者们提出的"水黾依靠分泌油脂所产生的表面张力效应而自由行走在水面"，而是水黾利用其腿部特殊的微纳尺度的结构效应来实现的。这一结果发表于2003年国际顶级科学类期刊《自然》上。

水黾的腿部由很多取向一致的刚毛组成，像壁虎的腿一样。这些针状的刚毛直径在几百纳米到3 μm之间，属于纳米尺度。大多数刚毛的长度为50 μm，与腿的表面成一定角度的倾斜。刚毛在腿的表面上形成螺旋状纳米结构的沟槽，吸附在沟槽中的气泡形成气垫，从而形成独特的分级微结构。这种分级微结构可以被看作是固-气组成的异相表面。

同时，对水黾腿进行的力学测量表明：仅仅一条腿在水面的最大支持力就达到了其身体总质量的15倍。正是水黾腿部这种独特的微纳米分级结构，使其在水面上行动自如，即使在狂风暴雨和急速流动的水流中也不会沉没。水黾腿部的这种超疏水特性和力学性能的发现，将有助于在不远的将来设计新型微型水上交通工具。

学科交叉

水上精灵——水黾

水黾是一种在湖泊、池塘、水田和湿地中常见的小型水生昆虫，被喻为"池塘中的溜冰者"。水黾体长约1 cm，在水上具有非凡的浮力，它的腿能排开身体体积300倍的水量，在水面上每秒可滑行身体长度100倍的距离。

科学思维

如果我们人类具有水黾的腿这样的特点，会给我们的生活带来什么样的影响呢？

探究·实践

探究鸟类羽毛的疏水性

实验目的　通过实验，探究鸟类的正羽和绒羽的疏水性，揭开鸟类雨中飞行的秘密。

实验器材　鸡、鸭、鸽子的正羽和绒羽若干，清水，透明滴瓶等。

实验步骤

1. 分别在三种鸟类的正羽上滴几滴清水，观察水滴与正羽的接触角大小，比较三种正羽的疏水性。
2. 分别在三种鸟类的绒羽上滴几滴清水，观察水滴与绒羽的接触角大小，比较三种绒羽的疏水性。
3. 比较同种鸟类的正羽和绒羽的疏水性大小。

实验现象　见表1-2-1。

表1-2-1　不同鸟类羽毛疏水性对比

类别	疏水性	鸡	鸭	鸽子
正羽	是否疏水			
	疏水性大小			
绒羽	是否疏水			
	疏水性大小			

实验结论　_____。

思考　这样的差别对鸟类的生活有什么意义？

🌼 植物的疏水性

所谓植物的疏水性，就是植物叶面具有显著的疏水、脱附、防粘、自清洁功能等（图1-2-7）。随着科技的发展，各种疏水表面的设计和应用成为研究的热点之一。自然界中有很多植物表面都具有和莲叶相似的疏水性和自洁功能，如水稻叶表面，其表面水的接触角高

图1-2-7　植物的疏水性

达160°以上。

三 疏水性的运用

❋ 仿生超疏水材料

超疏水材料是一种对水具有排斥性的材料，水滴在其表面无法滑动铺展而保持球形滚动状（图1-2-8），从而达到滚动自清洁的效果。自从莲叶效应被发现以来，自清洁功能受到了大家的极大关注。莲叶效应中，其自清洁功能来源于莲叶表面微纳米结构的乳突以及表面蜡状物的存在。那么，能否通过人为控制在材料表面同样制备出具有微纳米结构的粗糙表面呢？现代建筑中大量使用的玻璃幕墙具有美观轻巧、节约能源等优点，但是目前对玻璃幕墙的清洁基本采用人工清洗的方式，工作效率低，耗资大，危险性高。

利用纳米材料的特点制成的纺织品不染油污，不用洗涤，用于建筑物表面可防雾、防霜，更免去了人工清洗。专家称：纺织、建材、化工、石油、汽车、军事装备、通信设备等领域将开启因纳米而带来的"材料革命"。

❋ 疏水材料的运用示例

❋ 车用玻璃拨水剂

利用纳米材料的疏水性生产出车用玻璃拨水剂，将其喷在汽车后视镜上，干燥后，当雨水落在后视镜上时可以自行滑落，不会在后视镜上留下水迹，大大提升了雨天行车的安全性（图1-2-9）。

图1-2-8 超疏水材料与水的接触角示意图

知识链接

2018年3月，大连理工大学机械工程学院刘亚华教授研制的超疏水材料可将固液接触时间的理论极限大幅缩短80%，成功挑战了吉尼斯世界纪录。

车用玻璃拨水剂

未喷洒拨水剂

喷洒拨水剂

擦去多余的拨水剂

2 h后再次喷水

几分钟后玻璃洁净如新

图1-2-9 车用玻璃拨水剂

❀ 纳米布料

纳米布料是指用一种特殊的物理和化学处理技术将纳米原料融入面料纤维中，然后再纺织成"纳米布"的形式。据报道，美国军队系统指挥部和阿克隆大学合作开发出了可制作服装的纳米布料，利用这种低密度、高孔隙度和大比表面积纳米布料制成的多功能防护服具有"可呼吸性"，既可以挡风并过滤包括生化武器和生化有毒物的细微粒子，也能允许汗液的挥发，穿着十分舒适。在国内，中科院化学所也已研制出不沾水、不沾油的"纳米布"，可制作水陆两用服装。既然纳米布料这么神奇，那么我们是不是可以自己动手来制作纳米防水布（图1-2-10）呢？

图 1-2-10 纳米防水布

科技前沿

中科院化学所胡晓明博士介绍说，"纳米布"的"制作"技术实际上是纺织面料的"后整理技术"。简单地说就是用一种特殊的溶液，经过处理后将其在布料上固化，形成在显微镜下凹凸不平的表面，用凹槽中的空气将水油隔开，达到不沾水、不沾油的效果。

工程技术

制作纳米防水布

活动目的 学会制作纳米防水布。

活动器材 纳米防水喷雾剂1瓶，边长20 cm的布1块，电吹风，清水，滴瓶等。

活动步骤

1. 用剪刀把布剪成大小相同的两块，备用。
2. 用纳米防水喷雾剂在一块布上均匀地喷洒，直到整块布湿润为止。
3. 把喷洒纳米防水喷雾剂的布自然晾干或者用电吹风吹干。
4. 在两块布上分别滴上清水，观察两块布是否防水（图1-2-11）。

图 1-2-11 制作纳米防水布

注意事项 喷洒纳米防水喷雾剂后的布一定要晾干后才可以滴水。

四 吴中大地走出来的纳米科学家

❀ 杨培东

杨培东，1971年8月出生于苏州市相城区元和镇，是国际顶尖的纳米材料科学家，美国科学院院士；1988年毕业于江苏省木渎高级中学，后考入中国科学技术大学应用化学系，1993年赴美国哈佛大学求学，1997年获哈佛大学化学博士学位；1999年起先后任美国加州大学伯克利分校化学系助理教授、副教授、教授；2003年被美国《技术评论》杂志列入"世界100位顶尖青年发明家"；2011年当选

科学思维

人工光合作用

杨培东在2015年4月成功地创造了第一个光合生物混合系统（PBS）。第一代PBS使用半导体和活细菌来进行光合作用。其与植物叶片光合作用类似，吸收太阳能，并利用水和二氧化碳合成液体燃料，同时释放氧气。第一代PBS实现太阳能→化学能的转化效率为0.38%（绿色植物叶片的光合效率为0.2%~2%）。随后，其团队又用一种不同类型的细菌对系统进行了测试，细菌利用水分子中的氢和二氧化碳产生甲烷（天然气的主要成分），达到了10%的转化效率，比自然叶片的转化效率高得多。

汤森路透集团"全球顶尖100名化学家",同时入选同一标准的"全球顶尖100名材料科学家";2012年4月18日当选美国艺术与科学院院士;2014年4月28日当选上海科技大学物质科学与技术学院院长;2016年5月3日当选美国科学院院士。

胡征

胡征(图1-2-12),1964年4月出生于江苏省苏州市,现任南京大学化学系教授、博导;国家杰出青年基金获得者(2005),教育部长江学者特聘教授(2007),教育部创新团队带头人(2008),能源纳米材料物理化学课题组组长,曾任介观化学教育部重点实验室主任(2004—2014);于南京大学物理系获学士、硕士、博士学位(1981—1991),南京大学化学系博士后(1991—1993);先后在德国卡斯卢厄研究中心、英国剑桥大学、美国麻省理工学院(MIT)做博士后及华英学者。

图1-2-12　胡征

研究进展

2017年初,胡征教授课题组在 Advanced Materials 上发表了题为 "Porous 3D Few-Layer Graphene-like Carbon for Ultrahigh-Power Supercapacitors with Well-Defined Structure-Performance Relationship" 的文章,文中介绍了一种使用原位Cu模板方法制备的三维碳纳米笼结构的材料,与之前报道过的利用金属氧化物模板法相似,但在金属模板上直接制备三维碳纳米笼具有更好的导电性,并且所得到的是一种具有少量碳层的石墨烯材料。

胡征长期在化学、物理、材料的交叉学科领域进行探索,从物理化学及功能材料的角度,围绕纳米/介观结构新材料的生长机理、材料设计、能源转化/储存功能及其调控机制开展研究工作,取得了系列进展。例如,他提出并通过实验验证了以苯为前驱物催化生长碳纳米管的六元环生长机制,在碳纳米管生长机制这一前沿课题上做出了贡献;发现并表征了结构新颖、截面为六边形的角面AlN(AlN是原子晶体,属类金刚石氮化物)纳米管,并通过构建理论模型和计算阐明了形成角面AlN纳米管的科学依据,对于将纳米管从层状结构材料体系拓展至非层状结构材料体系有科学意义。胡征先后获江苏省科协青年科技奖(1994)、中国化学会青年化学奖(1997)、江苏省科技进步二等奖(2000)、纪念博士后制度实施20周年"江苏省优秀博士后"(2005)等奖励或荣誉。2018年1月8日,胡征凭借参与的"若干低维半导体表界面调控及器件基础研究"项目获得2017年度国家自然科学奖二等奖。

胡征教授作为国内纳米研究领域的专家,在 *Acc.Chem.Res., Chem.Soc.Rev., JACS, Angew.Chem.Int.Ed., Adv. Mater., EES* 等重要学术刊物或专著章节共发表论文250余篇,他引9000余次,获专利20余项,在国际会议上做主题报告及邀请报告50余次,培养研究生80余名;先后主持自然科学基金重点/面上项目、杰出青年基金、国家纳米研究重大研究计划课题、863课题等科研和人才计划项目。

本节自我评估

一、概念理解

1. 植物的光合作用对于地球上的生物来说有着非常重要的意义,而有位科学家却创造了"人工光合作用",这位科学家是(　　)。

A. 胡征　　　　　　B. 杨培东　　　　　　C. 达尔文　　　　　　D. 牛顿

2. 生活中我们常能见到有些生物不容易湿,我们将这样的特性称为"疏水性"。疏水性指的是一个分子(疏水物)与水互相排斥的物理性质。判断一个物体具有疏水性的指标是(　　)。

    A. 接触角小于90°　　B. 疏油性　　C. 接触角大于90°　　D. 无所谓接触角大小

3. 小马在综合实践课上做了"探究不同物体的疏水性"的实验,如下图所示,其中具有疏水性的是(　　)。

A.

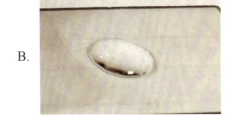
B.

C.

D.

二、思维拓展

1. 2019年元旦以后,江南一带连续阴雨天气,每天穿出去的鞋子都会弄得潮湿不堪,让经历严寒阴雨的人们苦不堪言。你能利用本节学到的知识设计一款具有防水性能的鞋子吗?（建议:同时要考虑人体工程学、运动力学和美观等原理）

2. 周末,小米和小麦一起冒着春雨去穹窿山踏青,爬到半山腰的时候,偶遇一只掉落在小路旁的燕子,这只燕子翅膀上的正羽不知道怎么掉了,浑身湿漉漉的。小米对小麦说:"燕子不是可以在雨中飞吗?这只燕子怎么会飞不起来呢?"如果你是小麦,你会如何给小米解答这个疑惑呢?

三、工程技术

随着科学技术的不断发展,人们对微观世界的探索不断深入。扫描隧道显微镜是根据量子力学中的隧道效应原理,通过探测固体表面原子中电子的隧道电流来分辨固体表面形貌的新型显微装置。下图是扫描隧道显微镜的工作原理示意图。请查阅扫描隧道显微镜的使用方法,尝试写出观测石墨样品原子排列图像的实验过程。

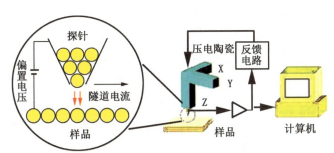

第 3 节 初探纳米
——纳米材料及其应用

学习目标

- **说出** 什么是纳米银
- **描述** 纳米银的杀菌原理
- **概述** 纳米碳的种类
- **学会** 制作简易净水器
- **探究** 纳米银的杀菌作用

关键词

- 纳米银
- 纳米碳
- 纳米二氧化钛

历史典籍

公元前 338 年，古代马其顿人征战希腊时，用银片覆盖伤口来加速愈合；我国皇帝和大臣用银筷进食；中世纪一直用银箔保护伤口，到第一次世界大战时还用银线缝合伤口，不易感染；俄罗斯、瑞士等地的家庭中用银过滤水；美国早期将银币放进牛奶罐，可以保鲜；太空卫星中贮水的均是银罐。

纳米科技作为科技界一颗放射着璀璨光芒的巨星，其辉煌的前景已被世界公认。它不仅对国家安全和社会发展有着巨大的影响，而且与人类生活也有着密切的关系。试想，当你早晨一觉醒来时，由纳米传感器和纳米变色材料组成的纱窗会根据你的需要自动送入新鲜的空气，自动调节室内的亮度，这多么神奇！

一 纳米银

什么是纳米银

纳米银是指粒径小于 100 nm 的金属银的单质，一般粒径在 20~50 nm（图 1-3-1）。纳米银是以原子结构组成的银粒子，而不是银离子。纳米银不带电荷，是固体粉末，是由金属银加工而成的。

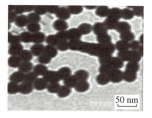

图 1-3-1 纳米银

纳米银的作用

明代时期的《本草纲目》中就有"生银，味辛，寒，无毒"的记载。李时珍说："银本无毒，其毒则诸物之毒也。"需要强调的是，李时珍指的银是单质银，是无毒的。而银离子具有较强的氧化性，对人体具有毒害作用。纳米银胶体中的银粒子是自由扩散在水中的，无须"诸物"参与作用，可以根据需要选择任何浓度的胶体银溶液达到杀菌目的。

纳米银粒子作为最新一代的天然抗菌剂具有以下特点：具有广谱抗菌、杀菌作用，且无明显的耐药性；强效杀菌，可以在数分钟内杀死多种对人体有害的病菌；渗透性强，可由毛孔迅速渗入皮下杀菌，对普通细菌、顽固细菌、耐药细菌以及真菌引起的感染有较好的疗效；促进愈合，改善创伤周围组织的微循环，有效地激活并促进组织细胞的生长，加速伤口的愈合，减少疤痕的生成；由于纳米银颗粒外有一层保护膜，在人体内能逐渐释放，所以抗菌效果持久。

Roger Altman 博士为了解银在人体内的排泄情况，利用自己的身体进行了银平衡的测试。他每天摄入 2.34 mg 的胶体银，连续摄入几个月，最后测试发现，银从其体内排出而不会蓄积，在测定期内排出的银量超过同期内摄入的银量。但后来未有相同证据支持这一观点。

美国毒物与疾病登记处及美国公共卫生局委托 Clement 国际公司进行了银毒性的调查，内容涉及银的吸收、分布、代谢、排泄及其对健康的影响。该项研究表明，外用银不会引起人体毒性反应或影响免疫系统、心血管系统、生殖系统的功能，在报纸、杂志和电视上也未见有外用银产生毒性反应的报道。

探究·实践

制备纳米银凝胶及纳米银凝胶杀菌功能的检测

实验目的 学习制备纳米银凝胶及检测不同浓度纳米银凝胶的杀菌效果。

实验原理 让细菌DNA分子结构变形，从而使其失去活性。

实验器材 三乙醇胺（表面活性剂）、卡波姆940（季戊四醇等与丙烯酸交联得到的丙烯酸交联树脂，充当凝胶基质）、甘油、纳米银原液、去离子水、蒸馏水、肉汤、大烧杯、电子天平、棕色玻璃瓶、消毒棉签等。

实验步骤

1. 称取3 g卡波姆940，放在1000 mL大烧杯中，加入去离子水650 mL，搅拌均匀，静置一夜。
2. 把经过一夜充分溶胀后的卡波姆940取出，向其中加入5 mL三乙醇胺、100 mL甘油、125 mL纳米银原液，最后加入去离子水至1000 mL，搅拌均匀，得到1000 mL浓度为26.25 μg/mL的纳米银凝胶，转移到棕色玻璃瓶中密封避光保存。
3. 取配制好的纳米银凝胶配成浓度梯度的溶液，待用。
4. 用蒸馏水浸湿的消毒棉签在未经消毒的手上擦拭几次，然后把棉签头用消毒后的剪刀剪下，置于煮沸冷却后的100 mL肉汤中，37 ℃下放置24 h。
5. 取各浓度梯度的纳米银凝胶10 mL，然后用滴管吸取放有棉签的肉汤各1 mL，加入各浓度的纳米银凝胶中，密封，37 ℃下放置10天，每天记录纳米银凝胶的透明度。

实验现象 _____。
得出结论 _____。

在学习制作了纳米银凝胶以后，你是否想要知道纳米银洗手液和普通洗手液的杀菌效果哪个更好呢？

探究·实践

对比纳米银洗手液与普通洗手液的杀菌效果

实验目的 探究纳米银洗手液与普通洗手液的杀菌效果。

实验器材 纳米银洗手液、普通洗手液（图1-3-2）、消毒棉签、蒸馏水、牛肉膏蛋白胨琼脂培养基（2份）、无菌接种箱、恒温培养箱、酒精灯、培养皿等。

提出问题 _____？
做出假设 _____。

实验步骤

1. 一只手用普通洗手液洗净，另一只手用纳米银洗手液洗净，自然晾干。
2. 分别用蒸馏水浸湿的消毒棉签在两只手的手心来回擦拭几下。将两份培养基分别编号为1号和2号，然后用擦拭后的棉签分别在斜面培养基上呈"之"字形画线。
3. 把接种后的培养基放在恒温培养箱中37 ℃下培养24 h。
4. 取出培养箱中的培养基，对比培养基上菌落生长情况。

实验现象 见表1-3-1。

知识链接

C.E.MacLeod医生在临床上广泛使用了化学制备的胶体银。在此基础上，他在1912年的 *The Lancet* 上说，500 μg/mL的胶体银可以局部使用、皮下应用、静脉注射或口服，没有毒性，皮下使用的剂量可以不受限制（注射1~2 mL 500 μg/mL的胶体银提供0.5~1 mg的银）。在1916年的 *The Lancet* 中，T.H. Sanderson-Wells用胶体银成功地治愈了1例产后败血症。报道称：20 mL 500 μg/mL的胶体银（等于10 mg的银）没有副作用。

知识链接

细菌培养基的制备

培养基名称 牛肉膏蛋白胨琼脂培养基。

材料 牛肉膏0.3 g，蛋白胨1.0 g，氯化钠0.5 g，琼脂1.5 g，水100 mL等。

配制方法

1. 在烧杯内加水100 mL，放入牛肉膏、蛋白胨和氯化钠，用蜡笔在烧杯外做上记号后，放在火上加热。
2. 待烧杯内各组分溶解后，加入琼脂，不断搅拌以免粘底。等琼脂完全溶解后补足失水，用10%的盐酸或10%的氢氧化钠调整pH到7.2~7.6，分装在各个试管中，加棉花塞，用高压蒸汽灭菌（灭菌要求：1.05 kg/cm²、121 ℃维持15~30 min）。

纳米银洗手液　　普通洗手液

图1-3-2　纳米银洗手液与普通洗手液

科学思维

思考 为什么接种过程中要保持无菌？

表 1-3-1 菌落生长情况记录表

培养基编号	菌落生长情况
1号	
2号	

得出结论 _____。

注意 整个接种过程一定要保持无菌。

二 纳米碳

碳

碳是一种很常见的元素，它以多种形式广泛存在于大气、水和地壳之中。碳单质很早就被人们认识和利用，碳的一系列化合物，如糖类、脂质、蛋白质与核酸等有机物更是生命活动的重要物质基础。生物体内大多数分子都含有碳元素。碳也是工业生产中生铁、熟铁和钢的成分之一。碳的存在形式多种多样，有晶态单质碳，如金刚石、石墨；有无定形碳，如煤；有复杂的有机化合物，如淀粉、纤维素和糖原等；有碳酸盐，如碳酸钙（大理石的主要成分）等。常温下，碳的化学性质较为稳定。

单质碳的物理性质取决于它的晶体结构。高硬度的金刚石和柔软滑腻的石墨晶体结构不同，各有各的外观、密度、熔点等。

碳颗粒

碳颗粒概念广泛，泛指碳的小块或者小的颗粒，一般为颗粒状，粒径一般在几微米（μm）至几十厘米（cm）之间，甚至更小。碳颗粒微孔发达，机械强度高，吸附速度快，净化度高，不易脱粉，使用寿命长（图 1-3-3）。净水系列活性炭选用优质果壳或椰子壳为原料，采用先进的生产工艺精制加工而成，产品具有孔隙结构发达等优点，对水质净化有极好的效果。它不但能去除异臭异味，提高水的纯净度，而且对水中各种杂质如氯、酚、砷、铅、氰化物、农药等有害物质也有很高的去除率，可广泛用于装填各类大、中、小型净水器，也适用于糖类、清凉饮料的脱色和精制，以及室内外空气的净化，特别是加载了特殊成分的活性炭后，其对室内有害气体如氨、甲醛等具有更好的净化效能（图 1-3-4）。活性炭吸附原理如图 1-3-5 所示。

碳颗粒虽然很小，但是我们在日常生活中也有接触，下面就让我们一起来动手做一做吧。

图 1-3-3 活性炭用于去除异味

图 1-3-4 活性炭用于吸收甲醛

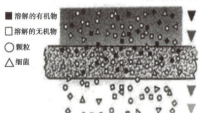

图 1-3-5 活性炭吸附原理

DIY·自制碳颗粒

自制碳颗粒

活动目的 学会制备碳颗粒。

活动器材 载玻片、白纸、油性笔、试管夹、蜡烛、火柴、水等。

活动步骤

1. 将载玻片擦拭干净，用油性笔在载玻片上画线，将其分成两半，一半用白纸遮住，并用试管夹夹住。
2. 点燃蜡烛，缓慢晃动蜡烛，从而产生黑烟，把载玻片放置在蜡烛上方，收集碳颗粒。
3. 把制备好碳颗粒的载玻片静置片刻，让其自然冷却。
4. 分别在载玻片的两侧滴一滴清水（动作一定要慢，防止把碳颗粒冲刷起来），比较两侧水滴与载玻片表面的接触角（图1-3-6）。

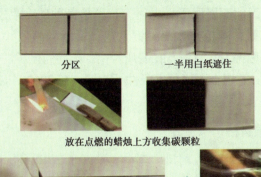

图1-3-6 制备碳颗粒

注意
1. 注意用火安全。实验后请勿直接触碰载玻片，以防烫伤。
2. 载玻片在实验中要倾斜放置。

思考 为什么载玻片的一半要用白纸遮住？

知识链接

制备碳颗粒的原理

石蜡是由 C、H、O 三种元素组成的。当燃烧不充分时，H、O 两种元素很容易结合成水，所以 H、O 先脱出，而 C 元素需要结合较多的 O 才能形成 CO_2。但因 O_2 不充足，石蜡进行不完全燃烧，C 元素就形成了碳颗粒，碳颗粒会聚集在附近的物体上。

你知道家里使用的净水器的工作原理吗？试着动手做一个简易净水器。

DIY·自制简易净水器

自制简易净水器

活动目的 学会制作简易净水器。
活动器材 塑料饮料瓶、小卵石、石英砂、活性炭、蓬松棉、剪刀、吸管等。
活动步骤

1. 将塑料饮料瓶剪去底部，同时在瓶盖上钻一个孔，孔的大小与吸管的大小相匹配，完成后备用。
2. 用剪刀将纱布剪成圆形，圆形的大小与瓶子的内径相匹配，备用。
3. 如图1-3-7所示，在瓶中填充所需物品，就完成了一个简易净水器。使用时，将浑浊的水从瓶子的上部注入，装置下方放置一个干净的烧杯。对比经过简易净水器的水是否变得清澈。

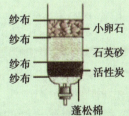

图1-3-7 简易净水器装置图

注意 使用剪刀等器具时务必注意安全！

学科交叉

工业上纳米碳颗粒的制备方法

纳米碳颗粒因其表现出的小尺寸效应、表面效应、量子尺寸效应和宏观量子隧道效应等特点而具有许多不同于常规固体的新奇特性。近年来发展建立起来的纳米碳颗粒制备方法多种多样，可大致归为以下几种：石墨电弧法、固相热解法、化学气相沉积法、激光蒸发法、热解聚合物法、原位合成法、模板法等。

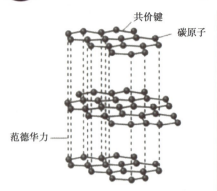

图 1-3-8　石墨立体结构模式图

艺术鉴赏

石　墨

云漫重山藏飞瀑，
雾浊滔水映挂帆。
树掩石桥通草舍，
笔墨悠然洒南山。

思考　你知道这里的"墨"指的是什么吗？它在我们的学习中有用到吗？

图 1-3-9　石墨烯立体结构模式图

学科交叉

碳纳米管，又名巴基管，是一种具有特殊结构（径向尺寸为纳米量级，轴向尺寸为微米量级，管子两端基本上都封口）的一维量子材料（图 1-3-10）。碳纳米管主要是由呈六边形排列的碳原子构成数层到数十层的同轴圆管，层与层之间保持固定的距离，约 0.34 nm，直径一般为 2~20 nm。

图 1-3-10　碳纳米管

石墨

石墨（Graphite）是一种矿物名，通常产于变质岩中，是煤或碳质岩石（或沉积物）受到区域变质作用或岩浆侵入作用所形成的。石墨是元素碳的一种同素异形体，每个碳原子的周边连结着另外三个碳原子，排列方式呈蜂巢式的多个六边形，每层间有微弱的范德华力（图 1-3-8）。由于每个碳原子均会放出一个电子，这些电子能够自由移动，因此石墨属于导电体。石墨是各种矿物中最软的，不透明且触感油腻，颜色由铁黑到钢铁灰，形状呈晶体状、薄片状、鳞状、条纹状、层状体，或散布在变质岩中。石墨的化学性质不活泼，具有耐腐蚀性。石墨在隔绝氧气条件下，熔点在 3000 ℃ 以上，是耐高温的矿物之一，能导电、导热。

纳米碳材料

纳米碳材料是指分散相尺度至少有一维小于 100 nm 的碳材料。分散相既可以由碳原子组成，也可以由异种原子（非碳原子）组成，甚至可以是纳米孔。纳米碳材料主要包括石墨烯、碳纳米管、碳纳米纤维、纳米碳球等。

石墨烯与碳纳米管

石墨烯（Graphene）是一种由碳原子构成的单层片状结构的新材料，是一种由碳原子以 sp^2 杂化轨道组成六边形呈蜂巢晶格的平面薄膜，属于只有一个碳原子厚度的二维材料（图 1-3-9）。石墨烯是世界上最薄、最坚硬的纳米材料。由于石墨烯透明且具有良好的导电性能，因此适合用来制造透明触控屏。

DIY · 制作石墨烯模型

制作石墨烯模型

活动目的　学会制作石墨烯模型。

活动器材　白纸、笔、磁力棒等。

活动步骤

1. 在纸上画出石墨烯模型图。
2. 按照图的结构用磁力棒搭建若干六边形。
3. 把搭建好的六边形组合起来，完成一个完整的石墨烯模型。
4. 把大家搭建的石墨烯模型在班级里展示出来。

工程技术

剥制石墨烯

活动目的　学会剥制石墨烯。

活动器材　石墨、硅片、胶带等。

活动步骤

1. 将胶带粘在一块石墨上，然后撕下来。
2. 将第一步撕下的胶带粘到一块面积只有 1 平方英寸的硅片上。
3. 再将胶带从硅片上撕下来，这时数千小片石墨就粘到了硅片上。

碳纳米管是由碳原子形成的石墨烯片层卷成的无缝、中空的管体，一般可分为单壁碳纳米管、多壁碳纳米管和双壁碳纳米管。

碳纳米纤维

碳纤维（Carbon Fiber，简称 CF）是一种含碳量在 95% 以上的高强度、高模量的新型纤维材料（图 1-3-11）。它是由片状石墨微晶等有机纤维沿纤维轴向方向堆砌而成，经碳化及石墨化处理而得到的微晶石墨材料。

图 1-3-11 碳纤维

碳纤维"外柔内刚"，质量比金属铝轻，但强度却高于钢铁，其化学性能非常稳定，并且具有耐腐蚀、高模量的特性，在国防军工和民用方面都是重要材料。它不仅具有碳材料的固有本征特性，还兼备纺织纤维的柔软可加工性，是新一代增强纤维。碳纤维可以使用在各种不同的领域，但由于制造成本高，目前主要用作航空器材、运动器械、建筑工程的结构材料。2018 年 2 月，中国完全自主研发出第一条百吨级 T1000 碳纤维生产线。

碳纳米纤维（Carbon Nanofibers，简称 CNFs）是指具有纳米尺度的碳纤维，依其结构特性可分为空心碳纳米纤维和实心碳纳米纤维。两者皆具有高强度、质轻、导热性良好及导电性强等特性。实心碳纳米纤维常简称碳纳米纤维，它是由多层石墨片卷曲而成的纤维状纳米碳材料，直径一般在 10~500 nm，是介于碳纳米管和普通碳纤维之间的准一维碳材料，具有较高的结晶取向度、较好的导电和导热性能。碳纳米纤维具有高比表面积和吸附特性，因此可以用来储存氢气，还可以作为催化剂和催化剂载体。

纳米碳球

根据尺寸大小将碳球分为：富勒烯族系 C_n 和洋葱碳（具有封闭的石墨层结构，直径在 2~20 nm 之间），如 C_{60}、C_{70} 等；未完全石墨化的纳米碳球，直径在 50 nm~1 μm 之间；碳微珠，直径在 11 μm 以上。另外，根据碳球的结构形貌可分为空心碳球、实心硬碳球、多孔碳球、核壳结构碳球和胶状碳球等。

富勒烯（Fullerene）是单质碳被发现的第三种同素异形体，是纳米碳球的代表。任何由碳一种元素组成，以球状、椭圆状或管状结构存在的物质，都可以被叫作富勒烯，富勒烯指的是一类物质。富勒烯与石墨的结构类似，但石墨的结构中只有六元环，而富勒烯中可能存在五元环。

> **学科交叉**
>
> **凯夫拉纤维**
>
> 凯夫拉，英文原名 Kevlar，也译作克维拉或凯芙拉，是美国杜邦（DuPont）公司研制的一种芳纶纤维材料产品的品牌名，材料原名为"聚对苯二甲酰对苯二胺"。
>
> 由于凯夫拉品牌产品材料坚韧耐磨、刚柔相济，具有刀枪不入的特殊本领，在军事上被称为"装甲卫士"。

DIY · 制作富勒烯球

制作富勒烯球

活动目的 学会制作富勒烯球。

活动器材 磁力棒。

活动步骤

1. 按照图 1-3-12 用磁力棒搭建若干五边形和六边形。
2. 把搭建好的五边形与六边形组合起来，完成一个完整的富勒烯球模型。
3. 比一比谁的富勒烯球搭得更好。

图 1-3-12 富勒烯球结构模式图

图 1-3-13　纳米二氧化钛

三　纳米二氧化钛

二氧化钛，又称钛白粉，化学式为 TiO_2。纳米二氧化钛的粒径在 100 nm 以下，产品外观为白色疏松粉末（图 1-3-13）。

❋ 纳米二氧化钛的功能

光催化功能。研究发现，在日光或灯光中紫外线的作用下使二氧化钛激活并生成具有高催化活性的游离基，能产生很强的光氧化及还原能力，可催化、光解附着于物体表面的各种甲醛等有机物及部分无机物。纳米二氧化钛比常规二氧化钛的光催化活性高得多。

杀菌功能。实验证明，浓度为 0.1 mg/cm³ 的锐钛型纳米二氧化钛可彻底杀死恶性海拉细胞，而且随着超氧化物歧化酶（SOD）添加量的增多，二氧化钛光催化杀死癌细胞的效率也随之提高。其对枯草杆菌黑色变种芽孢、绿脓杆菌、大肠杆菌、金色葡萄球菌、沙门氏菌、牙枝菌和曲霉的杀灭率均达到 98% 以上。用纳米二氧化钛光催化氧化深度处理自来水，可大大减少水中的细菌数。在涂料中添加纳米二氧化钛可以制造出杀菌、防污、除臭、自洁的抗菌防污涂料，可应用于医院病房、手术室及家庭卫生间等细菌密集、易繁殖的场所。

自清洁功能。二氧化钛薄膜在光照下具有超亲水性和超永久性，因此具有防雾功能。如在汽车后视镜上涂覆一层纳米二氧化钛薄膜，即使空气中的水蒸气凝结，冷凝水也不会形成单个水滴，而是形成水膜均匀地铺展在表面，所以表面不会产生光散射的雾。当有雨水冲过时，在表面附着的雨水也会迅速扩散成为均匀的水膜，这样就不会形成分散视线的水滴，使得后视镜表面保持原有的光亮，提高行车的安全性。

防晒功能。纳米二氧化钛由于粒径小、活性大，既能反射、散射紫外线，又能吸收紫外线，从而对紫外线有更强的阻隔能力。而普通防晒霜的防晒机理是简单的遮盖，防晒能力较弱。纳米二氧化钛具有强抗紫外线能力是由于其具有高折光性和高光活性。其抗紫外线能力及其机理与其粒径有关。当粒径较大时，对紫外线的阻隔以反射、散射为主，且对中波区和长波区紫外线均有效。随着粒径的减小，光线能透过纳米二氧化钛的粒子面，对长波区紫外线的反射、散射不明显，而对中波区紫外线的吸收性明显增强。由此可见，纳米二氧化钛对不同波长紫外线的防晒机理不一样，对长波区紫外线的阻隔以散射为主，对中波区紫外线的阻隔以吸收为主。

> **知识链接**
>
> SPF，或者说防晒指数（Sun Protection Factor），主要用于量度防晒产品对中波紫外线（UVB）的抵抗效果。

图 1-3-14　防晒测试卡

> **探究・实践**
>
> **探究纳米二氧化钛的防晒作用**
>
> **实验目的**　探究纳米二氧化钛的防晒作用。
> **实验器材**　添加纳米二氧化钛的防晒霜 1 瓶，干净的载玻片 4 片，防晒测试卡 2 张（图 1-3-14）。
> **提出问题**　_____？

做出假设 _____。
制订计划
1. 在一片干净的载玻片上均匀地涂上一层薄的防晒霜，并将另一片载玻片盖在上面。
2. 把另外两片载玻片叠放在一起。
3. 取2张防晒测试卡，分别垫在两组载玻片下方，然后把它们放在太阳下照射。
4. 观察防晒测试卡是否发生颜色变化。

实验现象 _____。
得出结论 _____。

> **知识链接**
>
> 紫外线是位于日光高能区的不可见光线。依据紫外线自身波长的不同，主要将紫外线分为三个区域，即短波紫外线（简称 UVC）、中波紫外线（简称 UVB）和长波紫外线（简称 UVA）。
>
> 长波紫外线是指波长为 315~400 nm 的紫外线。长波紫外线对衣物和人体皮肤的穿透性远比中波紫外线强，可到达真皮深处，并可对表皮部位的黑色素起作用，从而引起皮肤黑色素沉着，使皮肤变黑。因而长波紫外线也被称为"晒黑段"。

纳米很小，作用却很大。纳米家族中除了我们学习的这三种纳米材料外，纳米材料的种类还有很多，各自的功能也是各不相同，这些未知的领域等待着我们去发现。也许你就是下一个纳米科学家。

本节自我评估

一、概念理解

1. 下列**不**属于纳米银特点的是（   ）。
   A. 颗粒小　　　　　　B. 渗透性强　　　　　　C. 具有杀菌作用　　　　D. 是银离子
2. 在"自制碳颗粒"实验过程中，晃动蜡烛的作用是（   ）。
   A. 让火焰更大　　　　B. 让蜡烛不完全燃烧　　C. 均匀加热　　　　　　D. 没什么作用
3. 在"对比纳米银洗手液与普通洗手液的杀菌效果"实验中，下列叙述**错误**的是（   ）。
   A. 变量是温度　　　　　　　　　　　　　　　　B. 变量是是否用了纳米银洗手液
   C. 实验中要保持无菌　　　　　　　　　　　　　D. 接种后的培养基要放置在恒温培养箱中

二、思维拓展

1. 东方人自古以肤白为美。衰老的细胞会沉淀色素，进而产生色斑。阳光中的紫外线也可能导致皮肤产生色斑，甚至发生癌变。因此，人们一直很关注皮肤护理和美白问题。很多护肤品广告中充斥着"晒不黑，就是晒不黑""阻挡热辣辣的阳光，还你白嫩嫩的肌肤"等用语。请根据所学知识，运用批判性思维，对上述广告用语的科学性进行分析，并给爱美人士一些可行的美白建议。
2. 暨南大学环境工程系、中山大学化学与化学工程学院的研究人员在 2011 年研究发现：纳米铜对白菜种子发芽和幼苗生长具有毒害作用。请你设计实验方案探究纳米铜对其他植物种子的发芽是否也具有毒害作用。在完成实验后，请将你的研究写成论文并尝试发表。

一、概念理解

1. 莲叶能出淤泥而不染，是因为其表面有（　　）结构。
   A. 油脂　　　　　　　B. 石蜡　　　　　　　C. 蜡状物质　　　　　D. 吸水物质

2. 随着科技的不断发展，（　　）的出现，揭开了天然材料疏水性的奥秘。
   A. 普通光学显微镜　　B. 扫描电子显微镜　　C. 荧光显微镜　　　　D. 微分干涉差显微镜

3. 下列现象或应用与纳米无关的是（　　）。
   A. 莲叶效应　　　　　　　　　　　　　　　B. 可以行走在水面上的水黾
   C. 飞檐走壁的壁虎　　　　　　　　　　　　D. 可以有效清洁皮肤的天然海绵

4. 纳米科技日新月异，以下说法**错误**的是（　　）。
   A. 纳米碳材料是指分散相尺度至少有一维小于 100 nm 的碳材料
   B. 纳米二氧化钛的粒径在 10 nm 以下，产品外观为白色疏松粉末
   C. 纳米二氧化钛由于粒径小、活性大，既能反射、散射紫外线，又能吸收紫外线，从而对紫外线有很强的阻隔能力
   D. 纳米银是以原子结构组成的银粒子，而不是银离子

二、思维拓展

1. 现在网上流行售卖一种纳米手机随手贴，它可以随意地折叠，也可以吸附在很多物体的表面，你知道这个手机随手贴是模仿了自然界中哪种生物的结构特点吗？假如我们人具有这样的结构特点，我们的生活会变成什么样？

2. 小麦同学想要检验网上售卖的一款纳米魔力擦的去污效果，请你利用所学的知识帮他设计一个可行性实验，并对他完成这个实验提出一些具有建设性的意见。

3. 石墨烯是目前最薄的纳米材料，仅有一层原子厚度。石墨烯也是强度最高的材料，同时具有很好的韧性。据推算，一个石墨烯制成的普通食品塑料袋可以承受约 2 t 重的物品。石墨烯还具备很好的热传导性能。根据以上石墨烯的特点，你认为石墨烯的用途有哪些？

4. 2018 年冬季，某著名羽绒服品牌推出了一款极寒款羽绒服。据介绍，这款羽绒服能够抵抗 $-18\ ℃$ 这样的低温，且该款羽绒服的面料具有防水防污功能，这无疑可以减少羽绒服的清洗次数。你能利用学过的知识来为大家设计一款具有防水防污功能的面料吗？这样的面料是否也能防油？

寻找基因的图谱
——从 DNA 走向基因编辑

有人徜徉园林，醉心于"最是红尘中一二等富贵风流"；而有人徘徊庭院，则希望能从方寸之中顿悟乾坤的本源。

面对奇妙的生命，很多人可能只是钟情于享受它所带来的各种美好。而你是否思考过"生命是什么？生命从哪里来？生命又将到哪里去？"等问题？这些问题的答案可能就隐藏在你我基因的图谱之中。

"格物致知""知行合一"，古人已经为我们今日的探究指明了方向。人类对于"基因图谱"的寻找也从未曾停止过——孟德尔和摩尔根发现了经典遗传规律；沃森和克里克提出了DNA分子的双螺旋结构模型；马太和尼伦伯格破解了第一个遗传密码；Chien 等分离的热稳定性 Taq DNA 聚合酶使 PCR 操作大为简化，让基因工程的真正实施成为可能；而 CRISPR/Cas9 技术的问世，让编辑基因的梦想成为可能……无须讳言，现代生物工程技术正是破解各种生命奥秘的重要手段，但技术本身却是一把双刃剑！

希望不远的将来，人类能用这生命的图谱，按照自然的法则，去构筑一座座更加美丽的花园，而不必去"流浪地球"。

当我们还是一个细胞时，我们深藏着秘密；

当我们还是一簇细胞时，我们表达着秘密；

当我们终于成为我们时，我们努力破解秘密。

——翻开它，其实我们就是秘密。

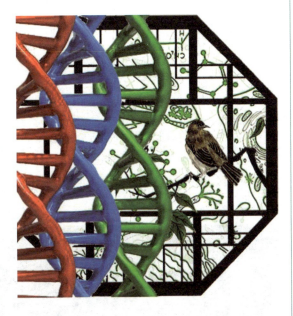

内容提要

* 遗传的基本现象和基本规律
* 遗传的本质和遗传信息表达的过程
* 基因工程的基本过程、原理以及在实际生产生活中的应用
* 通过科学实验探究生物学规律的基本方法

本章学习意义

基因工程技术发展迅速，成果众多。通过本章的学习，你将了解"遗传"和"基因"的前世今生，深入了解基因工程及其发展前景。希望你通过本章的学习，能客观地看待生命演化、科技发展与社会进步的关系。

第 1 节 探索规律

——遗传的秘密

学习目标

- **说出** 遗传的本质
- **描述** DNA 的结构
- **概述** 基因的遗传规律
- **学会** 孵化饲养丰年虾
  制作酒酿
  制作孵化箱
  孵化鸡蛋
  绘制家庭系谱图
  培养果蝇
  DNA 粗提取
  尝试破译密码

关键词

- 进化
- 繁殖
- 细胞分裂
- 遗传规律
- 遗传物质
- DNA
- 中心法则

艺术鉴赏

化石工艺品

在中国,很多古生物化石如燕子石、硅化木、菊石、狼鳍鱼等已被用于化石工艺品制作,如制成文房用品、摆件屏风等(图 2-1-2)。因其色泽古雅,姿质温润,纹彩特异,成为记录沧桑巨变的稀世珍宝和耐人玩味的收藏珍品。

图 2-1-2 精美的化石工艺品

从夸克到星系,规律隐藏在宇宙的每个角落。生命同样在规律中产生。它依赖于地球特殊的物质条件,但又遵循着产生、发展和演化的法则。

生命是什么?生命从哪里来?这些问题似乎还无从找到最终答案。但我们正不断探索着生命独特的演化规律,并试图从这里去追溯最初的源头。

个体生命是有限的,群体生命也是有限的,但整个生命体系似乎是无限的。从洪荒大地到现代社会,缤纷多彩的生命在地球这台"电脑"上运行出一个个华美程序。那么藏在众多生命形态背后的"源代码"是什么呢?

一 生命的演化

"生命是如何起源的?"在不同的民族文化中有着各自的传说:中国的盘古开天辟地、女娲造人,西方的上帝创造万物。所有的神话传说都没有解释一个自然现象——进化,甚至关于进化的观点都一度被认为是妄想。

随着工业革命的进步,人类加快了开发自然的过程。在这一过程中人们逐渐发现地层中深埋的**化石**(图 2-1-1)。借助化石证据,科学家发现,在人类之前还有过各种奇特的生物。现在它们在哪里?它们为何会消失?它们和我们又是什么关系?学习本章之后,你将会有所了解。

图 2-1-1 苏州留园里的鱼化石

随着地理大发现和博物学的兴起,让我们有机会对世界各地的生物进行比较。结合化石证据,人们开始认识到生命的久远和生命演化过程的漫长。一个崭新的理论渐渐清晰起来——**"生命是进化而来的"**(图 2-1-3)。

当**进化论**的观念传入中国时,它不仅仅只是一个自然科学理论,更成为推动民族进步和自我革新的一种思想动力(图 2-1-4)。

图2-1-3 地球生物的演化　　图2-1-4 严复和他翻译的赫胥黎《天演论》

二 生命的延续——繁殖

生命无法避免衰老、死亡，一方面是为释放有限的生存资源，更重要的是在生死更替中筛选更适合的类型。

最初繁殖只为增加群体的数量，随着生命结构的复杂化，繁殖类型也变得丰富多彩。

有性生殖是指亲本产生的有性**生殖细胞**（配子），经过两性生殖细胞（**精子和卵细胞**）的结合，成为受精卵，再由受精卵发育成为新个体（图2-1-6）。有性生殖一般需要通过减数分裂和受精作用，将双亲遗传物质重新组合，因为有筛选生殖细胞的过程，其后代更具有**遗传多样性**（图2-1-7）。

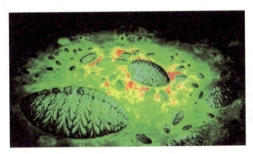 

图2-1-6 最早进行有性生殖的叶状形态类生命（想象图）　　图2-1-7 有性生殖使得子代具有多样性（豚鼠）

无性生殖是指亲本不经过两性生殖细胞的结合，由母体直接产生新个体，如分裂生殖、出芽生殖、孢子生殖、营养生殖。这类繁殖速度快，一般不涉及遗传物质重新组合，能直接保留母本性状（图2-1-8）。

植物营养生殖　　动物出芽生殖　　哺乳动物人工克隆

图2-1-8 无性生殖

生命的奇妙就在于多样性。两类繁殖方式之所以都能留存至今，就因为它们各具优势。很多物种会根据环境变化选择不同的繁殖方式。比如一种在卤水中生活的甲壳动物——丰年虾（图2-1-9），它广泛分布于世界各地盐湖和盐场卤水池中，是典型的超盐水生物。

知识链接

活化石

某些物种起源久远，在新生代第三纪或更早就有广泛的分布，而目前大部分物种已经因地质、气候的改变而灭绝。这些现存生物的形状和在化石中发现的生物基本相同，保留了其远古祖先的原始形状，且其近缘类群多数已灭绝，比较孤立，进化缓慢，这些生物便可称为孑遗生物或活化石（图2-1-5）。

图2-1-5 苏州白马涧的桃花水母

知识链接

人体细胞数据

据估算，人体细胞有40~60万亿个。人体细胞的平均直径在10~20 μm之间。最大的是成熟的卵子，直径在200 μm左右；最小的是血小板，直径只有约2 μm。

人体中每分钟有1亿个细胞死亡。其中，寿命最长的是脑、骨髓、眼睛里的神经细胞，寿命可达几十年；而血液中的白细胞有的只能活几小时。

所有这些都源自同一个受精卵。

图2-1-9 光照下的丰年虾

拓展活动

如何在家里称量定容药剂

材料 待称药品、一元硬币（菊花图案 6 g 重）、600 mL 原瓶饮料、铅笔、图钉等。

制作步骤

1. 测量出铅笔中点，确认两侧固定点。
2. 剪大塑料袋的两个角作为容器，分别装入硬币和药品。
3. 将装置放在饮料瓶上，调整药品的量来调节平衡（图 2-1-11）。

图 2-1-11 称量过程

4. 当中点在平衡点时，称量药品为 6 g。
5. 标出液面，倒尽饮料，将称量好的药剂放入瓶中，加入清水至刻度，最终溶液浓度为 1 g/mL。

探究

1. 哪些因素会影响最后的称量精度？
2. 若平衡点不在中点，能直接计算出药品质量吗？

知识链接

染色体

1879 年，德国生物学家弗莱明（Fleming. W）把细胞核中的丝状和粒状的物质用染料染红，观察发现这些物质平时散漫地分布在细胞核中，当细胞分裂时便浓缩，形成一定数目和一定形状的条状物，到分裂完成时，条状物又疏松为散漫状。

其主要由 DNA 和蛋白质组成，在细胞分裂时期容易被碱性染料（如龙胆紫和醋酸洋红）着色，染色体因此而得名。

不同生物染色体数量不同，人类有 46 条，果蝇有 8 条，猪有 38 条，猫有 38 条，马有 64 条。

它同时具备两种繁殖方式，可以产下卵胎生的无节幼虫或直接排卵，所产的卵又分夏卵和冬卵两种。夏卵产出后在水中迅速孵化为无节幼虫，跟母体直接产下的卵胎生无节幼虫基本相同。而冬卵则为休眠卵，能在干燥冷冻的环境下存活 5 年以上。生物充分利用两种生殖方式的优势延续着生命。

技能训练

尝试培育丰年虾

活动目的 尝试培育丰年虾，了解其繁殖过程。

活动器材 丰年虾卵、透明塑料盒、海盐、水等（图 2-1-10）。

图 2-1-10 活动器材

活动步骤

1. 配制浓度为 0.5%～9% 的盐水（不用食盐）。
2. 将少许丰年虾卵加入盐水中。
3. 25 ℃～30 ℃下静置 24～36 h 后就会孵化成无节幼虫。
4. 以光线聚集无节幼虫到盘的一端后以滴管收集培养。

提示 观察虾卵的孵化过程，持续培养并观察其生命周期。

三 奇特的扩增——增殖和分化

个体生长、发育、繁殖的基础是**细胞的增殖和分化**。通过细胞增殖增加细胞数量，通过分化产生不同的细胞类型。一个细胞会演化成一群细胞，不同的细胞群可以构成组织、器官、系统，最终才能形成一个鲜活的多细胞生命体。所有这些活动从受精时就已经被启动，并且有条不紊、按部就班。谁在指导细胞定期定时的分裂和分化呢？

细胞增殖类型多样，最典型的是**有丝分裂**和**减数分裂**。

有丝分裂是真核细胞常见的增殖方式。通过有丝分裂形成的子细胞在形态、结构和功能上均和原细胞相似。观察可以发现，细胞内会周期性地出现、扩增、均分染色体，最后子细胞都能得到相同的一份染色体（图 2-1-12）。

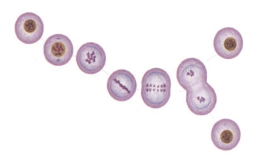

图 2-1-12 动物细胞有丝分裂模式图

减数分裂是很多有性生殖生物产生生殖细胞的一种方式，一般只有特殊的性母细胞才能进行。减数分裂中，染色体在一次复制后连续两次分配，因此最终生殖细胞内的染色体只有原来的一半。生殖细胞与很多体细胞相比在形态、结构上差异巨大（图 2-1-13）。

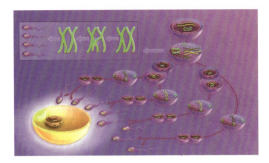

图 2-1-13 动物细胞减数分裂模式图

酵母菌能根据环境采取不同的分裂方式。营养条件适合时进行有丝分裂；环境恶劣时，二倍体酵母菌进行减数分裂形成子囊孢子体，进行一种原始的有性生殖。

人们发现酵母菌代谢能分解糖类产生酒精，从而改变食物的口味，由此形成了酒酿这种特殊的食物。这也是人类发酵制酒的起源之一。

探究·实践

尝试用酒曲制作酒酿

实验目的 学会制作酒酿。

实验原理 酒酿的制作依靠根霉菌与酵母菌的共同作用，根霉菌能产生糖化酶，将淀粉转化为葡萄糖，酵母菌再把葡萄糖转化为酒精，酒酿就变得香甜醇厚了。

实验器材 糯米、酒曲、电饭锅、凉开水等。

实验步骤

1. 浸泡：洗净糯米，用清水浸泡，至一捻就碎状态。
2. 蒸饭：水略少，使米粒蒸熟后有韧性。
3. 冷却：勿开盖，放置冷却至 35 ℃ 左右。
4. 消毒：用沸水冲洗后续用到的锅碗容器。
5. 搅拌：将酒曲用凉开水化开后倒入米饭拌匀，根据米饭的软硬度加入适量的凉开水，但不能变成厚稀饭。
6. 发酵：用勺子将拌好的米饭压实压平，中间挖个洞，覆上保鲜膜，25 ℃ 下恒温保持 48 h。
7. 完成：当米饭中的窝里有水，晃动一下盆子，米饭整体滑动，说明酒酿已经做好了（图 2-1-15）。

图 2-1-15 酒酿制作流程

注意

1. 容器应清洁卫生，保持密封性，不要随便打开。

知识链接

酵母菌

酵母菌（图 2-1-14）是一种单细胞真菌。酵母菌常用于酿造生产，通过培养酵母菌可以得到酒精。不同的酵母菌酿造的酒的口味也有所差异。此外，普通面食加工中常通过酵母菌产生二氧化碳，从而使面食在加热后变得更加蓬松可口。

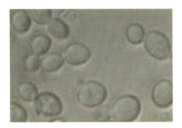

图 2-1-14 显微镜下的酵母菌

知识链接

酒 曲

酒曲中所生长的微生物并非一种，是多种真菌的混合物，混合菌的种类数量差异造成最后制作出的发酵食品的口味不同。关于曲的最早文字可能就是周朝著作《书经·说命篇》中的"若作酒醴，尔惟曲蘖"。原始的曲是发霉或发芽的谷物，人们加以改良，就制成了适于酿造加工的曲。如今，曲仍广泛用于酒、醋等食品的加工酿造。

从生物工程技术发展来看，利用曲霉、根霉、酵母等微生物培养获得生物医药产品已经成为发酵工程的重要组成部分。

2. 酒曲要用新鲜的，过期酒曲的活菌数量少，效果不好。
3. 制作时可以适当添加一些桂花增加香味。
4. 酒酿做好后需冷藏，否则容易变酸。

思考 酒酿制作过后会逐渐变酸是什么原因？

受精卵发育时，伴随细胞增殖进行分化。不同位置的细胞遗传物质相同，但会对遗传物质表达有选择，最终细胞的形态、结构都会有所差异。这种变化一般不可逆。分化了的细胞组合在一起，为个体生命尽心尽力。

知识链接

制作简易温湿度计

湿度计测量相对湿度的原理：由于湿泡温度计的感温泡包着棉纱，棉纱的下端浸在水中，水的蒸发使湿泡温度计的示数总是低于干泡温度计的示数。气温这一温度差值跟水蒸发快慢（即当时的相对湿度）有关。根据两支温度计的读数，从表或曲线上可查出空气的相对湿度，因此可以利用两支温度计制作一个简易的温湿度计。

DIY · 制作孵化箱

制作孵化箱

活动目的 学会制作孵化箱。
活动器材 纸板箱、塑料盒、白炽灯、温湿度计等。
活动步骤

1. 箱体制作：选择合适的纸板箱，划分功能区（图 2-1-16），开口打孔。
2. 温度：装好灯座，装 1 个白炽灯（25~40 W）。
3. 湿度：塑料盒内装满水。
4. 打开电源，监控温湿度计，通过调整箱盖开口大小，保证箱内的温度和湿度（图 2-1-17）。

图 2-1-16 功能区划分　　图 2-1-17 调控方式

注意 灯泡不能接触到任何物体，保证用电安全。

个体发育会按既定过程完成。动物胚胎发育过程一般能重现其在进化历程中的重要阶段。"**重演**"也见于动物生理生化方面或者行为习性方面（图 2-1-19）。

知识链接

喜 蛋

江浙很多地方都有吃"喜蛋"的习俗。它是指孵化过程中鲜活鸡、鸭、鹅胚在终止孵化后直接用于烹饪的蛋。根据发育状态差异可以分为"全喜""半喜"等。

新鲜喜蛋放入桂皮、黄酒、精盐等煮熟，口味鲜美，富有营养，是一道独特的美味（图 2-1-18）。

有机会在品味美食的同时也可以观察一下发育的胚胎。

图 2-1-18 红烧喜蛋

图 2-1-19 胚胎重演论——不同动物的胚胎发育比较

因为所有的脊椎动物继承了来自远古的相同发育程序，所以它们具有相似的早期胚胎发育阶段。这是所有脊椎动物从共同祖先进化而来的一个有说服力的证据（图 2-1-20）。

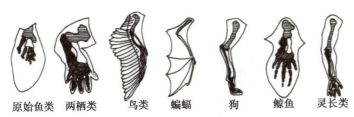

图 2-1-20　同源器官

同时我们也可以发现绝大部分结构内的细胞在分化的同时，细胞内的染色体的形态和数量并没有发生改变。这样一种奇妙的过程究竟记录在细胞的哪个结构中呢？

探究·实践

观察鸡蛋孵化过程中胚胎发育的过程

实验目的　观察鸡蛋孵化过程中胚胎发育的过程

实验器材　鸡蛋孵化箱、手电筒、受精鸡蛋等。

实验步骤

1. 选蛋：选新鲜未冷藏过、未清洗的鸡蛋，放入孵化箱。
2. 调控温湿度：开、闭箱盖，温度控制在 37.8 ℃，湿度控制在 50%～60%。
3. 照蛋：孵化 5 天后照见血丝的蛋保留继续孵化，至 17 天后蛋内黑色区域增大的保留继续孵化。
4. 翻蛋：孵化中后期人工翻动鸡蛋，保证胚胎受热均匀。
5. 出壳：18 天后调节温度为 37 ℃，湿度为 75%，等待出壳。

提示　了解胚胎发育过程，制作各阶段影像资料或标本（图 2-1-21）。

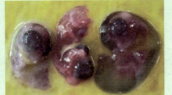

图 2-1-21　孵化中收集的鸡胚胎

概念辨析

蛋与卵

蛋指的是某些陆上动物产下的卵。鸟类、爬行类以及哺乳类的鸭嘴兽和针鼹都下蛋。其内部不是单个卵细胞，而是完整的羊膜卵结构，外包卵壳，起到保护作用。该结构能让胚胎在一个液体环境中发育，是动物适应陆生环境的一种表现。鸟类雌性个体无须受精就能直接产蛋。

卵所指的是没有壳的蛋，它的外层被一层胶状物质所包覆，非羊膜卵结构，如青蛙卵或蟾蜍卵等。

四　规律的探索——遗传规律

1868 年，达尔文（英国博物学家、生物学家）提出了"融合遗传"理论。该理论主张两亲代的相对性状在杂种后代中融合成为新的性状而出现，且杂合子后代中没有一定的分离比例（图 2-1-22）。"融合遗传"理论认为杂交后代的性状介于两亲本之间。若杂交后代自交，性状不会分离；若测交，则再次介于两者的状态之间。

图 2-1-22　哈士奇和柯基犬的杂交后代（融合了双亲的特征）

知识链接

人　种

自 1775 年德国生理和解剖学家弗雷德里奇·布鲁门巴赫提出"人种"概念，根据人种的自然体质特征，生物学家以本质主义方式通常将全世界的现代人类划分为四大人种：欧罗巴人种、蒙古人种、尼格罗人种和澳大利亚人种。200 余年间，对此概念争议颇多。从生物学角度分析，目前四个族群都属于同一物种。

人种问题更多的是社会学问题。

当时的人们普遍相信"融合遗传"理论,认为后代是父母性状(或者说血缘)融合的结果,如黑人和白人通婚后生下的小孩肤色介于两者之间。若一个白人到黑人部落生活繁衍,后代的肤色会变得越来越黑,白肤色这种性状最终会消失。

但很多杂交现象却并不符合"融合遗传"理论(图2-1-23)。

图2-1-23 嵌合体孔雀

孟德尔于1865年发现性状分离和自由组合的遗传规律后,提出了"遗传因子"。他认为遗传因子互不融合,互不干扰,独立分离,自由组合,具有颗粒性,因此称为颗粒遗传。

他认为遗传因子是相对独立存在的因子,它们是通过配子遗传给后代的,所以杂交后代自交或测交,会出现性状分离且有一定的分离比(图2-1-24)。

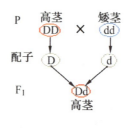 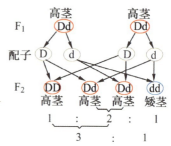

图2-1-24 孟德尔分离定律图解

1903年,美国遗传学家萨顿在实验中发现,染色体行为与孟德尔"遗传因子"的行为是平行的,假定"遗传因子"在染色体上,则分离定律和自由组合定律机制就可以得到合理解释。

学科交叉

贾母为何不让宝玉娶黛玉?

1. 贾宝玉的母亲王夫人和薛宝钗的母亲薛姨妈是亲姐妹,所以他们俩是姨表姐弟。宝钗称呼王夫人为姨妈,宝玉也称呼薛姨妈为姨妈。

2. 林黛玉的母亲贾敏是贾母的小女儿,即贾宝玉的亲姑姑,所以他们俩是姑表兄妹。

3. 在中国古代对姨表亲的婚姻相对是宽容的,而姑表亲之间血缘关系更近,不被认可。

学科交叉

家 谱

家谱是一种特殊的文献,就其内容而言,是中国五千年文明史中具有平民特色的文献,记载的是同宗共祖血缘集团世系人物和事迹等方面情况的历史图籍。家谱属珍贵的人文资料,对于历史学、民俗学、人口学、社会学和经济学的深入研究均有其不可替代的独特功能。

活动 了解系谱图的图例,学会用中国传统称谓称呼系谱图上的个体。

探究·实践

利用硬币模拟自由组合实验

实验目的 学会利用硬币模拟自由组合实验。

实验器材 笔、纸、硬币。

实验步骤

1. 取一枚硬币,将正反面分别定义成A和a。
2. 模拟生成雄配子。抛接20次,记录结果。
3. 模拟生成雌配子。抛接20次,记录结果。
4. 汇总合子的基因组成,然后全班汇总结果。

思维拓展

1. 实际数据和理论情况为何会存在偏差?
2. 能在此基础上演绎自由组合定律吗?

1909年，摩尔根开始通过果蝇实验研究遗传现象。他发现了一只白眼雄果蝇。当他用这只白眼雄果蝇同红眼雌果蝇交配后，发现第二代白眼果蝇全是雄性的（图2-1-25）。

当时其他科学家已经证明性别是由染色体决定的，因此白眼基因一定是与雄性基因同在一条染色体上。"遗传因子"就是基因。摩尔根实验表明，**一条染色体上可以有多个基因**。

P 红眼(雌) × 白眼(雄)

F₁ 红眼(雌、雄)

↓ F₁雌雄交配

F₂ 红眼(雌、雄) 白眼(雄)
　　3/4　　　　　1/4

图2-1-25　摩尔根果蝇杂交实验图解

知识链接

果蝇如何区分雌雄

两性果蝇在体型和尾端颜色上是有很大差异的，肉眼可以直接区分（图2-1-26）。

白眼雌果蝇　　白眼雄果蝇

图2-1-26　果蝇

仔细观察，你能试着发现图中雌雄果蝇的区别吗？

探究·实践

尝试收集培养野生果蝇

实验目的　学会收集培养野生果蝇。

实验器材　塑料瓶、吸管、湿纸巾、橡皮筋、面粉、酵母粉、糖等。

实验步骤

1. 将面粉、糖和少许酵母粉溶解混匀，灌入塑料瓶中作为培养基。
2. 在瓶口蒙上湿纸巾，用橡皮筋固定。
3. 剪剖一段吸管，拧成大小口。小口以米粒大小为宜，小口在内，插在湿纸巾上（图2-1-27）。

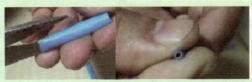

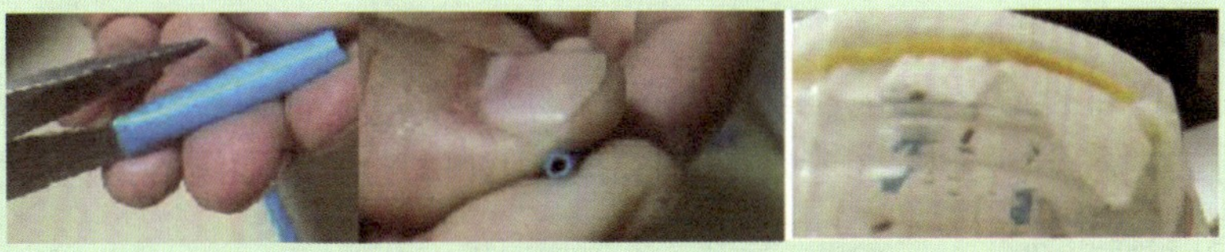

图2-1-27　制作诱捕器

4. 将容器放在绿化带里，招引野生果蝇（图2-1-28）。

思维拓展　招引野生果蝇进行培养，观察其世代周期。

图2-1-28　收集到的果蝇

关注健康

吃1颗杨梅＝吃10条虫子？

最近几年在杨梅上市的时候总有人宣传吃杨梅等于吃虫子。网上关于"杨梅虫"的消息多达上万条，甚至有标题为"吃1颗杨梅＝吃10条虫子"的文章。

这些虫子其实是果蝇幼虫。成熟果蝇在杨梅上产卵，卵孵化后幼虫钻入杨梅果肉中。其实果蝇幼虫对人体并无害处。因为果蝇幼虫自出生以来，几乎都是在无污染的环境中生长，从某种意义上说，它反而是一种优质蛋白。

如果想要去除果蝇幼虫，可以将杨梅用盐水浸泡10 min，再用清水清洗，效果会更好。新鲜杨梅买回家后，不应先放置冰箱内，因为低温会导致果蝇幼虫死亡，死了的果蝇幼虫就是放到盐水里也泡不出来了。

五 "源代码"——基因

计算机系统在底层是通过"0"和"1"来代表基础信号，进而完成信息的处理和储存。基因的本质与此相似，可以看成是决定生长、发育、繁殖、遗传和变异等生命活动的"源代码"。它够简单、够海量、够稳定，又能变异，还能传承。细胞将选择它来代表这套信号系统。

1869年，在孟德尔发布豌豆理论之后的第四年，瑞士生物化学家米歇尔分析细胞的化学组成时，在细胞核内发现了一种化学成分，由于这种分子存在于细胞核中，又呈现酸性，所以被命名为**核酸**。20世纪20年代，科学家测定了核酸的化学组成，并将核酸分为DNA和RNA，但对其结构和功能一无所知。

知识链接

DNA 鉴别

DNA 是高分子聚合物，DNA 溶液为高分子溶液，具有很高的黏度。DNA 既能被甲基绿染成绿色，也能和二苯胺试剂在沸水浴中冷却后呈现蓝色。同时 DNA 溶液对紫外线（260 nm）有吸收作用，可以对 DNA 进行含量测定。当核酸变性时，吸光度升高，称为增色效应；当变性核酸重新复性时，吸光度又会恢复到原来的水平。

探究·实践

家庭环境 DNA 粗提取实验

实验目的　学会在家中进行 DNA 的粗提取。
实验器材　虾仁、食盐、洗涤剂、高度白酒等。
实验步骤

1. 将白酒置于冰箱冷藏备用。
2. 将虾仁剁碎。
3. 加入食盐和洗涤剂充分搅拌。
4. 缓缓倒入冰白酒。

实验现象　可见 DNA 呈白色丝状析出（图 2-1-29），用筷子轻轻绕起。

图 2-1-29　提取得到 DNA

思维拓展

1. 可以尝试用其他的生物组织粗提取 DNA。
2. 若希望蛋白质杂质更少，是否可以使用厨房里的其他物品？

1928 年，格里菲斯将已死的 S 型肺炎双球菌与 R 型活菌混合在一起，发现了活 S 型菌。他认为这是"转化因子"的作用。1943 年，埃弗里等人辨识出"转化因子"应该是 DNA。1953 年，赫希与蔡斯通过噬菌体侵染确认了 DNA 的遗传功能。但遗传信息功能是如何实现的依旧无法破解，好似有了密写的情报，没有密码本依然是无法破译内容的。

1953 年，沃森和克里克在富兰克林和威尔金斯对 DNA 晶体所做的 X 射线衍射分析的基础上，构建出了 DNA 分子的双螺旋结构模型（图 2-1-30）。

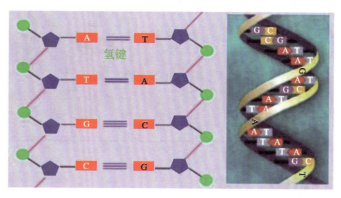

图 2-1-30　DNA 的平面结构和空间结构模型

学科交叉

DNA 晶体 X 射线衍射图谱

照片（图 2-1-31）中心 X 射线反射（使 X 射线底片变黑）的图像是交叉的，说明它是螺旋形的，顶部和底部最浓黑的部分说明嘌呤碱和嘧啶碱垂直于螺旋轴，每隔 3.4 埃规律出现一对。

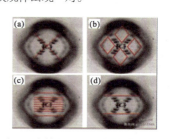

（a）X 形说明 DNA 结构是螺旋形的；（b）菱形说明 DNA 分子是长链；（c）直线的间距是 DNA 分子重复单元（一个完整的螺旋）的间距；（d）缺少了两条直线，这是因为另一条螺旋的干扰

图 2-1-31　DNA 晶体 X 射线衍射图

双螺旋结构显示出 DNA 分子在细胞分裂时能够被精确复制，解释了其在遗传和进化中的作用。沃森和克里克还预言了遗传信息的复制、传递和表达传递途径是 DNA → RNA → 蛋白质，即"中心法则"（图 2-1-32）。

图 2-1-32　中心法则

DNA**复制**是在细胞分裂间期进行的，结果是一条双链变成两条一样的双链，每条双链都与原双链相同。该过程通过边解旋边复制和半保留复制机制得以完成（图 2-1-33）。

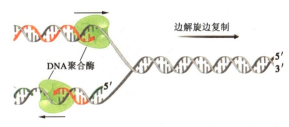

图 2-1-33　DNA 半保留复制

转录是遗传信息从 DNA 流向 RNA 的过程。在这一过程中，以双链 DNA 中确定的一条链（反义链用于转录，有义链不用于转录）为模板，以 ATP、CTP、GTP、UTP 四种核糖核苷酸为原料，在 RNA 聚合酶催化下合成 RNA。通过该过程，需要表达的 DNA 碱基序列将信息转换成了信使 RNA（mRNA）中相应的碱基序列（图 2-1-34）。

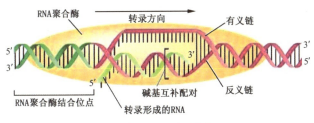

图 2-1-34　转录过程

翻译过程是生物以转录得到 mRNA 上的碱基序列合成蛋白质的过程。mRNA 上的遗传信息以密码子（表 2-1-1）形式存在。

表 2-1-1　密码子

第一个碱基	第二个碱基				第三个碱基
	U	C	A	G	
U	苯丙氨酸 苯丙氨酸 亮氨酸 亮氨酸	丝氨酸 丝氨酸 丝氨酸 丝氨酸	酪氨酸 酪氨酸 ——终止密码 ——终止密码	半胱氨酸 半胱氨酸 ——终止密码 色氨酸	U C A G
C	亮氨酸 亮氨酸 亮氨酸 亮氨酸	脯氨酸 脯氨酸 脯氨酸 脯氨酸	组氨酸 组氨酸 谷氨酰胺 谷氨酰胺	精氨酸 精氨酸 精氨酸 精氨酸	U C A G
A	异亮氨酸 异亮氨酸 异亮氨酸 甲硫氨酸	苏氨酸 苏氨酸 苏氨酸 苏氨酸	天冬酰胺 天冬酰胺 赖氨酸 赖氨酸	丝氨酸 丝氨酸 精氨酸 精氨酸	U C A G
G	缬氨酸 缬氨酸 缬氨酸 缬氨酸	丙氨酸 丙氨酸 丙氨酸 丙氨酸	天冬氨酸 天冬氨酸 谷氨酸 谷氨酸	甘氨酸 甘氨酸 甘氨酸 甘氨酸	U C A G

由核糖体、tRNA 将 mRNA 上的碱基序列转换成特定氨基酸序列。氨基酸们先聚合成肽链，再加工成活性蛋白质，就可能表达出相应

学科交叉

摩尔斯电码

密码是按特定法则编成，用以对通信双方信息进行明密变换的符号。密码是隐蔽了真实内容的符号序列。数字、字母、符号、文字、声音等都可以成为密码。

摩尔斯电码（图 2-1-38）是一种时通时断的信号代码，通过不同排列顺序来表达不同字母、数字和标点符号。

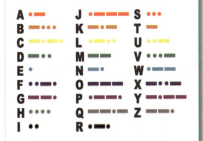

图 2-1-35　摩尔斯电码表

你能将下面的密码翻译成中文吗？

.. .-.. --- ...- .
-... .- .-.. .. --. .-.

关注健康

吃啥补啥吗？

吃肝补肝、吃血补血、吃心补心、吃脑补脑、吃鱼眼明目。这一观念在很多人心中根深蒂固。

这些食品在烹饪过后内部的蛋白质变性失活，甚至已经开始分解。它们进入消化系统，胃液和各种蛋白酶、肽酶纷纷作用，原来的组织、细胞都会彻底分解，当初通过转录和翻译出来的活性蛋白又被拆解成了基本单位——氨基酸，等待它们的只有再次被转运RNA(tRNA)"征召"。至于其是否又充当成你体内对应部位的蛋白质，这个只是一种可能性。

因此"以形补形"的传统美食理论并不科学。

性状（图2-1-36）。

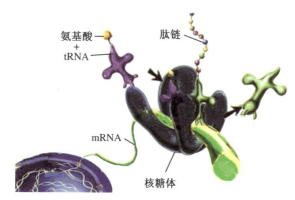

图2-1-36 蛋白质（肽链）的合成

从发现遗传现象总结规律，到观察染色体行为，再到DNA及其双螺旋结构的最终发现，揭示了基因复制和遗传信息传递的奥秘，并由此揭开了生命科学和生物技术的帷幕。

本节自我评估

一、概念理解

1. 同时具有双亲遗传物质的细胞是（　　）。
   A. 孢子　　　　B. 精子　　　　C. 卵子　　　　D. 受精卵
2. Aa群体自交后代的显性和隐性分离比是（　　）。
   A. 1∶1　　　　B. 2∶1　　　　C. 3∶1　　　　D. 4∶1
3. DNA的空间结构是（　　）。
   A. 丝状　　　　B. 链状　　　　C. 平行双螺旋　　　　D. 平行双链
4. 中心法则的主要过程包括（　　）。
   A. 转录→复制→翻译　　　　B. 转录→翻译→复制
   C. 复制→翻译→转录　　　　D. 复制→转录→翻译
5. 制作酒酿时要盖好盖子或者用保鲜膜封闭，密封的目的是（　　）。
   A. 隔绝灰尘，保持水分　　　　B. 造成缺氧环境，促进酵母菌的发酵
   C. 防止水分蒸发，有利于酵母菌的发酵　　　　D. 隔绝空气，有利于乳酸菌的发酵

二、思维拓展

1. 果蝇是优良的遗传实验材料，但却是水果生产中的害虫，近几年已经影响到了杨梅等水果的销售。请在培养果蝇、了解其习性的基础上，尝试设计一种预防方案，减少对杨梅的危害。
2. 结合语文学习，分析文学名著中的家系情况，如尝试绘制《红楼梦》中贾家的家系图。

三、工程技术

　　显微观察是生物学习中经常涉及的内容。普通显微镜便捷性差，我们利用身边的手机同样可以进行显微观察。同学们需要设计制作一个手机显微拍摄支架，并结合物理知识获得更大的放大倍数。下图为借助一滴水用普通手机拍摄到的蚜虫。你有哪些更好的设计思路？动手尝试一下吧。

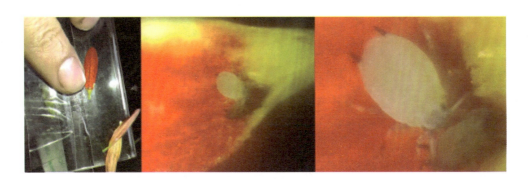

第 2 节　宁有种乎
——基因与性状

学习目标

- 说出　基因的作用
- 描述　遗传信息表达
- 概述　基因与性状
- 学会　种植蒲公英
　　　　设计对照试验

关键词

- 基因
- 性状
- 表达

艺术鉴赏

女娲伏羲交尾图

考古发现，自汉代起女娲伏羲交尾图就出现在夫妻合葬的墓穴中。根据中国古代男左女右的礼俗，伏羲在左，左手执矩，女娲在右，右手执规，人首蛇身，蛇尾交缠。图案寓意深奥、构图奇特，是另一种"双螺旋结构"，富于艺术魅力和神秘色彩（图2-2-2）。

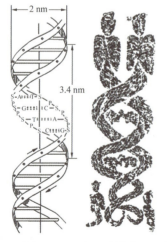

图2-2-2　DNA结构与
　　　　女娲伏羲交尾图

通过研究，我们确信了基因对生物体形态、结构和功能的影响。1976年，演化理论学者理查德·道金斯在《自私的基因》中指出，生物个体与群体都是基因的临时承载体，只有基因才是永恒的。基因是遗传的基本单位，也是自然选择的基本单位。基因存在的目的就是使基因本身能更多、更快地复制。基因的自由组合是基因之间的互相利用。不同的生物运载着不同的基因组合，好的组合使相应的基因成功扩增，不好的组合会导致承载这些基因组合的生物衰亡。

生命演化的实质就是基因的演化。随着研究的深入，基因与性状之间的对应关系越发清晰。似乎一切都是由基因决定的，但真的是"宁有种乎"吗？

一 "种"——基因

很多细胞在周期性增殖过程中，细胞内会出现染色体，通过碱性染色剂处理后形态结构更加明显。

1956年，美籍遗传学家Joe Hin Tjio和Levan首次发现人的体细胞染色体为46条（图2-2-1），按大小、形态配成23对。其中第1对到第22对叫作常染色体，为男女共有；第23对是一对性染色体，雄性的性染色体为XY，雌性的性染色体为XX。

图2-2-1　人类（男性）G带核型

染色体由DNA和组蛋白聚合而成（图2-2-3），DNA上某些碱基序列最终会决定生物性状，这些序列就是基因。

完整的基因序列包含前后非编码区和编码区（图2-2-4）。非编码区会受到外界影响对基因表达起到调控作用。编码区会最终转录翻译形成相应的蛋白质。在真核生物中，编码区还分为内含子和外显子序列。外显子最终决定mRNA序列。

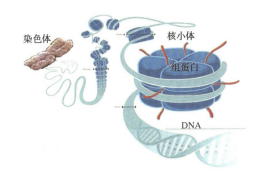

图 2-2-3　染色体与 DNA

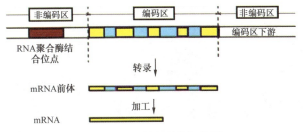

图 2-2-4　基因结构与转录

基因复制是半保留复制，与复印机复印不同。复制时亲代 DNA 双链解开，每条亲代链都作为模板，各自分别匹配形成两个子代 DNA 分子（图 2-2-5）。该过程是一个边解旋边复制的过程，严格按照碱基互补配对原则进行，复制完成后往往还有校验，因此能最大限度地保证亲子代基因结构的准确性，保证遗传的稳定性。

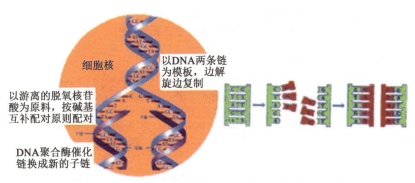

图 2-2-5　DNA 半保留复制

二　基因与性状

生物的性状是受基因控制的，但基因和性状之间的关系并不都是"一对一"的。决定某一性状基因的存在，不一定总有相应的表型效应出现。

基因通过控制蛋白质的合成来直接控制性状。基因通过转录、翻译合成的蛋白质，能使生物直接具有某些形态、结构和功能。如老鼠的 HR 基因控制毛发生成，基因异常会使毛发无法正常产生，发生秃毛，甚至成为无毛鼠（图 2-2-6）。

图 2-2-6　无毛基因控制下的老鼠

基因也通过控制合成酶控制代谢过程，从而影响性状。如动物

学科交叉

静电复印机的原理

目前常见的静电复印机的原理是：利用光导体的电位特性，有图像部分没有受到光照（相当于暗态），所以光导体表面仍带有电荷；而无图像区域则受到光照（相当于亮态），所以光导体表面的电荷通过基体的接地使表面的电荷消失，从而形成了静电潜像。然后利用静电原理，使用带有极性相反电荷的墨粉使光导体表面的静电潜像转化成为光导体表面的墨粉图像。最后，仍然利用静电原理，将光导体表面的墨粉图像转印到复印纸表面，完成复印的基本过程。

健康生活

脱　发

有近 25% 的男性都会在中年以后变成"秃头"，这主要是双氢睾酮 DHT 的作用。青春期后，睾酮到达毛囊的毛球细胞，与 5α- 还原酶反应生成 DHT，导致毛发生长休止。有"脱发"基因的人，毛囊细胞上的 DHT 受体活性过高，易与 DHT 结合。前额、头顶等毛囊的细胞对 DHT 更敏感，最易脱发。

女性脱发则更多是精神因素或者美发不当导致的。

合理护发、健康生活才能缓解脱发。

知识拓展

在中国古代，白色动物是一种祥瑞的动物，它的出现往往和圣人或者改朝换代联系在一起，史书上多有记载。

魏国的史书《竹书纪年》记载："有神牵白狼衔钩而入商朝。"《后汉书·西羌传》隐括《竹书纪年》云："至穆王时，戎狄不贡，王乃西征犬戎，获其五王，又得四白鹿、四白狼，王遂迁戎于太原力。"

体色就与控制酪氨酸酶的基因密切相关。基因的表达影响酪氨酸酶的合成，进而影响最终黑色素的生成量，使动物表现出不同的体色（图2-2-7）。一旦基因异常，就会缺乏黑色素，最终可能使动物白化（图2-2-8）。

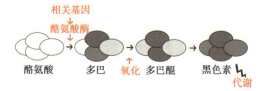

图2-2-7　基因控制下的黑色素形成过程

图2-2-8　自然界的白化动物

因为黑色素是抵抗紫外线辐射的最重要屏障，所以白化个体通常容易受到阳光的灼伤，甚至产生皮肤癌。同时它们的虹膜也缺乏色素，所以畏光，视力普遍比较差。在野外，白色个体隐蔽性差，会受到同伴排斥，受到天敌捕食的概率极大。

生物的性状往往涉及多对基因，多对基因相互作用，最后显示共同表达的结果。如豇豆花冠有紫色、浅紫色和白色（图2-2-9），三种花色就是两对等位基因共同作用的结果。

图2-2-9　三种不同颜色的豇豆花

基因的表达也会受到环境的影响。 温度、光照、营养等外界环境条件能够引起性状转化的事实表明，形态特征是基因型和环境条件相互作用的结果。

基因控制性状的因素还有很多，还需要不断探索。

艺术鉴赏

美丽的眼睛

眼睛是心灵的窗户，虹膜则是这一窗户的帘子。由于色素细胞的差异，构成了各种颜色、各种形态的图案。每一个眼眸里都装着一片美丽的星空（图2-2-10）。

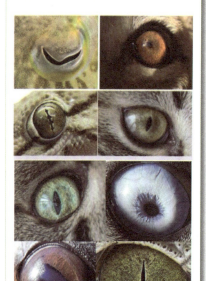

图2-2-10　各种眼睛

探究·实践

白化孔雀鱼的杂交实验

实验目的　体验基因的分离定律，了解白化基因的表达。

实验器材　深色孔雀鱼、白化孔雀鱼（图2-2-11）、鱼缸等。

实验原理　孔雀鱼深色是显性性状，白化是隐性性状，基因在常染色体上。通过其杂交可验证分离定律。检索孔雀鱼其他性状与基因的关系，可以进行其他遗传规律的验证，甚至可以尝试进行育种。

实验步骤
1. 将白化母鱼与白化公鱼交配繁殖。
2. 将白化母鱼与深色公鱼杂交。
3. 将杂交后代中深色个体进行交配繁殖。

实验现象
1. 证实基因分离定律，深色为显性性状，白化为隐性性状。
2. 杂合子 F_1 体内显性基因表达能弥补隐性基因缺陷。

图 2-2-11　深色孔雀鱼与白化孔雀鱼

注意　最后阶段需把母鱼单独饲养，注意分娩过程中及时分离小鱼，防止被成体吞食。幼鱼饲养可以用之前培育的丰年虫作为饲料，生长发育效果更好。

知识拓展

孔雀鱼

孔雀鱼原产于南美，相对性状明显，易于饲养，2~3 月可性成熟。雄鱼长 3~4 cm，尾鳍巨大，体色多彩（图 2-2-12），体型优美；雌鱼长约 5 cm，腹部较大。雌雄交配后，受精卵在雌鱼体内发育，卵胎生。孟德尔遗传规律和伴性遗传规律在孔雀鱼培育中都有明确的性状对应。孔雀鱼繁殖周期短，饲养简便，是一种合适的遗传实验材料。

图 2-2-12　孔雀鱼

探究·实践

验证蒲公英叶形受环境的影响

实验目的　验证环境对性状的影响，探究不同环境因素的影响效果。
实验器材　蒲公英根、花盆等。
实验步骤
1. 取同株蒲公英中发育状况相同的根段。
2. 分别栽培在相同基质的花盆中，待发出不定芽。
3. 分别放置在阳光、水分有差异的环境下。

实验现象　置于背风、向阳处栽培的蒲公英叶缘整齐无缺刻；置于有风、背阴处的蒲公英叶片瘦窄，叶缘多深裂缺刻（图 2-2-13）。

图 2-2-13　两种不同叶形的蒲公英

科学思维

蒲公英种子的启发

一阵风起，"小降落伞"们就会飞散开去。你有观察过它们飞扬的距离吗？

蒲公英种子仅靠风力甚至能飘 800 km 远，是"大自然最佳飞行员"之一。据测算，蒲公英种子的飞行效率是人造降落伞的四倍。

活动　请尝试破解其中的奥秘：
1. 收集蒲公英的种子。
2. 尝试分析每颗种子"伞面"和"货物"的比例。
3. 比试一下，只用一张 A4 纸，看看谁将一颗瓜子传播得更远。

三　多变的基因

对基因细致入微的调控使生命的产生和运作保持严谨，因为稍有差池就会产生严重的后果，轻则代谢紊乱，产生疾病，重则死亡，甚至是种群的灭绝。

生活拓展

捡到小奶猫怎么办？

很多哺乳动物同样也有缺乏乳糖酶的问题。捡到的小奶猫喝牛奶也可能出现腹泻甚至脱水死亡，所以在条件允许的情况下最好选用专用奶粉。如果只有牛奶，需要将牛奶充分煮开冷却后先少量试喂。

知识链接

金鱼的起源

金鱼是鲫鱼突变后人工选育的成果。据南北朝时期的《述异记》记载："晋桓冲游庐山，见湖中有赤鳞鱼。"所说的就是金鱼的祖先——红鲫鱼。晋朝时红鲫鱼被当作天降神物，用于祈求好运。唐代已开始特意地建造水池放养红鲫鱼，其颜色也开始出现红黄色。宋朝已有家养金鱼的习惯，宋徽宗和宋高宗都爱饲养金鱼，其他达官显贵纷纷效仿。经过长期选育，红鲫鱼逐步演变为各个不同品种的金鱼。

江苏是金鱼的传统出产地，苏州的红顶虎（图2-2-16）、如皋的蝶尾都是著名品种。

图2-2-16 苏州的红顶虎

但研究发现基因并非都循规蹈矩，它也有着随性的一面，如中国人普遍的乳糖不耐受性状。研究发现，人类MCM6基因有三种类型：AA乳糖耐受，AG乳糖耐受，GG乳糖不耐受。在婴儿期，该基因都能正常表达，因此婴儿都能分解母乳中的乳糖；随着我们逐渐长大，部分A基因就会关闭表达，使得个体成为AG型或者GG型，无法合成足够的乳糖酶，于是大多数中国人在成年后都患上了GG乳糖不耐受症（图2-2-14）。

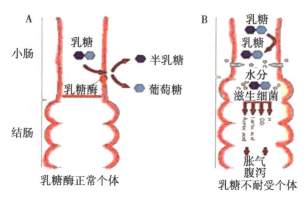

图2-2-14 乳糖不耐受症

常见的基因变异现象主要有以下几种：

❉ 突变

DNA分子虽然十分稳定，能进行精确复制，但这种稳定性是相对的，它也会受物理、化学或生物因素影响而发生错误，导致基因序列发生改变，如点突变（单个碱基缺失）、多个碱基缺失、重复或插入等。

这类改变可能使基因从原来的存在形式突然改变成另一种新的形式，就可能产生新基因。因此后代也就可能突然出现祖先从未有过的新性状。突变为生物进化提供了最原始的"材料"（图2-2-15）。

图2-2-15 普通鲫鱼、金鲫、蝶尾金鱼

❉ 嵌合

突变假如发生在胚胎初期（如8或16个细胞时），那么突变细胞的所有子细胞都会继承这种突变。这会造成成年有机体的一些部位带有变异，而其他部位没有。有时造成的这些变化肉眼可见，如一块皮肤或一片毛发颜色有异。

此外，有时候子宫里会出现两个胚胎在发育的早期阶段发生融合的状况。两个胚胎的细胞相互交混，作为一个单独的个体继续发育，这样的有机体会拥有两套DNA。由于胚胎发育阶段的细胞迁移，最终的有机体会由两种细胞的很多团块拼合而成，这类个体就是嵌合

病毒整合

一些逆转录病毒会通过将 DNA 插入宿主来繁殖，复制产生的新病毒得以继续传播。但是有时候病毒整合进宿主之后，发生了一个使其失去活性的变异，这样的"死"病毒便留在了宿主的基因组里。如果这种偶然又恰巧发生在性母细胞中，那么它将可能被传递给后代的每一个细胞。数亿年进化历程中，我们的基因组里累积了越来越多整合进来的病毒。

图 2-2-17 瞳孔颜色嵌合个体

这种整合并非都是有害的，最直接的案例就是很多观赏花卉，由于病毒的感染和整合，使得它们具有了原来所不具备的特殊颜色和花纹，如某些郁金香的花纹和某些绿色的菊花品种（图 2-2-19）。

图 2-2-19 感染碎色病毒的郁金香

此外，由于整合进来的病毒可以传递给所有后代，人们可以通过这些病毒序列的存在来推断演化路线图。如果一个病毒进入基因组的时期相对较晚，那么只有非常接近的物种才会拥有它；如果它们在很久以前就已进入宿主基因组，那么很多相关的物种都应该拥有它。

当然，更多时候病毒侵染会给我们带来麻烦（图 2-2-20）。

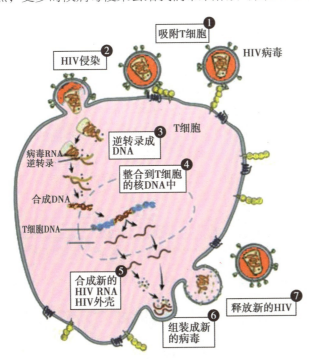

图 2-2-20 HIV 的侵染过程

转座子

你吃玉米的时候是否关注过它的颜色？为什么有的是全黄的，有的是全紫的，而有的则是黄和紫相间且紫色深浅不一的？"这是

知识链接

胚胎嵌合的应用

胚胎嵌合在器官移植中有广阔的应用前景。你能根据图 2-2-18 简述嵌合胚胎器官移植的流程吗？

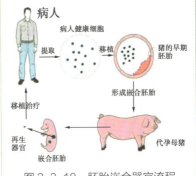

图 2-2-18 胚胎嵌合器官流程

健康生活

艾滋病潜伏期

艾滋病潜伏期是指从感染艾滋病病毒（HIV）开始，到出现艾滋病症状和体征的时间。

由于 HIV 病毒是一种逆转录病毒，感染人体细胞后会通过逆转录过程整合到 T 细胞的核基因中，所以病毒本身会在体内销声匿迹。

HIV 在人体内的潜伏期平均为 8～9 年。艾滋病潜伏期其实不会有任何明显症状，有些患者会出现虚汗增多，有 50%～70% 的患者会出现多处淋巴结肿大，但是依然没有明显的感觉，并且几个月后会自行缓解。

为了避免感染，请洁身自爱。

科学思维

爆米花的科学

玉米的吃法很多,其中爆米花是颇受大家欢迎的一种。但随便拿点玉米是做不出爆米花的。制作爆米花必须用外壳结实且含水量适当的玉米粒子(有专门的品种),另外制作时还要将温度控制在一定范围内。

在加热过程中,玉米籽中的淀粉糊化,水分汽化,压力增高,最终突破外壳,爆裂开来,同时喷涌而出的淀粉糊也凝固起来,这样才能形成爆米花。

实验表明,制作爆米花的原料玉米最适合的含水量是14%,最适温度则是180 ℃。

如果没有最合适的原料那就只能依靠以下这个设备了(图2-2-22)。

图2-2-22 传统爆米花机

你能分析一下这个设备的工作原理吗?

转基因玉米吧?"

芭芭拉·麦克林托克发现,玉米粒颜色变化的原因是基因组的一部分在发育过程中的某些阶段被去除了。某些DNA序列从原位上单独复制或断裂下来,环化后插入另一位点,并对其后的基因起调控作用。这些DNA序列让色素合成时而中断,导致玉米粒积累的色素有差异,颜色也就不同了(图2-2-21)。这种好似"跳跃着"表达的结构被称为转座子。

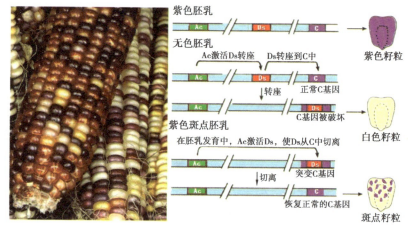

图2-2-21 玉米转座子表现的籽粒颜色差异

基因组的某些部分跳跃是件危险的事情,很多疾病也确实和"跳跃基因"有关。但是人类基因组几乎有一半都与这些转座子相关。它们从何而来?最可能的来源是之前那些病毒"朋友"。目前相关研究还在不断推进中。

物竞天择,适者生存。基因们的目标就是"让自己活下去"。它们通过复制、变异等创造出不同的编排版本,在复杂的生态环境中不断去试错,优胜劣汰,最终存活下来的个体往往保留了最合适的基因。所以在上亿年的进化过程中,基因衍化出不同的存在形式——原核、真核、单细胞、多细胞,以适应不同的自然环境。连同我们人类在内都是基因不断试错、争取自我保存的一种信息载体。

本节自我评估

一、概念理解

1. 基因的本质是(　　)。
    A. DNA片段　　　B. 染色体　　　C. 细胞核　　　D. 核酸
2. 以下**不**属于基因功能的是(　　)。
    A. 控制结构蛋白质合成　　　　　B. 影响酶的合成
    C. 自我复制　　　　　　　　　　D. 参与代谢

3. 最后编码 mRNA 的序列位于（　　）。
   A. 编码区　　　　B. 非编码区　　　　C. 外显子　　　　D. 内含子
4. 基因与性状之间的关系是（　　）。
   A. 基因表达受环境影响　　　　　　B. 一个基因控制一个性状
   C. 有什么基因就有什么性状　　　　D. 基因型相同，表现型相同
5. HIV 感染人体细胞后通过逆转录形成的是（　　）。
   A. DNA 片段　　B. 蛋白质　　　　C. RNA 片段　　　　D. 新的病毒

二、思维拓展

1. 豇豆花色有三种，在杂交实验中发现的规律如右图所示。已知两对基因各自独立，分别在不同的染色体上，请尝试用自由组合定律分析 P 和 W 两对等位基因是如何影响花色的。
2. 金鱼是野生鲫鱼人工选育的结果。请尝试解剖对比，发现两者在内部结构上是否存在差异，并分析这些差异对形态结构的影响。

三、工程技术

玻璃缸是培养水生动物的必备器材。直接购买的玻璃缸尺寸并不完全符合需求。你能尝试设计制作一款符合自己实验需求的玻璃缸吗？请先回答以下几个小问题，然后开始自己的设计制作实践。

（1）玻璃缸容积不同，需要使用不同厚度的玻璃才能保证安全。你的玻璃缸需要什么规格的玻璃？

（2）玻璃的厚度也需要考虑在长、宽、高数据内。若设计一款 60 cm×40 cm×20 cm 的玻璃缸，选择 0.5 cm 的玻璃，底面玻璃长、宽各是多少？

（3）过滤有上过滤、内过滤和下过滤三种。它们有什么差别？请查找资料设计制作符合自己需求的过滤系统。

（4）酸性、中性玻璃胶的附着力有差别，你会选择哪一种？如何才能加大黏合的强度？

（5）如果需要在这个玻璃缸内同时饲养 6 个孔雀鱼的繁殖组，该如何对这个缸进行改造以保证实验高效进行？

（6）结合生态缸的原理，如何才能把小缸升级成一款生态水族缸？

第 3 节 众生蓝图
——基因与我们

学习目标

- 说出 基因组的作用
- 描述 基因测序
- 概述 人类扩散的历程
- 学会 区分指纹
  识别 DNA 指纹图谱

关键词

- 基因组
- 指纹图谱
- 人类进化

从"万物之灵"到"神的儿子",人类给自己加上了各种光环,似乎上亿年的地球演化就是为了产生人类。我们一方面试图把自己和其他生命区分开来,另一方面却发现自己更多时候只是一只"裸猿"。

黑猩猩与人类的基因组之间,平均每一个属于人类的标准蛋白质编码基因表达后,只与黑猩猩的同源基因有两个氨基酸的差异。

人类的基因优势在哪里?我们需要重新查阅人类的"设计蓝图",在浩繁的基因库里真的藏有特殊的"火种"(图 2-3-1)吗?

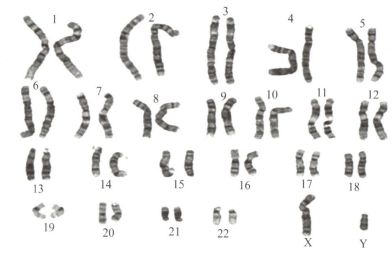

图 2-3-1 人类染色体(男)

一 人类基因组计划

自 1956 年首次发现人的体细胞染色体起,人类遗传信息研究的进展一直是生命科学研究领域中的重要话题。我们好奇于自己的基因组里究竟有些什么"密码"。

1985 年,美国科学家率先提出人类基因组计划。这一价值 30 亿美元的计划于 1990 年正式启动,其目标是:为 30 亿个碱基对构成的人类基因组精确测序,从而最终弄清楚每种基因制造的蛋白质及其作用。人类只有一个基因组,大约有 2~3 万个基因。

我国在 1999 年 9 月正式加入了这一计划,并承担人类基因组 3 号染色体短臂端 3000 万对碱基的测序研究任务,其数量占整个人类基因组 30 亿对碱基的百分之一。

2001 年 2 月 12 日,《自然》与《科学》杂志上公布了人类基因组精细图谱及初步分析结果,包含基因的数目、分布特点等内容(图 2-3-3)。

知识链接

类人猿

长臂猿、猩猩、大猩猩、黑猩猩都属于类人猿。其中后三种都属于人科动物。

与人类最接近的是黑猩猩属中的倭猩猩(图 2-3-2)。除了身体构造之外,它们的行为模式更接近人类。它们能制作工具,有感情,也有社会关系,是我们研究自身进化发展的活标本。

图 2-3-2 倭猩猩

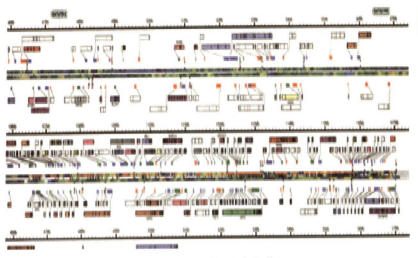

图 2-3-3 人类基因组新版草图

人类 DNA 核苷酸碱基总数约 31.6 亿个，其中有基因集中分布区域，也有很多看似无用的序列。大约 1/3 以上基因组包含重复序列，所有人都具有 99.99% 的相同基因。任何两个不同个体之间大约每 1000 个核苷酸序列中会有一个不同。

艺术鉴赏

人体之美

人类是自然产物，因此，人体具有高级的形式美。在人类审美意识支配下，人体形式美物化为自然美，并升华成艺术美。

人体是艺术创作的一部分。人们通过舞蹈、雕塑（图 2-3-4）、造像、绘画、诗歌等使人体之美成为文化和宗教的载体，成为人类文明的一部分。

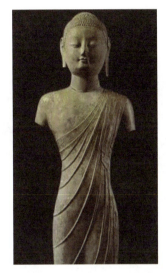

图 2-3-4 中国古代雕塑

探究·实践

利用果冻模拟电泳实验

实验目的 了解电泳的原理，观察电泳分离物质现象。

实验原理 由食用明胶加水、糖等制成果冻，与电泳凝胶类似，通过加载电荷也能产生电泳现象。

实验器材 果冻、5 号电池、电线等。

实验步骤

1. 将电线连接在电池的正、负极上。
2. 在果冻中央加载需分离的物质（如圆珠笔油墨）。
3. 将电极插入果冻，电泳 5 h（图 2-3-5）。

图 2-3-5 电泳果冻

实验现象 观察果冻的颜色变化和加载物质的扩散情况（图 2-3-6）。

 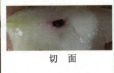

切 面

图 2-3-6 电泳果冻结果

思考

1. 移向两电极的化学物质各带什么电荷？
2. 它们分离的程度和哪些因素有关？

学科交叉

电 泳

带电颗粒在电场作用下，向着与其电性相反的电极移动。利用带电粒子在电场中移动速度不同而达到分离的技术称为电泳技术。

物质体积越小，所带电荷量越大，移动速度越快，一般会出现在加样区的远端；反之则在近端。

学科交叉

平均脸

平均脸指从一定数量的普通人脸提取面部特征,根据测量数据求平均值,再利用计算机技术得到一张合成脸(图2-3-7)。

平均脸的背后是不同人群在基因多样性上的一种体现,也是不同种族文化对美的评判标准差异的体现。

图2-3-7 中国男女平均脸

知识链接

第一代DNA测序

1977年,英国生物化学家桑格等人建立了双脱氧链末端终止法。

该方法是通过使用链终止剂将延伸的DNA链特异性地终止,使它们成为各种不同大小的片段。各片段的末端核苷酸是可以测定的。最后将各个片段的末端序列拼凑起来,从而得出完整的DNA碱基序列。

该方法虽然效率不高,但一直是后续测序技术的重要理论依据。

人类基因组计划完成后,科学家们发现人类基因只有3万到5万个,甚至还没有小麦、玉米的多。许多相关实验结果也表明,基因数量与物种的"高等"程度并不相关。

除了寻找人类基因的普遍性之外,国际人类基因组单体型图计划也在2005年完成。该项目识别了人类基因组上的遗传多态位点,并确定它们的形式、位置以及在不同人群中的分布状况,绘制完成了第一张人类医学遗传多态性图谱。

为了更好地了解中国(东亚)人的基因与复杂性疾病的关系,中国还开展了"炎黄计划"。该项目旨在建立东亚人种特异性的高密度、高分辨率的医学遗传图谱。目前,首个中国个体的基因组序列图谱(定名"炎黄一号")的绘制和分析工作已经完成(图2-3-8)。

图2-3-8 "炎黄一号"基因组序列图谱

2008年1月,中、英、美等科学家启动了国际千人基因组计划。该项目测定选自世界各地至少1000个人类个体的全基因组序列,绘制迄今为止最详尽、最有医学应用价值的人类基因组遗传多态性图谱,以期更快地锁定与疾病相关的基因变异位点,更快地开发常见疾病的预防、诊断和治疗的新策略。

人类基因组计划得到了人类基因组图谱,目前已经确认人类基因组中约80%的序列都有某种确定的功能。对这些区域的深入研究将有助于我们进一步认识基因的本质及其表达过程的调控等问题。

除了测定人类的基因组外,我们还不断推进其他实验生物、重要农作物、家畜家禽的基因测序,目的都是更深入了解这些生物的基因本质,为下一步开发利用奠定基础。

技能训练

尝试模拟解释DNA测序的原理

活动目的 理解DNA测序的原理。

活动器材 扑克牌2副。

活动步骤

1. 提出问题:列6张扑克牌(图2-3-9),如何测序?
2. 确定规则:
   (1)该序列能多次随机复制。
   (2)每次复制长度随机。

（3）每次复制结束时能知道末端的一张底牌。

3. 模拟测序反应（图2-3-9）。

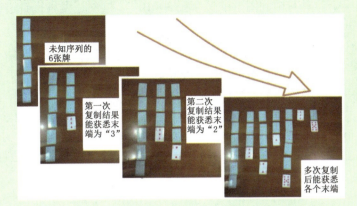

图2-3-9 数据分析原理

4. 模拟数据分析（图2-3-10）。

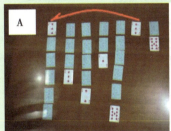 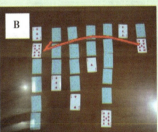

图2-3-10 数据分析过程

5. 得出结果：推演出未知序列（图2-3-12）。

图2-3-12 推演出结果

讨论 请尝试解释以下电泳结果（图2-3-13）。

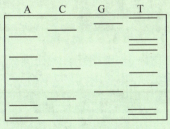

图2-3-13 电泳结果

二 基因指纹

1984年，英国遗传学家Jefferys等人将分离的人源小卫星DNA用作基因探针，与人体核DNA的酶切片段杂交，获得了由多个位点

第2章 寻找基因的图谱
——从DNA走向基因编辑

知识链接

水稻基因组计划

粮食安全直接关系国计民生。我国优先推进水稻基因组计划。

1993年，我国以主要栽培品种籼稻"广陆4号"为水稻基因组研究品系。1996年，中国率先完成了水稻（籼稻）基因组物理图的构建（图2-3-11）。2002年，国际水稻基因组测序工程结束。

水稻基因组中基因总数在46022~55615之间，其基因总数几乎是人类基因组基因总数的两倍。籼稻与粳稻的基因组有1/6不一样。水稻序列相互之间的差异近1%。

籼稻与杂交水稻母本的序列给杂交水稻的机制提供了新的启示："杂交优势"很可能与基因组大小、基因表达等都有关系。

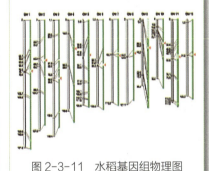

图2-3-11 水稻基因组物理图

知识链接

指　纹

指纹是人类手指和脚趾表皮上突起的纹线。指纹在胎儿第三四个月时开始产生，到六个月左右就形成了。它是遗传与环境共同作用产生的，因而指纹人人皆有，却各不相同。指纹重复率极小，大约为150亿分之一，即使是同卵双胞胎，其指纹也存在明显差异。当婴儿长大成人，指纹也只不过放大增粗。除非遇到大的伤痕破损，平时遇到小的破损后指纹依旧会恢复原样，终生不会发生改变。因此它是天然的"人体身份证"。

指纹纹路有三种基本形状——弓形（arch）、斗形（whorl）和箕形（loop），如图2-3-14所示。

弓形　斗形　箕形

图2-3-14　常见指纹纹络

出现率高的指纹类型存在性别差异和人种差异。例如，中国人、日本人的指纹中，斗形纹和箕形纹的出现率大致相当，共占整体的90%以上；欧洲人的指纹中，箕形纹的出现率较高；美国人的指纹中，弓形纹的出现率较高。

尝试检查一下你和家人的指纹，其中是否有什么规律？

学科交叉

生物身份识别

随着社会进步和科技发展，对身份识别的需求越来越多，准确性要求也越来越高。

生物身份识别，因同时具备普遍性、唯一性、稳定性、不可复制性，并且使用比较简便，发展最为迅速。

具体来说，生物身份识别可以利用指纹、声音、面部、骨架、视网膜、虹膜和DNA等人体的生物特征，甚至可以利用签名的动作、行走的步态、击打键盘的力度等个人的行为特征。

尽管信息源有差异，但所有的生物识别系统都包括如下相同的处理过程：采集、解码、比对和匹配。

上的等位基因组成的长度不等的杂交带图纹，它同人的指纹一样是每个人所特有的，被称为"DNA指纹"。DNA指纹特异性广泛。两个随机个体具有相同图形的概率仅3×10^{-11}；同时用两种探针进行比较，两个个体完全相同的概率小于5×10^{-19}。

DNA指纹有很高的稳定性。图谱中几乎每一条带纹都能在其双亲之一的图谱中找到，也符合经典的孟德尔遗传规律；同一个人的不同组织细胞产生的DNA指纹图形完全一致。

这项技术已经被用于法医鉴别（图2-3-15）、医学诊断（图2-3-16）同时也可用于考古鉴定和食品成分鉴定等。

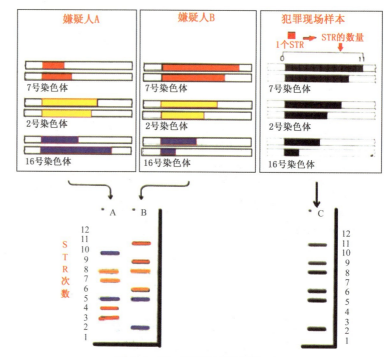

图2-3-15　用于确认犯罪嫌疑人

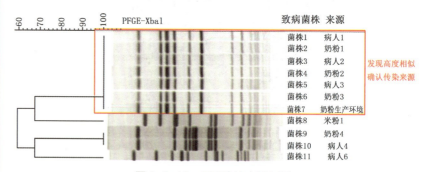

图2-3-16　用于确认病菌来源

技能训练

收集物品表面的指纹

活动目的　学会收集物品表面指纹，尝试分析指纹痕迹。

活动器材　铅笔芯、小刀、毛笔、胶带纸、白纸等。

活动步骤

1. 用小刀刮取铅笔芯粉末。
2. 将铅笔芯粉末涂布在物品表面，并用毛笔轻扫均匀，以显现出指纹。

3. 选择相对完整的指纹，用胶带纸黏附，转贴到白纸上。
4. 对指纹进行观察比对（图 2-3-17）。

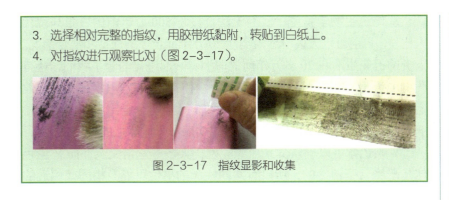

图 2-3-17　指纹显影和收集

三　人类演化与基因

所有关于生命的研究都会汇总成一个问题——我们来自哪里？尽管不断有古人类化石被发现，但发现环节越多，需要拼凑部分也就越多，人类起源也越扑朔迷离（图 2-3-19）。

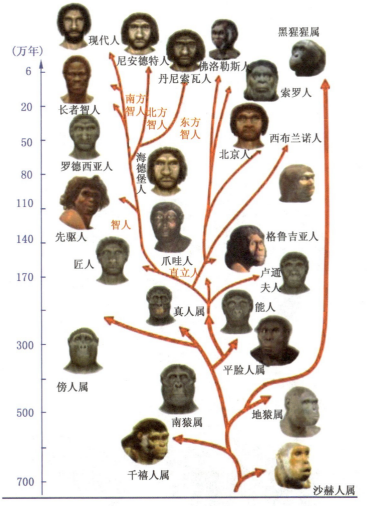

图 2-3-19　人类可能的进化树

"中国人的祖先究竟是谁？"曾经权威的观点是：分布在中国的现代人是由生活在 40 万年前的北京猿人进化而来的。理论依据是人类的多地区起源说：在欧、亚、非的现代人都是由当地的猿人进化而来的。但通过 DNA 比对，这个答案似乎并不完美。

技能拓展

钻木取火

在人类演化过程中学会取火是重要事件，它直接影响到人类文明的发展和进化。生火是在野外生存的必备技能，最常见的就是钻木取火（图 2-3-18）。

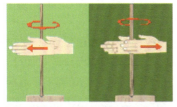

图 2-3-18　钻木取火过程

注意

1. 产生火苗变成火焰是最困难的部分，这一步一定要轻轻吹。
2. 摩擦之前要保证木材一定是干燥的。
3. 引火物要蓬松、干燥。
4. 钻木需要耐心和毅力。

知识链接

直立行走的证据

人类直立行走最早的直接证据来自坦桑尼亚发现的一组脚印化石（图 2-3-20）。这些脚印属于 360 万年前南方古猿阿法种。这一组脚印由 1 个男性脚印和 4 个女性脚印组成。

图 2-3-20　脚印化石

> **知识链接**
>
> **Y染色体和考古**
>
> Y染色体（图2-3-22）只会在男性之间代代相传。理论上一个大家族在正常血亲关系下，所有男性的Y染色体几乎都是相同的。
>
> 这时Y染色体的功效就体现出来了。比如先前发现的疑似曹操墓和曹操身世事件，考古人员通过比对发掘的遗骸和曹氏后人的Y染色体就能破解这个谜团，甚至能分析出曹操是不是曹家亲生的这一千年悬疑。
>
> 线粒体DNA虽然也会代代相传，但由于它来源于母亲，而母亲的家系、族谱、姓氏都不好追溯，所以可以提供的有效信息远不如Y染色体。

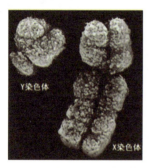

图2-3-22　X、Y染色体

> **知识链接**
>
> **线粒体DNA遗传**
>
> 经典的减数分裂和受精作用理论认为：精子形成时，来自父亲的细胞质大都被抛弃，线粒体会演化成精子的尾柄。这样，今后受精卵线粒体就都来自母亲，包括线粒体内的DNA。所以很多性状都会出现母系遗传规律，即子代继承母亲的性状。
>
> 但最新研究发现有例外，男性的细胞含有来自父亲和母亲的线粒体混合物。从目前掌握的数据来看，线粒体DNA通过父亲传递给后代的现象在人群中的发生率约为0.02%。

从传统生物学角度，我们无法直接将500万年前的古猿与现代人比较。目前可以大体梳理人类从20万年前至今的迁徙和混合情况。人类的祖先生活在20多万年前的非洲。一起进化的除了我们，还有我们的近亲，如欧洲的尼安德特人、西伯利亚的丹尼索瓦人，但他们最终灭绝了。而我们的祖先在5~10万年前也走出了非洲，经欧亚大陆，到达大洋洲和美洲，最后成功遍布于地球上的各个角落。

Y染色体可以确认父系血缘。姓氏大多继承自父亲，而Y染色体是严格父子相传的，所以有共同姓氏的男性可能有相同或相近的Y染色体类型。结合家谱材料，通过研究历史人物现存后代的Y染色体，可以揭示父系关系（图2-3-21）。

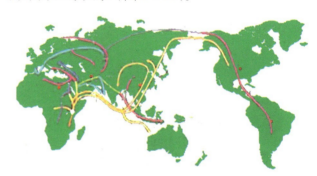

图2-3-21　根据Y染色体推测的人类迁徙图

线粒体DNA遗传可以帮助确认母系血缘。一般情况下精子不含线粒体，所以只有女性的线粒体能随其卵细胞遗传给后代。线粒体DNA类型呈现的是母系传承的脉络（图2-3-23）。

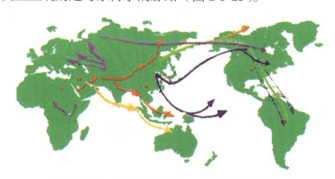

图2-3-23　根据线粒体DNA推测的人类迁徙图

目前通过基因测序分析对比还能比较更多的位点，我们祖先的面貌正在逐渐清晰（图2-3-24）。

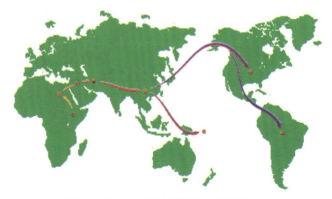

图2-3-24　人类祖先可能从非洲迁徙而来

如利用 Alu 序列的测定。灵长类动物和人基因组中存在一种中等重复序列，该序列中有限制性内切酶 Alu 的切点（图 2-2-25），被称为 Alu 序列。它在灵长类基因组中含量丰富，在基因组中拷贝数已经达到 50 万，每个拷贝长度约 300 bp。

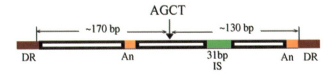

DR:正向重复
An:多聚腺苷
IS:插入序列
AGCT:限制性酶Alu的酶切位点

图 2-2-25 Alu 序列的基本结构

Alu 序列的功能或许与基因调控有关，它在某些位点的分布带有明显的族群差异。有研究分析了 Y 染色体的 Alu 序列插入位点（DYS287）的情况：在研究的 10 个中国人群中，Alu 序列插入的基因频率平均为 9%。藏族中 Alu 序列插入的频率达 49%；在彝族、回族中，该频率分别为 15%、8%。Alu 序列插入在土家族和瑶族中极少出现，在陕西汉族、广东汉族、满族和壮族样本中没有出现。因此我们可借助对类似序列的分析去研究族群发展，如研究你的祖先来自何方，你的体内有多少匈奴人的血统等。

可以明确，人类的起源并不是单一的。人类是不同族群交融的结果，正如中华民族是各民族在历史长河中你来我往、彼此汇合而成的。炎黄先祖在我们身上都留下了他们荣耀的印记，有了各民族文化的融合、基因的融合才闪耀出中华文明绚烂的光彩（图 2-2-28）。

图 2-2-28 炎黄雕像

借助科技我们看清了自己的过去，借助科技人类也能更好地壮大自己，这正是生物科技的魅力。

知识链接

痕迹器官

人类进化时一些器官失去功能而只留残迹，如阑尾、智齿、耳动肌等。从中可以推演出我们祖先的形态结构和生活方式。

你的耳廓上是否有"达尔文点"（图 2-2-26）这个痕迹？

图 2-2-26 耳廓上的"达尔文点"

学科交叉

华夏文明的起源

夏朝作为华夏文明的起源一直缺乏考古证据，目前最有力的证据来自陕西神木石峁城址（图 2-2-27）。该遗址是在 2011 年考古调查工作中发现并首次确认的。结合地层关系及出土遗物，初步认定石峁城址最早修建于龙山中期或略晚，距今约 4000 年前，兴盛于龙山晚期，夏朝时期毁弃。

石峁城址聚落等级化趋势明显，环壕、城垣等防御设施成为聚落构成的重要组成部分，祭祀、占卜等现象常态化。大型宫室、祭坛、王陵等考古发现对进一步理解"邦国、王国、帝国"框架下的中华早期文明具有重要意义。

图 2-2-27 石峁城址及文物

学科交叉

消失的民族

中国历史上曾有很多民族，如匈奴、东胡、突厥、契丹、女真、鞑靼、鲜卑、党项等。但如今中国 56 个民族的大家庭中已经没有了它们的身影，这些民族不仅影响了华夏民族，甚至影响了世界历史。

结合考古和 DNA 鉴定可以确认，我们很多人的基因里都有这些民族的痕迹。

你能结合历史典籍梳理出其中一个的演变路线吗？

一、概念理解

1. 人类基因组计划测定的染色体是（　　）。
   A. 全部 46 条
   B. 一半数量，23 条
   C. 任意的 22 条常染色体 +XY
   D. 成对的常染色体中的一条 +X+Y

2. 电泳分离实验中能影响分子扩散速度的是（　　）。
   A. 电压
   B. 分子大小
   C. 颜色
   D. 带电量

3. DNA 带有负电荷，所以在电泳过程中，加样位置和扩散方向分别应该是（　　）。
   A. 负极，正极
   B. 负极，负极
   C. 正极，正极
   D. 正极，负极

4. 通过提取某小孩和其母亲以及待测定的四位男性的 DNA，处理后进行电泳所得到的一组 DNA 指纹图谱如右图所示。请分析：$F_1 \sim F_4$ 中，你认为该小孩真正生物学上的父亲是（　　）。
   A. F_1
   B. F_2
   C. F_3
   D. F_4

M 代表母亲，C 代表儿子，F 代表父亲

二、思维拓展

1. 双脱氧链末端终止法在 1986 年改成以不同荧光标记的原料作为终止物，并搭配自动化仪器的使用，使得该方法成为定序领域中的主流方法。请结合下图分析：

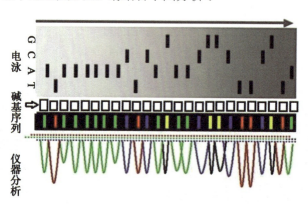

（1）请根据凝胶电泳结果分析该段序列的碱基：＿＿＿＿＿＿＿。

（2）请根据荧光标记结果分析各种荧光颜色对应的碱基情况：＿＿＿＿＿＿＿。

（3）请根据仪器分析确认碱基排列顺序：＿＿＿＿＿＿＿。

2. 中国人一向有着浓厚的家族观念。你的家里有族谱吗？请和长辈们交流一下，了解自己家的家谱，看看家谱里记载了些什么，甚至可以尝试着写一下从曾祖父开始到自己的小族谱。

第 4 节 偷天换日
——基因工程

当我们深入分析基因后，发现只要对基因进行改造、转移，目标生物就会忠实地呈现这些目的基因的性状。这项技术能大幅度改良生物性状，获得我们所需要的产品（图 2-4-1），提高医疗效率。

但当"转基因"呈现的时候，你的反应是什么？褒义还是贬义？当我们打开网页，搜索这个关键词，会出现很多争论。这是项什么技术？争议的原点在哪里？

学习目标

- **说出** 基因工程原理
- **描述** 基因工程过程
- **概述** 转基因
- **学会** 解释基因工程流程

关键词

- 转基因
- 生物安全

图 2-4-1 梦想中的转基因植物

一 静候其成——杂交选育

杂交现象在大自然中并不少见。很多物种源自同一祖先，基因差异不大，具有相似的生活方式和繁殖周期，因此很容易出现杂交现象。在农牧业发展过程中，人们发现通过杂交能将双亲优良性状组合在一起，选育得到更加优良的后代（图 2-4-2）。

图 2-4-2 骡子

植物杂交育种过程更加简便，通过去雄、套袋、定向授粉就能完成。自然杂交也可能发生，相似的农作物种植在一起，昆虫和风力就能催生杂交。正是各种杂交造就了各式各样的农作物品种（图 2-4-4），极大丰富了我们的食谱。

艺术鉴赏

芙蓉锦鸡图

《芙蓉锦鸡图》是北宋时期宋徽宗赵佶创作的工笔花鸟画，现收藏于北京故宫博物院。整幅画层次分明，疏密相间，充满秋色中盎然的生机，表现出平和与愉悦的境界。

研究发现，画中的锦鸡兼具红腹锦鸡和白腹锦鸡的部分特征（图 2-4-3）。这幅距今约 900 年的国画上所记录的是最早的鸟类杂交。

图 2-4-3 《芙蓉锦鸡图》与各种锦鸡

思维拓展

正反交

在杂交育种中，正反交产生的后代往往有差别。公驴和母马的后代称为马骡，公马和母驴的后代则称为驴骡。两者在性状上有着很大的差异。

你能结合减数分裂和受精作用分析这类正反交差异的原因吗？

知识链接

直链淀粉和支链淀粉

稻米口感的差异与直链淀粉和支链淀粉（图2-4-7）的含量有关。

直链淀粉是由葡萄糖单位构成的不分支的链状结构，链螺旋式卷曲，能溶于水而不成糊状。当碘溶液与直链淀粉接触时，碘分子进入螺旋内部，发生显色反应，呈现深蓝色。

支链淀粉的支链也同样能形成螺旋式卷曲，与热水作用膨胀成糊状，但分支的平均长度较短，相应的络合碘分子少，所以与碘反应呈现的是紫红色或红色。

直链淀粉含量高，米粒细长，韧性口感较差，弹性低，籼稻就是直链淀粉含量较高的品种。反之，直链淀粉含量低，支链淀粉含量高，煮熟后米饭的黏性也比较高，口感较好，弹性高，产于北方的粳稻就是直链淀粉含量较低的品种。

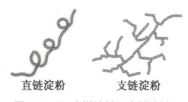

图2-4-7 直链淀粉和支链淀粉

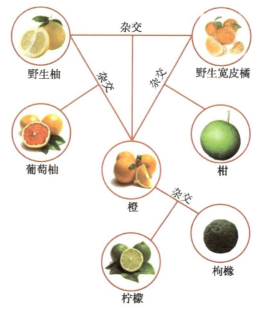

图2-4-4 各种"橘"的杂交关系

在中国最重要和最著名的杂交过程莫过于对水稻（图2-4-5）的杂交育种。常见稻米有籼稻和粳稻。籼稻喜暖，多种植在亚热带和热带低海拔地区，米粒细长，煮熟后不黏，饭粒易分开。粳稻较为耐寒，大多种植在亚热带和热带高海拔地区及温带，米粒粗短，其中更有一种特别黏着的糯米，适合制作饭团等食品（图2-4-6）。

图2-4-5 野生稻和碳化谷粒（河姆渡出土）

图2-4-6 三种不同的稻米

考古学家和植物学家们认为水稻可能起源于中国。虽然一开始所有的栽培稻都是粳稻，但在它向印度传播的过程中，不断通过风媒传粉的过程和野生稻发生无意的杂交，这样野生稻中的籼型基因就转移到了栽培稻之中，最后形成了中国的粳稻演化中心区域和印度的籼稻演化中心区域。

另一方面，中国农耕历史悠久，也在不断人工选育优良稻米品种（图2-4-8）。

图2-4-8　常熟特产鸭血糯和血糯八宝饭

现代杂交水稻是由美国人Henry Beache在1963年于印尼完成的。1968年，日本人新城长友首次实现了"三系法"水稻杂交（图2-4-10），而最终取得重大成功的是中国人。

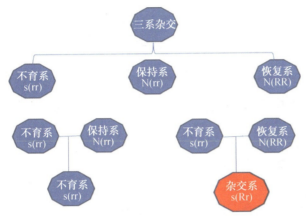

图2-4-10　"三系法"水稻杂交

1974年，中国农学家袁隆平（图2-4-12）成功找到合适的**野生雄性不育株**，突破了杂交技术瓶颈，选育出第一个大面积应用的品种——"南优2号"，大步提高了杂交水稻的产量和品质。目前超级杂交水稻品种"湘两优900"亩产突破1200 kg，成为我国粮食供应的重要保障。

图2-4-12　袁隆平院士在稻田中

杂交育种能将两个或多个品种的优良性状集中在一起（图2-4-13）。杂交过程中，双亲基因重新组合，形成各种基因型，表现出不同的表现型，再经过选择和培育，最终获得新品种。

学科交叉

中国古代用什么黏合砖块？

水泥是近代才传入中国的。那么在这之前用的建筑黏合剂是什么呢？古人发现糯米煮熟后与普通稻米不同，黏性特别大，脱水干燥后又变得硬邦邦。于是古人将糯米引入了建筑业。他们将糯米煮烂后，把浆汁倒入三合土和匀，制成灰浆。用它作为"水泥"，强度更大、韧性更好，还具备优良的防水性能。

故宫、明长城、苏州园林（图2-4-9）等明清工程建造中都使用了糯米汁液与三合土调拌而成的灰浆来黏合砖石，数百年来仍大致保持完好。

图2-4-9　苏州盘门古城墙和吴门桥

生活体验

煮饭的窍门

如何煮饭才能使饭更加可口？

1. 淘米：尽量避免三次以上淘洗。

2. 加水：大米和水的比例在1∶1.2左右（或将中指或食指指尖触及米粒，水位应该在第一个关节处），如图2-4-11所示。每次更换不同品种的稻米做饭，都需要适当微调米水比例。

图2-4-11　煮饭的水位

3. 加温：电饭锅加热。

4. 保温：电饭锅停止加热后至少保温5 min左右。

知识链接

太湖猪

太湖流域是我国农业生产发展较早的地区之一，新石器时代遗址就发掘出大量猪遗骸。在长期的饲养和选育下形成了苏湖地区的特有猪种——太湖猪。

太湖猪肉质鲜美，凹背大肚，耳大下垂，性情温驯（图2-4-14）。太湖猪更以繁殖力高著称于世。它是全世界已知猪品种中产仔数最高的。据统计，母猪三胎以上能产 15.83 ± 0.09 头，曾有产仔42头的记录。此外，母猪乳头数量也比其他品种多。但太湖猪瘦肉率不高，生长慢，因此纯种太湖猪数量日益减少。

目前太湖猪是禁止出口的国宝级种质资源。

图2-4-14 太湖猪种母猪

学科交叉

二十四节气

二十四节气是古人依据黄道面划分制定的，反映了太阳对地球产生的影响。它是中华民族悠久历史文化的重要组成部分，凝聚着中华文明的历史文化精华。二十四节气在上古时代已订立。二十四节气是历代官府颁布的时间准绳，可指导农业生产，也是日常生活中人们预知冷暖雪雨的指南针。

春雨惊春清谷天，
夏满芒夏暑相连。
秋处露秋寒霜降，
冬雪雪冬小大寒。

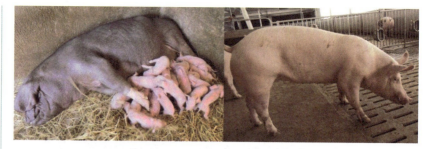

图2-4-13 太湖猪与约克夏猪杂交获得高产瘦肉猪

但杂交育种周期长，从杂交到新品种育成推广往往需要10个世代以上。此外，"资源"选择也有限，一般只能在同种内部或亲缘关系较近的物种内实施。

因此杂交育种更多时候是一种"静候其成"的过程。

> ### 探究·实践
> #### 体验水稻的种植过程
> **实验目的** 了解水稻的种植过程，了解当地传统节令农事，尝试进行水稻杂交实验。
> **实验原理** 结合农事节气的资料，调整种植方式。最适发芽温度为28 ℃～32 ℃，分蘖期要求温度在20 ℃以上，穗分化的最适温度为30 ℃左右。
> **实验器材** 稻谷、水盆等。
> **实验步骤**
> 1. 泡种育苗。
> 2. 将泥土放入盆中加水混合，播种。
> 3. 将花盆浸在水盆中，置于阳光充足处，保持水位。
>
> **实验现象**
> 1. 观察水稻各阶段的形态结构变化（图2-4-15）。
> 2. 观察水稻花的形态结构，尝试授粉杂交。
>
>
>
> 育秧　　分蘖　　抽穗　　结实
>
> 图2-4-15 水稻种植过程

二　倍道而进——转基因

基因工程技术带来了新的希望。我们发现在基因水平上并不存在物种与物种的隔阂，只有基因差异、碱基序列差异。所有生物都遵从中心法则，都共用同一套密码子。

因此，若将目标性状基因从一种生物导入另一种生物，通过调控，受体细胞就能再次表现出目标性状。转入的是基因，表达的是蛋白质。这就从理论上解决了传统育种的不确定性。

通过定向获取目的基因，导入需要表达的受体农作物或者牲畜体内，就能在短时间内得到改良品种，从而提升产品出产量，提高抗逆性，产生抗虫性等（图2-4-16）。

图2-4-16　普通稻米、两种转胡萝卜素基因的黄金稻米、胡萝卜米饭

转基因技术首先要获得目的基因，即得到最终需要表现性状所对应的 DNA 序列。其方法为：从目标生物的基因组中分离出带有目的基因的 DNA 片段，或者人工合成目的基因，然后利用 PCR 技术进行目的基因增殖。接着将目的基因与运载体结合，将带有目的基因的 DNA 片段通过剪切、黏合连接到能够自我复制并具有多个选择性标记的运输载体分子上，形成重组 DNA 分子。这样便于将基因导入受体细胞和基因的表达以及筛选（图2-4-17）。

图2-4-17　转水母荧光蛋白基因的大肠杆菌

针对不同的受体细胞选择合适的方法，将目的基因表达载体导入受体细胞，并将带有重组体的细胞扩增，获得大量的细胞繁殖体。

在培养受体细胞的过程中不断筛选，筛选出具有重组 DNA 分子的重组细胞，最终将得到的重组细胞进行大量的增殖，得到相应表达的功能蛋白或者是转基因个体，表现出预想的特性，达到育种的要求（图2-4-18）。

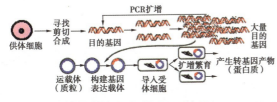

图2-4-18　基因工程流程

转基因技术已经在不同的生物体上得以实现。例如，利用苏云金杆菌毒蛋白基因改造的抗虫作物在生长过程中按照导入的苏云金杆菌基因再次合成毒蛋白，特异性破坏昆虫消化系统，从而减少农药使用量（图2-4-20）。

图2-4-20　转基因植物流程

知识链接

聚合酶链式反应

聚合酶链式反应是一种用于放大扩增特定的 DNA 片段的分子生物学技术，它可看作是生物体外的特殊 DNA 复制。利用 DNA 在体外（95 ℃高温下）变性会变成单链，低温（经常是60 ℃左右）时引物与单链按碱基互补配对的原则结合，再调节温度至 DNA 聚合酶最适反应温度（72 ℃左右），DNA 聚合酶沿着磷酸到五碳糖（5′–3′）的方向合成互补链。实验的 PCR 仪实际上就是一个温控设备，能在变性温度、复性温度、延伸温度之间很好地进行控制。

PCR 能将微量的 DNA 大幅增加。因此，无论是化石中的古生物、历史人物的残骸，还是几十年前凶杀案中凶手所遗留的毛发、皮肤或血液，只要能分离出一点 DNA，就可能用 PCR 加以扩增进行比对。

艺术鉴赏

微生物培养作画

不同的转基因微生物能产生不同的色素。以菌为染料，以培养基为画板，沾取菌液，绘制出线条，经过几天的培养，也能呈现出美丽的图案（图2-4-19）。

图2-4-19　细菌在培养基上呈现的图形

思维拓展

转基因花卉

基因工程技术突破传统育种的限制，使观赏植物出现了前所未有的性状，更加美丽动人。如英语 Blue Rose 有"不可能"之意。2008年，人们利用基因工程就培育出了蓝玫瑰（图 2-4-22），Blue Rose 已成为可能。它是导入紫罗兰的蓝色素产生基因而自然呈现蓝色的。

图 2-4-22 转基因"蓝玫瑰"

你能尝试规划一种转基因的荧光玫瑰吗？

目前，美国和加拿大都已批准转基因三文鱼上市。该项目将大洋鳕鱼的抗冻蛋白基因与大鳞大麻哈鱼的生长素基因整合，导入大西洋三文鱼受精卵中，创造出生长速度更快的转基因鱼。本质上，转基因三文鱼同时具有了另外两种鱼的基因，合成了另外两种鱼的蛋白质，与天然的大西洋三文鱼有营养成分的差别（图 2-4-21）。

图 2-4-21 转基因三文鱼的培育

我国则将更多转基因项目集中在植物产品上，如棉花、大豆、西红柿、水稻等。

由这些农产品制成的食品都称为转基因食品。目前，对于转基因食品争议不断：一方认为，转基因对人不会有危险，因为转基因导入的是 DNA，通过中心法则产生的蛋白质等经过加工、烹饪和消化，最后成为一种无活性的营养单位；另一方认为，一种功能基因被移入另一机体后，这种基因的功能可能发生不可预知的变化，人体的相应反应更不可预测。**转基因食品对人体的长期影响还难以有科学定论。**

从逻辑上分析，若转基因食品一直没有产生危害，就不能说明它今后是永远安全的；而一旦产生危害，那就直接证明它是有害的（图 2-4-23）。

知识链接

食品认证标志

食品认证标志主要有无公害农产品标志、绿色食品标志、中国有机产品标志等（图 2-4-24）。产品中含有转基因成分的，要在包装上标明"转基因标识"。

无公害食品：生产过程中允许限品种、数量、时间使用安全的人工合成化学物质。

绿色食品：侧重于对环境质量评价达到一定的要求。

有机食品：级别最高，在生产过程中不允许使用任何人工合成的化学物质。

图 2-4-24 常见的食品认证标志

图 2-4-23 相比草甘膦，服用食盐更易致死

目前各国都在开展转基因农业生产，但普遍都比较谨慎。国际惯例是转基因食品要公开表明身份。至于是否选择转基因产品，由消费者自己来决定。

转基因技术在医疗上的应用更加广泛，如用于疾病诊断、制药、抗体疫苗生产和治疗疾病等方面。

从原理上分析，基于蛋白药物的治疗需要反复给药。例如，部分糖尿病人需要反复注射胰岛素。如果修复糖尿病人的错误基因或直接提供正确的基因，单次修正后就可能使病人重新开始自主合成胰岛素，从而自我康复。其原理与转基因育种相似，但因为操作对象是人体，基因治疗需要更加谨慎。

基因治疗主要针对严重威胁人类健康的疾病。目前，基因治疗分体内治疗和体外治疗两种模式（图 2-4-26）。它可以将正确的基因导入细胞来替代错误的基因，或直接编辑修复错误的基因，也可以在体外通过基因技术修改细胞，然后把修改的细胞放回人体发挥作用。基因疗法目前正在加速临床转化。

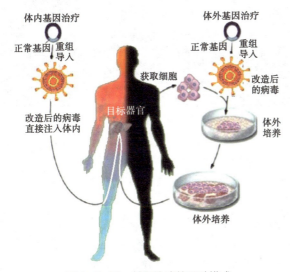

图 2-4-26 基因治疗的两种模式

很多疾病是因为人体无法正常产生调控物质所致，如糖尿病。传统医疗用胰岛素是从牛或猪胰脏中提取的，产量低，远不能满足患者的需求，而且由于不是自身分泌的，还有可能使人体形成相应抗体，为疾病的治疗带来很多麻烦。

基因工程彻底破解了这类困局。只要将人体相关基因处理后导入受体微生物或者动物细胞内，经过大量培养就能从这些细胞中提取到急需的药品。1982 年，重组人胰岛素在美国批准作为第一个基因工程药物上市，成为治疗糖尿病的"利器"。转基因技术长期、广泛的应用已经使胰岛素的价格降得非常低（图 2-4-27）。这样的生产模式在没有转基因技术之前是无法想象的。

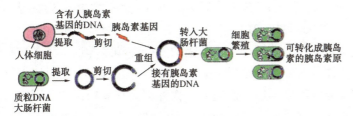

图 2-4-27 基因工程生产胰岛素

转基因技术的理论依据是基因重组，与大自然中普遍出现的杂交现象相似。基因工程是定向的分子水平的基因重组，在合理、合

知识链接

动物克隆

哺乳动物体细胞全能性低，直接体细胞克隆个体十分困难。

动物克隆能解决农牧业、濒危动物保护、医疗等众多难题，但同样存在技术瓶颈和伦理道德问题。从"多利"羊诞生起，这项技术就一直在争论中发展。

2018 年，我国成功完成猴的克隆（图 2-4-25），标志着与人类最相近的灵长类动物的体细胞克隆成为可能。实验选择了猴胎儿的成纤维细胞核，注入去核卵细胞，达到"克隆"的目的。

图 2-4-25 诞生在苏州的克隆猴

知识链接

器官捐献

我国每年等待器官移植的患者超过 150 万人，但其中只有 1 万人能够幸运地等到供体，其余 99% 的患者只能在等待中逐渐绝望。

尽管可以通过生物工程技术为病人提供新的治疗方案，但很多技术目前还停留在实验室水平，不少技术也因为费用高昂而难以推广。

器官捐献是一项利国利民、功德无量的崇高事业，对促进社会精神文明建设、创建和谐社会具有十分重要的意义。

随着社会的进步，对器官捐献的技术规范、法律保障、道德舆论都在不断的完善。

技能拓展

利用黄粉虫制作小型动物骨架标本

小型动物（蛙、蛇、壁虎等）骨骼细小脆弱，手工处理困难。可以利用黄粉虫吃光软组织，这样制作骨骼标本既快又好（图2-4-29）。

1. 将小动物尸体软组织去除部分，并稍微风干。
2. 放入等量的黄粉虫，放置在通风干燥处。
3. 每天检查，注意收集脱落的小骨骼。
4. 将骨架放入酒精内脱脂。
5. 用消毒液漂白后整形固定。

图 2-4-29 蛙的骨骼标本

课外体验

江苏的自然保护区

盐城生物圈保护区的主要保护对象是湿地及丹顶鹤等珍贵水禽。

大丰麋鹿国家级自然保护区是世界占地面积最大的麋鹿自然保护区，拥有世界最大的野生麋鹿种群（图2-4-30）。

江苏泗洪洪泽湖湿地国家级自然保护区保护内陆淡水湿地生态系统，重点保护鸟类和其他野生动植物、鱼类产卵场、下草湾标准地层剖面等。

图 2-4-30 麋鹿

规和受控的条件下能够让育种过程更加高效。基因工程是生物科技发展的必然方向。

探究·实践

探究转基因食品对黄粉虫生长发育的影响

实验目的 探究转基因食品对昆虫生长发育的影响。

实验原理 黄粉虫又叫面包虫，其一生可分为卵、若虫、蛹、成虫四个阶段（图2-4-28），是常见的饲料虫，在花鸟市场上能大量购得。若虫培养的适宜温度为25 ℃~32 ℃，湿度为60%~75%。

实验器材 黄粉虫、转基因大豆、豆油、麦片和普通非转基因产品等。

图 2-4-28 黄粉虫的若虫、蛹、成虫

实验步骤

1. 将同龄健康黄粉虫分组。
2. 分别用转基因和非转基因食品饲养（油脂可以滴加在饼干上）。
3. 比较个体生长和发育情况。
4. 可以尝试繁殖孵化，进行长期饲养比较

实验现象 统计个体生长速度、死亡率、羽化率等数据。通过数据对比发现转基因食品对黄粉虫的生长发育是否有直接影响。

三 基因工程的安全性

我们对基因的了解程度有多少？技术背后还有什么问题需要我们去解决？

基因工程是人类科技发展到一定阶段的必然产物。从工程技术的角度出发，基因工程就是对基因数据库的读取、分析和编辑。

地球上生物所携带的各种遗传信息总和可被看作是一个庞大的数据库。这个数据库历经亿万年的建设，其间不断更改方案，多次几近崩溃。我们就是这个数据库的产物。这些数据储存在各个物种、各个生物个体、各个细胞之中。每个人体细胞中DNA的数据总量约为1.5 GB，普通人体所包含的数据总量高达60 ZB（1 ZB=1000000000 TB），而人类只是地球生命的极小一部分。

庞大的基因数据导致了基因的多样性和差异性。大多数有性生殖物种种群内个体之间基因型都有差异（图2-4-31）。基因多样性直接表现为生物多样性。任何一个物种都具有其独特的基因库和遗传组织形式，这就是物种多样性。不同种类的生物又构成千姿百态的群落，最终形成了地球生态系统的多样性。保证地球生物圈正常运作的基石就是基因多样性。

第2章 寻找基因的图谱
——从DNA走向基因编辑

图2-4-31 没有两匹斑马是相同的

研究发现，曾经多达50亿的旅鸽在人类捕杀下迅速灭绝。其自身原因可能是庞大的种群缺乏基因多样性，不能响应新的选择压力，使其生存困难，最终灭亡（图2-4-32）。每当一个生命或一个物种从这个地球上消失时，它所携带的多样性也就彻底消失了。

一方面，人们期待着基因工程能给人类带来幸福、健康和财富；另一方面，我们对这个数据库知之甚少。因为人类自己也被纳入基因工程中，所以更需要技术的完善和法律的约束。在基因工程中就应该"保持敬畏"，随意篡改基因数据带来的后果都是不可预测的。

图2-4-32 旅鸽

技能训练

调查校园植物种类

活动目的 调查植物种类，学会用二分法分类检索，了解校园生物多样性。
活动器材 照相机、铅笔、笔记本、检索表等。
活动步骤
1. 分组收集校园各处的植物叶片，记录采集地点、植物形态等资料。
2. 分组将不同的叶片加以分类（利用二分法，每次自行确定一个特征，将一种植物与剩下的区分开来，如图2-4-34所示）。

 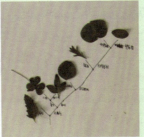

图2-4-34 二分法示意图

3. 检索植物种类、名称和特征。
4. 小组交流完成最后的校园植物分布情况报告。

目前舆论对基因工程的质疑和排斥也有着科学依据。对基因工程存在的隐患主要可以归结为以下几个方面：

基因污染问题。 有些转基因生物可能较天然个体更具有优势，逃逸后挤压天然群体的生存空间，造成天然群体的灭绝；也可能通

课外体验

苏州华南虎繁育基地

苏州虎丘因老虎而得名。现华南虎繁育基地之一也在苏州。

华南虎因仅分布在中国的东南、西南、华南各省，故又称"中国虎"，是虎的8个亚种之一。中国野生华南虎当前已多年未见，而圈养在中国各动物园的华南虎仅有55头，其中15头在苏州（图2-4-33）。

苏州动物园从2头种虎起家，先后共繁殖了华南虎60头，成活35头。

但目前华南虎繁育任务困难重重，其中最突出的就是种虎亲缘关系过近，基因多样性匮乏，后代死亡和缺陷率高。

图2-4-33 动物园里的华南虎

知识链接

种子库

种子库位于北极点约1000 km的挪威斯瓦尔巴群岛的一处山洞中，约1亿粒世界各地的农作物种子被保存在-18 ℃的地窖中（图2-4-35）。

这个种子库的建立是为了收藏全世界主要用于作为食品的农作物种子。这样，即使发生大规模的灾害，人类也不会永远丧失某些粮食作物的基因。伊拉克和阿富汗的战后农业恢复就从中受益。

大家可以根据类似理念了解种子储藏技术，尝试建立学校或者社区的"小小种子库"。

图2-4-35 种子库

过与天然个体的繁殖，使物种天然基因库出现混杂或污染。以上现象一方面会对生物多样性造成影响进而危害整个生态系统，另一方面也可能直接危害人类。

技术限制问题。 目前人们对基因结构、作用机制等基础性问题还不是十分清楚，很多实验仅在实验室中开展，因此这些技术对人体会产生什么结果还需要进一步研究。比如，CRISPR基因编辑过程中的脱靶可能影响正常基因（图2-4-36）。

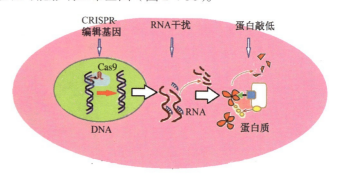

图2-4-36　三种调控基因表达的技术途径

基因武器问题。 基因武器能根据不同族群的基因漏洞进行针对性极强的攻击，并且这类攻击是带有种族灭绝性质的。人类技术开发过程中类似的黑暗屡见不鲜，不得不防。

社会伦理问题。 基因工程的发展使得不治之症都成为小手术。技术普及将使人类去追求基因"完美"，修复先天缺陷，定制先天特质。运动员借此改造提升赛场表现，学生借此代替辛苦求学过程，甚至两性无须恋爱婚育就能拥有完美后代。这都将严重冲击人类的社会架构。

知识链接

基因隐私

随着技术门槛的降低，基因检测等服务也越来越普遍。一些公司也推出基因检测预测疾病的服务（图2-4-37）。

利用普通的一滴唾液或者血液就能预知高发疾病患病风险，检测是否携带先天性遗传疾病基因，帮助肿瘤患者进行个性个体化医疗。基因检测的确给人类带来了巨大便利。

但单基因检测和基因数据安全涉及伦理问题。很多基因关系到个人或者族群的智商、身材、体质或者缺陷等。某些检测得到的个人基因数据流向是值得怀疑的。

图2-4-37　网上随处可见基因检测服务

调查走访

调查基因编辑婴儿事件

活动目的　学会通过媒体了解背景知识，了解基因编辑的原理，学会辩证分析事件。

活动要求

1. 分组收集基因编辑的相关新闻和分析。
2. 了解技术背景，能解释技术原理。
3. 对事件有客观、公正、全面的认识和评价。

活动步骤

1. 班级分组并安排组内分工。
2. 分工收集各种媒体上的报道，并对内容进行分析研讨。建议研讨内容：事件过程、最新发展、人物背景、技术分析、影响因素、观点分析等。
3. 各组完成调查后汇总成一份调查报告。

交流　通过教师审核后在学校内进行科普宣传，并通过校园网站和微信推送。

基因工程正改变着世界。不远的将来，这项技术所带来的成果必定会渗透到我们生老病死的每一个环节。无论你我意愿如何，技术的进步是无法阻挡的，正如大自然几十亿年的进化历程。

人类的进化源自基因，人类的进化也必然回归基因。

艺术鉴赏

致大自然
荷尔德林

当我还在你的面纱旁游戏，
还像花儿依傍在你身旁，
还倾听你每一声心跳，
它将我温柔颤抖的心环绕；
当我还像你一样满怀信仰和渴望，
站在你的图像前，
为我的泪寻找一个场所，
为我的爱寻找一个世界；
当我的心还向着太阳，
以为阳光听得见它的跃动，
它把星星称作兄弟，
把春天当作神的旋律；
当小树林里气息浮动，
你的灵魂，你欢乐的灵魂，
在寂静的心之波里摇荡，
那时金色的日子将我怀抱。

一、概念理解

1. 下列各项属于同一物种的是（　　）。
   A. 马和驴　　　　　　B. 山羊和绵羊　　　　C. 金鱼和鲫鱼　　　　D. 黄牛和水牛
2. 若要对水稻进行杂交，需要对父本进行的操作是（　　）。
   A. 去雄　　　　　　　B. 套袋　　　　　　　C. 收粉　　　　　　　D. 授粉
3. 粳米和籼米口味存在差别的根本原因是（　　）。
   A. 基因差异　　　　　B. 淀粉差异　　　　　C. 种植方式差异　　　D. 气候差异
4. PCR技术扩增过程控制温度变化的过程是（　　）。
   A. 升温→降温→保温　　　　　　　　　　　B. 降温→保温→升温
   C. 升温→保温→降温　　　　　　　　　　　D. 降温→升温→保温
5. 转基因过程中，最终导入受体细胞的物质和产生的物质分别是（　　）。
   A. DNA，DNA　　　　B. DNA，蛋白质　　　C. 蛋白质，DNA　　　D. 蛋白质，蛋白质

二、思维拓展

1. 请根据你对基因工程的学习和了解，尝试制作一张科普小报，从科学技术的角度描述这项技术。
2. 科学知识的获取不应拘泥于传统的途径和传统的方式。不少纪录片会对现有知识进行系统的梳理，如《进击的智人》。不少科幻电影更会对未知和未来进行科学的推演，如《普罗米修斯》《异形:契约》等。请在老师和家长的指导下观看这些影片，并尝试和他们聊一聊你对"什么是生命"的看法和观点。

本章自我评估

一、概念理解

1. "物种是进化的"这个观点在达尔文之前就有科学家进行了论述。达尔文通过长期观察、比较和分析，对相关理论进行了完善，他的核心观点是（　　）。
   A. 物种起源　　　　B. 进化论　　　　C. 自然选择　　　　D. 人是猴子变的

2. 细胞增殖方式多样，其中能产生更多的遗传物质组合可能的是（　　）。
   A. 无丝分裂　　　　B. 有丝分裂　　　　C. 减数分裂　　　　D. 二分裂

3. 化石是我们研究古代生物和生物进化的重要材料，化石的形式也多种多样。下列各项中，可能成为化石的有（动物的）（　　）（多选）。
   A. 骨骼　　　　　　B. 粪便　　　　　　C. 脚印　　　　　　D. 气味

4. 1953年，沃森和克里克发现了DNA的双螺旋结构。这一发现使遗传学研究进入分子层次，真正打开了分子生物学的大门。随着"生命之谜"——破解，我们可以了解遗传信息的结构和作用。请回答下列问题：

   （1）通过研究可以确认，细胞内的遗传物质是（　　）。
      A. 蛋白质　　　B. 核苷酸　　　C. DNA　　　D. 基因

   （2）以下图片用来比喻DNA的空间结构最贴切的是（　　）。

　　　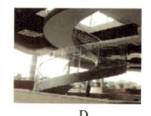

　　A　　　　　　　　B　　　　　　　　C　　　　　　　　D

   （3）当我们获悉某DNA的一条单链序列是5′–AATTCGGCTTAA–3′，根据空间结构推导出它的完整序列是（　　）。

   A. 5′–AATTCGGCTTAA-3′
   　 5′–AATTCGGCTTAA-3′

   B. 5′–AATTCGGCTTAA-3′
   　 3′–TTAAGCCGAATT-5′

   C. 5′–AATTCGGCTTAA-3′
   　 5′–TTAAGCCGAATT-3′

   D. 5′–AATTCGGCTTAA-3′
   　 3′–AATTCGGCTTAA-5′

4. 转基因抗虫棉种植过程中，**无须**关注的是（　　）。
   A. 防治棉铃虫　　　B. 施肥除草　　　C. 防治病害　　　D. 与普通棉花隔离种植

5. 在基因治疗过程中，我们最需要关注的是（　　）。
   A. 技术　　　　　　B. 病人的需求　　　C. 费用　　　　　　D. 法律和道德

二、技能训练

1. 实验动物是开展生物学和医学等研究的重要条件。遗传学实验动物需要有稳定的遗传性状（如本章实验中用到的孔雀鱼）。在花鸟市场，往往是多个品种且雌雄个体混养的，不可避免会出现杂交现象。请设计实验方案，尝试解决以下两个问题：

   （1）对市场采购的白化个体和野生色个体进行测定和提纯。

   （2）若实验中偶然得到白化个体，如何扩增得到白化群体？

2. 以下是网上摘录的一段对转基因食品的观点："除此之外，转基因不仅对人体造成伤害，对动物也会产生一些影响。许多转基因食品由于基因重组，很多基因序列号都发生了改变。动物食用转基因食品后会出现不孕不育症状，严重的还会导致动物出现不适症状，如恶心、呕吐等，甚至导致肾脏衰竭死亡，时间久了容易导致动物灭绝，破坏生态系统的平衡，进而影响整个生态环境。"你能根据所学知识，对这段内容进行客观分析吗？

三、思维拓展

1918年7月17日凌晨，俄国沙皇尼古拉二世全家在叶卡捷琳堡的一个寓所地下室被秘密枪决。被枪决的有沙皇夫妇、四个女儿、一个儿子、一个医生、一个厨子、一个男仆和一个女佣。1978年，人们才在矿井中发现了他们的遗骨，但清理后发现少了一个男孩和一个女孩。面对遗骸，该如何确认他们的身份呢？

（1）欧洲王室多为姻亲，尼古拉二世皇后与现在英国王室的关系如下图所示。如用中国的亲属关系分析，现在的英国女王夫妇需要如何称呼尼古拉二世夫妇和他们的孩子？你能把现在英国女王一家的图谱也标注上去吗？

（2）请根据系谱图和遗传规律，梳理出遗骸中最先能够确认的个体，并描述鉴定的大致过程。

（3）谨慎起见，对沙皇身份需要双重鉴定，最后的突破点来自他自己。时为王子的沙皇于1891年访问日本时遇刺，沙皇头上被砍了两刀但幸免于难，当时沾到血迹的衬衣被送到彼得堡保存了下来。借此我们该如何进行下一步实验？请描述大概的实验过程和结果分析。

（4）至于缺失的王子和公主在历史上也多次"疑似"出现，甚至连好莱坞都以此历史拍过电影《真假公主》。2007年，叶卡捷琳堡附近又发现了一些骸骨。2008年，俄罗斯官方宣布，经过DNA测试，最新找到的遗骸正是沙皇子女的，从而证实1918年尼古拉二世全家都遇害了。请你和家长一起观看影片，检索详细的资料，和家长聊一聊DNA是如何帮助我们最终破解这个历史谜团的。

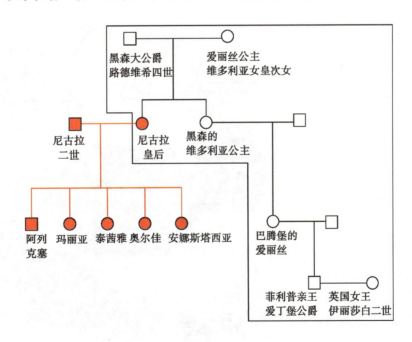

第3章 探微
——显微镜的构造原理与应用

内容提要

* 肉眼观察
* 放大镜观察
* 显微镜的发展历程
* 显微镜的构造原理
* 制作显微镜并进行观察
* 显微镜在生产生活中的应用

本章学习意义

世界上最遥远的距离,是明明在你的眼前,而你却无法看见。本章从肉眼观察开始,带你一起走进这神秘的微观世界,并亲手体验制作探究神秘微观世界的神器——显微镜的乐趣。

外面的世界那么大,那么精彩,我想去看看;你眼前小于 0.1 mm 的微观世界那么小,同样的精彩,你想去看看吗?你想看到最小的动物、植物的模样吗?你想看到动植物是由什么结构组成的吗?……

随着科学技术的不断发展,天文学家用望远镜看到了越来越多的天体,只是不可触及;对我们来说,微观世界虽近在咫尺,然而从某种意义上来讲,却同星系一样遥远。为了看清神秘的微观世界,探微神器——显微镜应运而生了。显微镜的发明使人们的目光从"一面墙"倏地一下集中到了墙上的"一块块砖头",让人们接触到了显微镜下一个又一个神秘的微观世界,让人们观察到了它的精彩。这一发现,犹如一束光照进黑不见底的深渊,点燃了人们探索微观世界的热情。

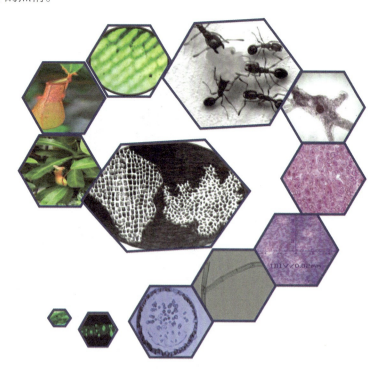

走进这一章,我们将与你一起从肉眼观察开始,经过放大镜观察,最终通过显微镜观察打开微观世界的大门。让我们通过自己的方式来感受微观世界的精彩与神奇吧。

第1节 观察与多角度观察
——科学实验的方法与途径

学习科学知识需要掌握一定的科学方法，包括观察、实验、调查、模拟和抽样检测等，其中观察是生物学教学中最基本的科学方法。科学观察可以直接用肉眼，也可以借助放大镜、显微镜等仪器；要有明确的目的，观察时要全面、细致、实事求是，并及时记录下来；观察时需要遵循一定的原则，如先整体后局部、对比观察、连续观察和重复观察等。

一 肉眼观察

所谓"耳听为虚，眼见为实"，听来的传闻往往是靠不住的，亲眼看到的相对比较真实。这里蕴藏了肉眼观察法。肉眼观察法是人们运用眼睛直接获取研究对象信息的一种科学观察方法，也是一种初级的观察方法。

历史上，有人就巧用了"眼见为实"来大做文章。比如，楚汉相争，项羽步步败退，一直被逼到乌江边，在江边看到无数蚂蚁聚成"霸王自刎"四个大字，吓得魂飞魄散，以为蚂蚁代表了"天意"，于是拔剑自刎于江边。其实哪是什么"天意"，不过是张良算计着项羽必定退到乌江，便事先派人用糖水在江边写了这四个字，引来无数蚂蚁在糖渍上吃糖，项羽果然上当了。张良的智慧在于巧用了肉眼观察法和掌握了蚂蚁的食性。

探究·实践
探究蚂蚁的觅食行为

蚂蚁体积小，颜色有黑、褐、黄、红等，体壁具有弹性，光滑或有毛，是一种群集而居的社会性昆虫，而且恋巢性很强。蚂蚁多数种类筑巢于地下，且食性杂，一般植、肉兼有。我们经常见到许多蚂蚁聚集在一起搬运食物。

那么，蚂蚁觅食与食物的气味有关系吗？

实验目的 探究蚂蚁的觅食行为食物性质之间的关系。

实验器材 蚂蚁若干、泥土、塑料托盘、5个透明盒（4个为大小相同的透明扁盒，1个为正方形透明盒）、4根等长等直径的塑料管、打孔器、计时器、蔗糖、盐、辣椒酱、食用白醋、火腿肠等。

实验步骤
1. 装置制作：用打孔器在正方形透明盒的4个侧面各打一个与塑料管等直径的孔，再在另外4个透明扁盒的侧面各打一个孔。用4根塑料管作为通道将中央正方形透明盒与4个透明扁盒相连接，成十字形，然后将该装置放置在塑料托盘中（图3-1-1）。
2. 在中央正方形透明盒中放置适量湿度适宜的土壤，捕捉若干蚂蚁放入盒中；把4个孔堵住，盖上盒盖，放在暗处。对蚂蚁进行饥饿处理1~2天。

学习目标

说出 肉眼观察法
　　　 放大镜观察法
　　　 显微观察法

描述 光的直线传播
　　　 光的反射、折射规律
　　　 凸透镜的成像原理

自制 放大镜
　　　 万花筒
　　　 照相机

观察 蚂蚁的觅食行为

探究 奶粉中营养成分的评估测定
　　　 小孔成像
　　　 光的传播特点
　　　 凸透镜的成像规律

关键词

- 观察法
- 光的直线传播
- 光的反射
- 光的折射
- 透镜

知识链接

蚂蚁的触角

蚂蚁，膜翅目昆虫，有触角。其触角有灵敏的嗅觉功能，帮助它寻找食物、认路、与同伴间传递信息。正是触角的存在，蚂蚁才会知道江边有蜜糖存在，才会有"霸王自刎乌江"的故事。正是触角的存在，蚂蚁才有敏锐的听觉功能，帮助它接受外界的信息，躲避危险。正是触角的存在，蚂蚁才有运动功能，帮助它感受自己的空间位置，维持身体平衡。

思维拓展 观察常见昆虫的触角，描述蟋蟀、蝴蝶、苍蝇、蛾子的触角的形态（如蚂蚁的触角像小犄角）。

---

3. 在4个相同大小的透明扁盒内分别放置等量的正方体火腿肠，这些火腿肠分别浸泡过糖水、盐水、辣椒水和白醋。

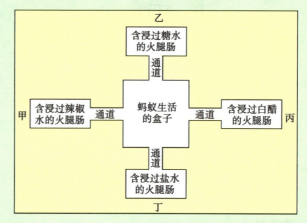

图 3-1-1 探究蚂蚁觅食行为的装置图

4. 蚂蚁通过连通的塑料管爬到不同的透明扁盒中觅食。从任一只蚂蚁接近食物开始计时，每隔 5 min 记录一次，共记录 6 次，统计不同透明扁盒内不同气味的火腿肠聚集蚂蚁的数量，将数据填入表 3-1-1 中。

表 3-1-1 不同时间各透明扁盒中蚂蚁数量的变化统计表

时间/min	甲盒蚂蚁数/只	乙盒蚂蚁数/只	丙盒蚂蚁数/只	丁盒蚂蚁数/只
5				
10				
15				
20				
25				
30				
合计				

5. 课堂时间紧张，可以在课下延长实验记录的时间。另外，课下重复上述实验，进行多次记录。

6. 分析上述统计数据，讨论蚂蚁觅食与食物的气味的关系，总结实验结论。

思维拓展 那么，蚂蚁觅食与食物的形状、颜色以及与食物距离的远近等又有什么关系呢？请你设计相关实验探寻规律。

知识链接

解读奶粉的营养成分

根据食品安全国家标准，婴幼儿配方奶粉必须含蛋白质、脂肪、碳水化合物、维生素和矿物质。除了这些必需成分外，食品安全国家标准中还规定了婴幼儿奶粉中部分可添加成分，包括 DHA、ARA、牛磺酸、肌醇、左旋肉碱、叶酸、胆碱、硒、锰、亚油酸、亚麻酸等。

实验者观察的角度通常是多样的。当以生物为观察对象时，既可以观察其形态结构、行为规律，也可以观察它们生存的环境等；对于非生物而言，既可以观察它们的物理、化学性质，也可以观察它们在生命系统中所起的作用等，如某些化学试剂能使生物组织中的有机化合物产生特定的颜色反应，可以根据能否产生特定的颜色反应来判断该物质的存在与否及其含量多少。

探究·实践

奶粉中营养成分的评估测定

奶粉有很多类型，如含糖奶粉（含有果糖、蔗糖等甜味剂）、糖尿病人专用奶粉（不含糖）、全脂奶粉、脱脂奶粉、婴幼儿奶粉……如果一袋奶粉的外包装不见了，如何确定"三高"（高血压、高血脂、高血糖）人群能否食用呢？

实验目的 检测奶粉中的有机物，对其营养成分进行科学评价。

实验原理 糖类中的还原糖（如葡萄糖、果糖、麦芽糖）与斐林试剂发生作用，生成砖红色沉淀。脂肪可以被苏丹Ⅲ染液染成橘黄色。蛋白质与双缩脲试剂发生作用，产生紫色反应。

实验器材 未知成分的奶粉、斐林试剂（甲液：质量浓度为 0.1 g/mL 的 NaOH 溶液，乙液：质量浓度为 0.05 g/mL 的 $CuSO_4$ 溶液）、苏丹Ⅲ染液、双缩脲试剂（A 液：质量浓度为 0.1 g/mL 的 NaOH 溶液，B 液：质量浓度为 0.01 g/mL 的 $CuSO_4$ 溶液）、滴管、试管、量筒等。

实验步骤

1. 将未知成分的奶粉溶于适量水中，搅拌均匀。
2. 取 6 支规格相同的试管，编号 1、2、3、4、5、6。
3. 用量筒各量取 2 mL 待测奶粉溶液，分别注入上述 6 支试管中。
4. 还原糖的检测和观察：向 1 号试管中注入 1 mL 斐林试剂（甲液和乙液等量混合均匀后再注入），向 2 号试管中注入 1 mL 清水。将上述两支试管放入盛有 50 ℃～65 ℃ 温水的大烧杯中保温约 2 min。
5. 脂肪的检测和观察：向 3 号试管中滴入 3 滴苏丹Ⅲ染液，向 4 号试管中注入等量清水，观察溶液被染色的情况。
6. 蛋白质的检测和观察：向 5 号试管中注入双缩脲试剂 A 液 1 mL，摇匀，再注入双缩脲试剂 B 液 4 滴，摇匀；向 6 号试管中加入等量清水。观察试管中出现的颜色变化。
7. 根据观察到的颜色变化判断该奶粉中是否含有还原糖、脂肪和蛋白质，从而确定"三高"人群能否食用。

知识链接

奶粉中蛋白质含量的测定方法

测定蛋白质含量的方法有很多种，目前最基本和最常用的方法是先测定总氮量，再乘以不同食品的蛋白质系数，即为食品中蛋白质的含量。目前，国家标准中测总氮量的方法仍为凯氏定氮法。该方法数值准确性和重现性较好，但检验步骤繁琐，耗时较长，不适合现场检测。近年来，科学家发明了凯氏定氮仪（图 3-1-2）来测定蛋白质含量，大大简化了测定步骤。

图 3-1-2 凯氏定氮仪

人类对外部世界的感知中 80% 的信息来源于眼睛。如果换成黑暗环境，你还能看到蚂蚁的觅食行为以及化合物与特定试剂发生的颜色反应吗？显然，只有当物体能自行发光或反射光时，我们才能看见物体，进而进行观察。光是观察的前提条件。掌握**光的传播特点**有利于我们更好地进行观察。古人很早以前就发现了光的特点，并对此提出了独特的见解。

春秋战国时期，我国大科学家墨子和他的学生做过这样一个实验：在一间黑暗的屋子朝阳的墙上开一个小孔，人对着小孔站在屋外，屋内相对的墙上就会出现一个倒立的人影。这是怎么回事呢？

知识链接

近视的朋友，教你科学利用小孔成像看清远处的景物

近视者需要佩戴近视眼镜才能使眼前的景象变清晰。近视主要是长期用眼不卫生导致晶状体变形而形成的（图 3-1-3）。

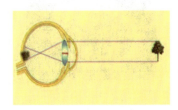

图 3-1-3 近视眼成像规律

现在教你一招：不用戴眼镜，巧用小孔成像就可以看清晰。技巧：眼睛和小孔保持适当距离，然后用三个手指构成小孔，由大缩小，你会看到远处的景物逐渐变得清晰（图 3-1-4）。

探究·实践

尝试小孔成像

实验目的 尝试进行小孔成像实验。

实验器材 蜡烛、打火机、大头针、纸盒、剪刀、固定胶、锡箔纸、半透明纸等。

实验步骤

1. 将纸盒底部用剪刀剪掉，用半透明纸蒙住纸盒的一侧，作为成像屏，将锡箔纸粘在纸盒的另一侧（图 3-1-5）。

图 3-1-4 巧用小孔成像临时解决视野模糊的方法

其原理和我们眼睛的晶状体有关，晶状体光心处的曲率小，所以经过光心的光线偏折不严重，基本保持着小孔成像的路线，最终落在视网膜上，形成相对清晰的像（图3-1-8）。

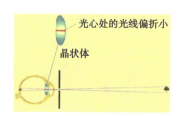

图 3-1-8 巧用小孔成像使视野清晰的原理

知识链接

天狗食日

天狗食日是民间对日食（图3-1-9）的一种俗称。月球运动到太阳和地球中间，如果三者正好在一条直线上，月球就会挡住太阳射向地球的光，月球身后的黑影正好落到地球上，这时就发生了日食现象（图3-1-10）。

图 3-1-9 日食

图 3-1-10 日食原理

日食分为日偏食、日全食、日环食、全环食。观测日食时不能直视太阳，否则会造成短暂性失明，

图 3-1-5 制作小孔成像盒

2. 将蜡烛底部与纸盒底部对齐，蜡烛上方对应的锡箔纸上用大头针扎一个小孔（图3-1-6）。
3. 点燃蜡烛，把蜡烛火焰对准小孔，在成像屏上观察蜡烛火焰的像。
4. 仔细观察成像屏上显示的烛火像，是正立还是倒立的？并且移动蜡烛观察变化。改变蜡烛与锡箔纸的距离，观察像的变化（图3-1-7）。

图 3-1-6 用大头针孔小孔　　图 3-1-7 进行小孔成像实验

注意 使用打火机和蜡烛时请注意安全！

墨子的解释是光穿过小孔如射箭一样是直线行进的，人的头部遮住了上面的光，成影在下方；人的足部遮住了下面的光，成影在上方，就成了倒立的像。这是对**光的直线传播**的第一次科学的解释。

探究·实践

光的直线传播

实验目的 探究光在同一均匀介质中的传播特点。

实验器材 激光笔、艾条、玻璃砖、打火机、透明玻璃容器、搅拌棒、牛奶等。

实验步骤

1. 探究光在空气中的传播（图3-1-11）。
   （1）点燃艾条，用透明容器倒扣住点燃的艾条，让艾条燃烧释放的烟充满透明玻璃容器。
   （2）从容器的一侧用激光笔朝另一侧照射，从容器正面观察光的传播特点。
2. 探究光在液体中的传播（图3-1-11）。
   （1）在透明玻璃容器中倒入水，从容器的一侧用激光笔朝另一侧照射，从容器正面观察。
   （2）在清水中滴入几滴牛奶，搅拌均匀后重复上述实验。
3. 探究光在固体中的传播（图3-1-11）。
   （1）将玻璃砖立在桌面上，从玻璃砖的一侧用激光笔朝另一侧照射，从玻璃砖的正面观察。
   （2）在暗处重复上述实验，从玻璃砖的正面观察，实验效果更明显。

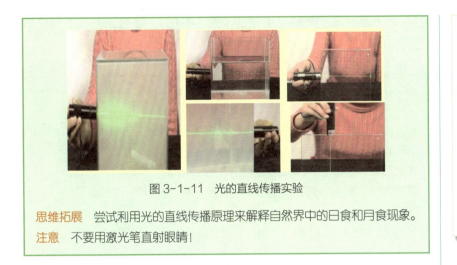

图 3-1-11 光的直线传播实验

思维拓展 尝试利用光的直线传播原理来解释自然界中的日食和月食现象。
注意 不要用激光笔直射眼睛！

光在同一均匀介质中是沿直线传播的，那么在不同介质的交界面、不同的介质之间又是怎样传播的呢？

探究·实践

光的反射

公元前 3 世纪，古罗马与古希腊交战。著名科学家阿基米德参加到叙拉古城市保卫战中，他召集城里的妇女们，让他们手持一面铜镜，站在城池边，用铜镜把阳光聚焦到罗马战舰的篷帆上，导致篷帆起火，最终入侵的战舰在靠岸之前被迫仓皇而逃。阿基米德利用了光的什么传播特点呢？

实验目的 探究光在不同介质交界处的传播规律。
实验器材 纸板、量角尺、双面胶、泡沫板、大头针、铅笔、平面镜、激光笔、护目镜等。
实验步骤
1. 用纸板做一个如图 3-1-14 所示的刻度盘，刻度盘的圆心为 O，将镜片固定在刻度盘的 90° 线上。与 90° 线垂直，通过 O 点的线 ON 为法线。
2. 用大头针将刻度盘固定在泡沫板上。
3. 在正对镜面的一侧固定好激光笔。打开激光笔，将一束光沿着某一角度射到 O 点，观察入射光线、反射光线和法线的关系（图 3-1-14）。

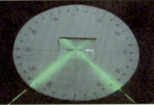

图 3-1-14 光的反射实验

4. 转动刻度盘，观察光线的变化。

注意 不要用激光笔直射眼睛！
思维拓展 尝试解释光污染现象。

光从一种介质斜射入另一种介质时，传播方向会发生改变，从而使光线在不同介质的交界处发生偏折。其中，入射光线、反射光线和法线在同一平面内，入射光线和反射光线位于法线的两侧，入

严重时甚至会造成永久性失明。日全食分为初亏、食既、食甚、生光、复原五个阶段（图 3-1-12）。

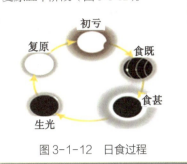

图 3-1-12 日食过程

知识链接

自制万花筒

制作材料 镜片、硬纸板、胶带、彩纸、防护手套、透明塑料纸、剪刀、美工刀、黑纸等。

制作过程
1. 戴好防护手套，将三面相同的长方形镜子镜面朝内，用胶带粘成一个三棱柱（图 3-1-13）。

图 3-1-13 制作万花筒镜筒

2. 用透明塑料纸将三棱柱柱体一端封闭。
3. 用硬纸板将三棱柱包住。
4. 向三棱柱内放入剪好的彩色纸屑。
5. 将三棱柱的另一端开口用黑色三角形纸封好，中间剪一个观察孔（图 3-1-15）。

图 3-1-15 制作万花筒的观察孔

6. 转动万花筒，进行观察。

注意 使用美工刀时请注意安全！

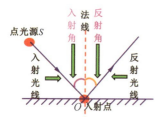

图 3-1-16 光的反射定律

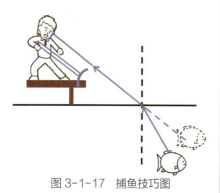

图 3-1-17 捕鱼技巧图

知识链接

解释光学名句

1. 坐井观天。
2. 立竿见影。
3. 一叶障目，不见泰山。
4. 镜花水月。
5. 猪八戒照镜子，里外不是人。
6. 玉不琢，不成器。
7. 举杯邀明月，对影成三人。
8. 海市蜃楼。
9. 大漠孤烟直，长河落日圆。
10. 绿树浓荫夏日长，楼台倒影入池塘。

射角等于反射角，光路是可逆的（图 3-1-16）。那么，光在不同介质之间如何传播呢？

探究·实践

光的折射

小明用鱼叉捕鱼，但是屡试不爽。小明看到鱼所处的位置（图 3-1-17）真的有鱼吗？

实验目的 探究光在不同介质之间的传播特点。

实验器材 筷子、玻璃砖、玻璃容器、激光笔、量角器、硬纸板。

实验步骤

1. 将筷子插入水中（图 3-1-18），整体观察筷子，你发现了什么？

图 3-1-18 插入水中的筷子

2. 用激光笔斜着照射水面（图 3-1-19），从装置正面观察，你又发现了什么？

图 3-1-19 激光在空气、水中的传播

3. 将玻璃砖放在纸板上用激光笔斜着照射，我们发现光线经过空气和玻璃两种介质时传播路线发生了偏折（图 3-1-20）。

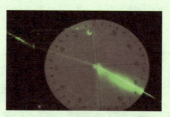

图 3-1-20 激光在空气、玻璃砖中的传播

注意 不要用激光笔直射眼睛!

思维拓展 如果你是小明，你会怎样操作来提高叉鱼的准确率呢？

经过以上一系列实验，我们了解了光在同一均匀介质中沿直线传播，光在不同介质的交界面会发生**反射**，光在不同的介质之间会发生**折射**；明白了只有物体发出的光或反射的光进入人的眼睛，我们才能看见物体。可以这么说，肉眼观察实际上是人们无意识地利用了光的反射。当然，人的眼睛本身就是一种精密的光学仪器，随着解剖医学的发展，真相正在慢慢浮出水面。

随着人类文明的进步，人们开始有意识地认识光、利用光，并希望突破肉眼观察只能分辨大于 0.1 mm 物体的障碍。伴随着透镜的产生，这一切已成为可能。

二 放大镜观察

放大镜是人们常用的观察工具之一。早在一千多年前，人们就已把透明的水晶或透明的宝石磨制成放大镜了。今天，放大镜在我们的生活、工作、学习中被广泛使用。科学家们观察微小生物，地质学家勘测地质，公安人员观察现场寻找犯罪分子留下的衣服纤维或指纹，都会使用放大镜。

肉眼观察放大镜，它材质透明，表面为球面的一部分。用手触摸放大镜，可以发现它中间厚、周边薄。实际上放大镜是透镜的一种应用。**透镜**是一种折射镜，其折射面是两个球面（球面一部分），或一个球面（球面一部分）、一个平面的透明体。它所成的像有**实像**也有**虚像**。透镜可以分为**凸透镜**和**凹透镜**。凸透镜：中间厚，边缘薄，有双凸、平凸、凹凸三种。凹透镜：中间薄，边缘厚，有双凹、平凹、凸凹三种（图 3-1-22）。

不同类型的凸透镜　　　　不同类型的凹透镜

图 3-1-22　不同类型的透镜

凸透镜的成像有怎样的规律呢？

知识链接

聚焦取火

我国西汉时期的《淮南万毕术》中记载："削冰令其圆，举以向日，以艾承其影，则火生。"山中常有这样的警示牌："请不要把装有液体的纯净水瓶或矿泉水瓶遗留在山上！"你能分析一下这是什么道理吗？

图 3-1-21　放大镜能聚焦取火

知识链接

自制放大镜

制作材料　老花镜片、薄铁皮、小木条、小圆钉。

制作过程

1. 取宽 0.5 cm、长为老花镜片周长 1.2 倍的薄铁皮，在铁皮条中线两侧用铁钉各钉出一排突起，不要钉透（图 3-1-23）。

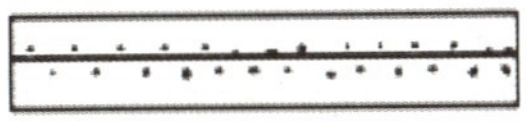

   图 3-1-23　包裹镜片的铁皮

3. 把老花镜片放在铁皮条两排突起中间，将铁皮条沿镜片边缘卷起，突起向内。

4. 取长 10 cm、宽 0.8~1.0 cm 的小木条一根，将裹住老花镜片的铁皮条两端用小圆钉钉在木条的一端（图 3-1-25）。

   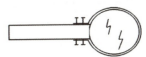

   图 3-1-25　自制放大镜模式图

探究·实践

凸透镜成像

实验目的　探究凸透镜的成像规律。

实验器材　已知焦距的双凸透镜、光具座标尺、光屏、蜡烛、粉笔等。

实验步骤

1. 把凸透镜放在光具座标尺中央，把蜡烛和光屏放在凸透镜两侧，从凸透镜的位置开始在左右两边的标尺上用粉笔标出等于焦距 f 和 2 倍焦距 $2f$ 的位置。

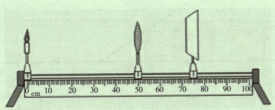

图 3-1-24　凸透镜成像装置

2. 点燃蜡烛，调整蜡烛、凸透镜、光屏的高度，使烛焰、凸透镜、光屏的中心大致在同一高度。

知识链接

眼睛的成像原理

人眼的结构相当于一个凸透镜，外界物体在视网膜上所成的像是实像（图 3-1-26）。根据经验规律，视网膜上的物像似乎应该是倒立的。可是我们平常看见的任何物体都是正立的。这个与"经验规律"发生冲突的问题，实际上涉及大脑皮层的调整作用以及生活经验的影响。

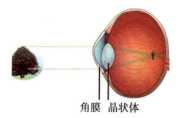

图 3-1-26 眼睛的成像原理

3. 把蜡烛放在离凸透镜尽量远的位置上，调整光屏到凸透镜的距离，使烛焰在屏上成一个清晰的像。观察像的大小、正倒，测出蜡烛与凸透镜、凸透镜与光屏间的距离，将数据记录在表 3-1-2 中。
4. 继续把蜡烛向凸透镜靠近，观察像的变化（放大还是缩小，正立还是倒立），测出蜡烛与凸透镜、凸透镜与光屏的距离，将数据记录在表 3-1-2 中。
5. 当蜡烛移到一定位置时，光屏上没有像，用眼睛直接对着凸透镜观察蜡烛的像（放大还是缩小，正立还是倒立），测出蜡烛与凸透镜、像与凸透镜的距离，将数据记录在表 3-1-2 中。

表 3-1-2 凸透镜的成像特点

蜡烛火焰与凸透镜的距离（f 表示焦距）	成实像或虚像	像倒立或正立	像所在位置（用 f、$2f$ 等表示）
$2f$ 以外			
$2f$ 处			
f 到 $2f$ 之间			
f 处			
f 以内			

科学家经过研究发现，平行于主光轴的光线通过凸透镜折射后通过焦点 F，通过焦点 F 的光线折射后跟主光轴平行，通过光心 O 的光线经过透镜后方向不变（图 3-1-27）。

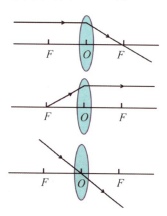

图 3-1-27 凸透镜的三条特殊光线

知识链接

利用三条特殊光线画出像的光路图

1. 物体在 $2f$（f 代表焦距）以外的成像光路图如图 3-1-28 所示。

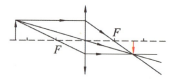

图 3-1-28 物体在 $2f$ 以外的成像光路图

2. 物体在 f 和 $2f$ 之间的成像光路图如图 3-1-29 所示。

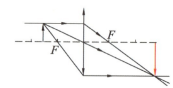

图 3-1-29 物体在 f 和 $2f$ 之间的成像光路图

思维拓展 利用三条特殊光线画出物体在 $2f$ 处、f 以内的成像光路图。

结合凸透镜的三条特殊光线和探究实验的结果，绘制出凸透镜的成像规律，如图 3-1-30 所示。

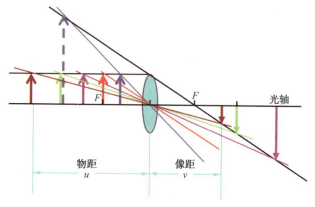

图 3-1-30 凸透镜的成像规律

表 3-1-3 对凸透镜的成像规律进行了总结，我们可以运用这些原理为生活服务。

表 3-1-3　凸透镜的成像规律及应用

物距 (u)	像距 (v)	正倒	大小	虚实	特点	物像位置关系	应用
$u>2f$	$f<v<2f$	倒立	缩小	实像	—	物像异侧	照相机、摄像机
$u=2f$	$v=2f$	倒立	等大	实像	成像大小的分界点	物像异侧	测焦距
$f<u<2f$	$v>2f$	倒立	放大	实像	—	物像异侧	投影仪、显微镜
$u=f$	—	—	—	不成像	成像虚实的分界点	—	强光聚焦、手电筒
$u<f$	$v>u$	正立	放大	虚像	physical像在物体同侧，虚像在物体之后	物像同侧	放大镜

放大镜只是凸透镜的一个应用。凸透镜还可以应用于制造其他光学设备，如照相机、摄像机、投影仪和显微镜等。我们可以根据这些原理，制作一些你感兴趣的光学设备，让我们的生活更加丰富多彩。

使用放大镜观察物体或者生物，为我们的生活、生产、学习等带来了相当多的便利。放大镜可用于金融、财税、集邮、电子行业；可用于珠宝行业，观察宝石的内部结构；可用于印刷行业，作精修版、色校正及网点、边延观察，准确测量丝网目数、网点大小、套印误差等；可用于纺织行业，对布纤维的经纬密度进行观察和分析……

放大镜虽然能通过放大物体对其进行更细致的观察，但是放大倍数有限，不能很清晰地观察到观察对象的具体状况。如何提高放大镜的放大倍数，或者制作更精密的仪器来进行更高质量的观察呢？显微镜应运而生，显微观察势在必行。

> **知识链接**
>
> **自制照相机**
>
> **制作材料**　已知焦距的凸透镜、描图纸、硬纸板、双面胶带、剪刀等。
>
> **制作过程**
>
> 1. 制作照相机纸卡，把描图纸整齐地贴在方形孔上（图 3-1-31）。
>
>
>
> 图 3-1-31　照相机卡纸制作
>
> 2. 将照相机纸卡折贴成相机盒，并预留相机镜头对应的圆孔（图 3-1-32）。
>
>
>
> 图 3-1-32　照相机的相机盒
>
> 3. 根据凸透镜的直径制成两个圆柱筒，把凸透镜卡在小纸筒的一端。大纸筒的直径等于相机盒上预留圆孔的直径（图 3-1-33）。 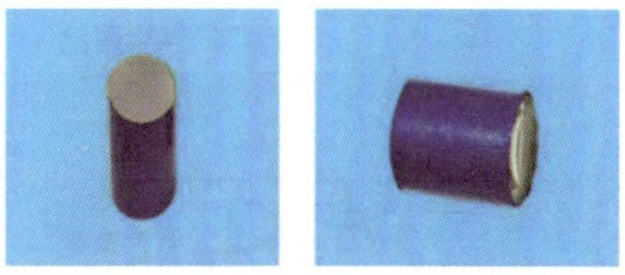
>
>
>
> 图 3-1-33　照相机的镜头
>
> 4. 在大纸筒的中间部分贴上双面胶，并将大、小纸筒套在一起，然后把大纸筒粘贴在相机盒的镜头处，保证大纸筒的中轴线与相机盒面垂直（图 3-1-34）。 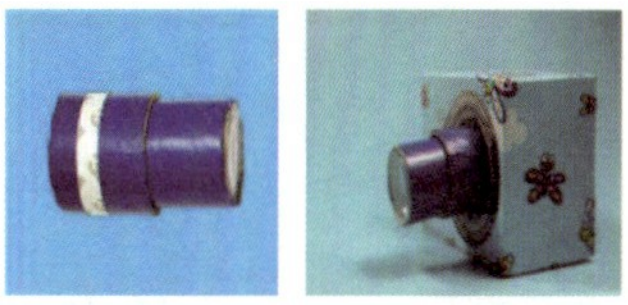
>
>
>
> 图 3-1-34　自制照相机成品
>
> 5. 想要使拍摄的效果更好，可以在相机内部全部贴上黑色的纸卡。

一、概念理解

1. 老奶奶用放大镜看报时,为了看到更大的清晰的像,她常常这样做(　　)。
   A. 报与放大镜不动,眼睛离报远一些
   B. 报与眼睛不动,放大镜离报远一些
   C. 报与放大镜不动,眼睛离报近一些
   D. 报与眼睛不动,放大镜离报近一些

2. 某同学拍毕业合影后想拍一张单身像。摄影师应采取的方法是(　　)。
   A. 使照相机靠近同学,同时镜头往后缩,离胶片近一些
   B. 使照相机靠近同学,同时镜头往前伸,离胶片远一些
   C. 使照相机远离同学,同时镜头往后缩,离胶片近一些
   D. 使照相机远离同学,同时镜头往前伸,离胶片远一些

二、科学思维

以下是观察青霉菌的实验过程:

① 培养青霉:将青霉接种到马铃薯培养基中,放在恒温箱中培养2~4天。

② 观察培养皿上菌斑的形状和颜色。

③ 使用放大镜观察霉斑,如菌丝的结构等。

④ 制作青霉临时装片:用透明胶带粘取青霉,然后将胶带贴到载玻片上,制成临时装片。观察长有孢子的菌丝顶端的形状及每一分枝上孢子的排列方式。

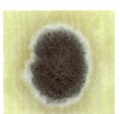

青霉菌的结构　　含青霉菌的培养基　　培养皿上的菌斑　　青霉菌的电子显微照片

请根据实验的相关内容回答问题:

(1)在这个实验中使用了哪些观察方法?从哪些方面对青霉菌进行了观察?

(2)请尝试描述观察的结果,并对青霉菌的结构做一个全面的介绍。

第 2 节　显微镜的前世今生
——显微镜的发展历程与制作

显微镜是人类历史上最伟大的发明之一。在显微镜发明之前，人类关于周围世界的感知局限于用肉眼或者靠手持透镜帮助肉眼所观察到的物体。显微镜将一个全新的世界展现在人类的眼前：人们第一次看到了数以百计的"新的"微小"动物"和"植物"，以及从人体到植物纤维等各种生物与物质的内部构造。是谁发明了这一伟大的工具？又是谁用它观察到了小视野中的大世界？让我们一起进入时光隧道去回顾一下吧！

学习目标

描述　显微镜的基本结构
　　　　普通光学显微镜的成像原理
学会　使用多种显微镜对不同的实验材料进行观察
自制　简易光学显微镜
　　　　数码显微镜

关键词

- 显微镜的发展史
- 显微镜的基本结构
- 显微镜的成像原理
- 显微镜的改造进化

一　显微镜的发明

第一台复式显微镜是由荷兰的眼镜制造商詹森父子（也有说是沙加里亚斯·杨森）于 1590 年发明的。这台显微镜是从放大镜逐步发展而成的（图 3-2-1）。

1665 年，英国学者罗伯特·虎克用自己制造的显微镜（图 3-2-2）观察了栎树皮的薄片，第一次描述了植物细胞的构造，并为这些蜂巢状的小室起名 cellar。其实，他所观察到的并非完整的活细胞，只是纤维质的细胞壁。

同年，荷兰业余科学家列文·虎克也制造出了一台显微镜（图 3-2-3）。他观察到了许多动植物的活细胞与原生动物，并于 1674 年在观察鱼的红细胞时描述了细胞核的结构，于 1680 年发现了酵母菌。正是由于列文·虎克的推动，显微镜的重要作用才引起人们的极大重视。

图 3-2-1　第一台复式显微镜

图 3-2-2　罗伯特·虎克制造的显微镜

图 3-2-3　列文·虎克制造的显微镜

科学思维

你能尝试根据图 3-2-4 说出一个凸透镜的 5 种成像规律吗?

提示:讨论 $u>2f$、$u=2f$、$f<u<2f$、$u=f$ 及 $u<f$ 时的情况。

那么,两个凸透镜如果要成放大的虚像,该如何控制两个凸透镜的距离、目镜与物像之间的距离呢?

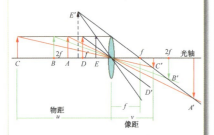

图 3-2-4 凸透镜的成像原理

知识链接

现代光学显微镜成像原理

现代光学显微镜主要由物镜、镜筒透镜(成像透镜)和目镜组成。标本经物镜和镜筒透镜放大后,形成放大倒立的实像;实像经目镜再次放大后,形成放大倒立的虚像(图 3-2-7)。

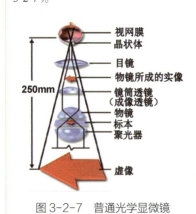

图 3-2-7 普通光学显微镜的成像原理

二 显微镜的发展

创客空间

尝试制作简易光学显微镜

大概在 1590 年,荷兰眼镜工匠詹森父子开始尝试使用镜片。他们把 2 片凸透镜放到圆形管里,发现靠近管子底部的物体得到了放大,而且比任何一片放大镜片的放大倍率要高很多,这就是第一台复式光学显微镜。如果给你两片凸透镜,该如何制作一个显微镜呢?

活动目的 尝试制作简易光学显微镜。

活动器材 2 块木块、冰棍杆子、一次性筷子、硬纸板、双面胶、木胶、2 片不同焦距的凸透镜等。

活动步骤

1. 利用硬纸板制作如图 3-2-5 所示形状,即眼罩固定片、目镜固定片、物镜、光栅(黑色)、镜筒 2 个。

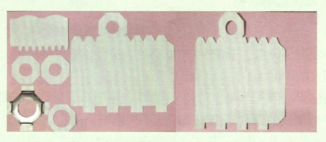

图 3-2-5 用硬纸板制作显微镜的零件

2. 将两块硬纸板折叠成筒状,用木胶将凸透镜粘贴在镜筒的目镜圈和物镜圈上,用固定片将凸透镜固定(图 3-2-6)。

图 3-2-6 将凸透镜固定在镜筒一端

3. 将折好的光栅放入目镜的镜筒底部,光栅在显微镜内部用作消除杂光,同时为镜筒提供支撑(图 3-2-8)。

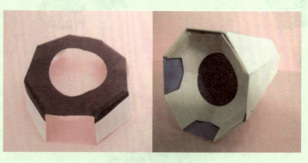

图 3-2-8 光栅的制作

4. 制作目镜眼罩,利用眼罩固定片将目镜眼罩与物镜镜筒固定,将目镜镜筒与物镜镜筒进行组装（图 3-2-9）。

图 3-2-9　目镜眼罩的制作和安装

5. 将一次性筷子、两块带孔的木块拼接成支架套件，在顶端套上皮筋（图 3-2-10）。

图 3-2-10　显微镜支架的制作

6. 用木胶将冰棍杆与显微镜镜筒连接固定（图 3-2-12）。

图 3-2-12　简易光学显微镜成品

7. 在显微镜木板上放上要观察的叶脉、纸张表面、昆虫等，然后一边观察一边调整目镜镜筒的位置，直到物体成像清晰为止。如果不能得到清晰的成像，请向上调整物镜的高度，然后调焦。

拓展应用　尝试对该自制显微镜的结构进行进一步修改完善。

知识链接

来自美国的设计团队设计了一款用纸折成的显微镜（图 3-2-11）。显微镜的大部分是由防水的纸板构成的，使用前只要根据折线将它拼接起来即可。除了用眼观察之外，手机和投影仪都可以经过它的帮助，让你看到身边的新鲜事物。

图 3-2-11　纸折式显微镜

科学思维

批判性思维

使用普通光学显微镜观察物体有哪些缺点呢?分别从操作方法、观察、记录、交流等多角度进行评价。

针对这些缺点,你有什么办法可以弥补?如何改造显微镜呢?

知识链接

手机装配显微镜可检测 DNA?

加州大学旧金山分校的研究人员研发了一种智能手机附件(图 3-2-13),用它能检测样品中 DNA 分子的长度。这一附件质量仅 190 g,价格为 400 美元,需要 3 节 AAA 电池。研究人员利用这一附件能完成数据的拷贝及疾病某些遗传特征的分析。

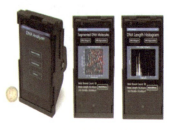

图 3-2-13 能检测 DNA 的智能手机附件

创客空间

尝试用多种方法制作数码显微镜

光学显微镜只能供一人观察使用,要分享所观察到的物像很困难,只能通过手工绘图对观察到的物像进行记录。如果让显微镜与手机、计算机、平板等电子产品相连,就可以解决这个困惑,数码显微镜应运而生。

方法一

在普通光学显微镜的目镜端连接一台手机,利用某些手机软件可以将实时观察到的物像投影到电子屏幕上,解决了物像不能共享的难题。

活动器材 普通光学显微镜、万用型手机摄影连接支架等。

活动步骤

1. 按照正确的方法操作显微镜,找到需要观察的目标,调试到最佳观看效果。
2. 将手机固定在万用型手机摄影连接支架上(图 3-2-14)。

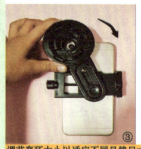 

图 3-2-14 万用型手机摄影连接支架与使用

3. 将支架套环通光孔与显微镜目镜镜头对齐,连接支架与显微镜(图 3-2-15)。
4. 如果物像太小或者周围出现黑边框,可以通过手机屏幕的缩放功能来放大物像和消除周边黑框。

图 3-2-15 简易数码显微镜 1

方法二

野外观察时随身携带显微镜较为困难。有简易装置来替代吗？手机摄像头内置了一个甚至一组凸透镜，并且可以自动调焦。你觉得简易的显微摄像头是什么呢？

活动器材 凸透镜、凸透镜固定器、智能手机等。

活动步骤 在手机摄像头后面用凸透镜固定器固定一个凸透镜（图3-2-16）。

图3-2-16 简易数码显微镜2

方法三

计算机视频摄像头也可以对观察的物像进行拍照录像并长期保存。如何改装计算机摄像头使之转变成为一台显微镜呢？

活动器材 计算机摄像头、木板、2块有机玻璃、螺杆、螺帽、垫片、LED手电筒、502胶水。

活动步骤

1. 根据螺杆的直径在木板、有机玻璃上打孔，根据LED手电筒的直径在木板上打孔，根据计算机摄像头的直径在有机玻璃上打孔，确保对应的孔在一直线上（图3-2-17）。

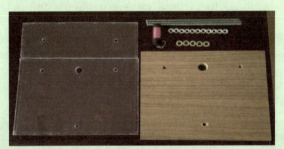

图3-2-17 简易数码显微镜的零部件

2. 按照如图3-2-19所示进行组装，制作显微镜的支架。

图3-2-19 简易数码显微镜支架

3. 将外置计算机摄像头拆开（图3-2-20）。

图3-2-20 拆卸计算机摄像头

知识链接

手机摄像头成像原理

手机摄像头的成像原理为：拍摄景物通过镜头，将生成的光学图像投射到传感器上，然后光学图像被转换成电信号，电信号再经过模数转换变为数字信号，数字信号经过DSP加工处理，再被送到手机处理器中进行处理，最终转换成手机屏幕上能够看到的图像（图3-2-18）。

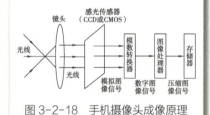

图3-2-18 手机摄像头成像原理

知识链接

分辨率

人眼的分辨率：0.2 mm 左右。
光学显微镜的分辨率：0.2 μm。
电子显微镜的分辨率：0.2 nm。

4. 将摄像头颠倒过来，用 502 胶水与原来的底座粘住（图 3-2-21）。

图 3-2-21 简易数码显微镜镜头制作

5. 将处理好的摄像头装入有机玻璃的相应孔中。在小的有机玻璃上放上标本或者装片（图 3-2-22）。

图 3-2-22 简易数码显微镜 3

6. 用摄像头的数据线连接计算机，打开计算机，在 Win7 或 Win10 系统中找到网络设置，双击 ECap.exe 打开摄像机界面，选择 USB 接口的摄像机即可看到图像。通过调节螺帽可调节摄像头镜头与标本之间的距离，实现调焦（图 3-2-23）。

知识链接

可以根据摄像头的大小，利用硬纸板、螺丝和螺帽来制作显微镜的支架（图 3-2-24）如果利用这些材料来制作，那么该如何合理设计尺寸呢？

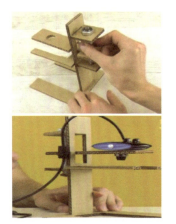

图 3-2-24 制作显微镜支架

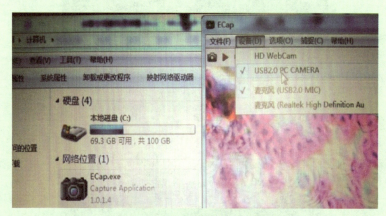

图 3-2-23 使用自制数码显微镜进行观察及采样

拓展应用 手机改装的数码显微镜可将拍摄的图像或视频通过软件（如某些授课助手）实现投屏。只要计算机在同一局域网中，主机可以随时调取观测到的图像。

技能训练

使用多种显微镜对不同实验材料进行观察

活动材料 自制光学显微镜、普通光学显微镜、多种自制数码显微镜、数码显微镜等。

活动步骤

1. 用多种不同的显微镜对同一装片进行观察（图3-2-26、图3-2-28）。

图3-2-26 光学显微镜的使用

图3-2-28 数码显微镜的使用

知识链接

光学显微镜的结构如图3-2-25所示。

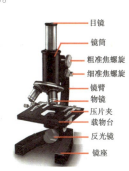

图3-2-25 光学显微镜的结构示意图

知识链接

数码显微镜（图3-2-27）可实时分享，可作为网络热点，实时共享显微镜下的图像，支持安卓、苹果操作系统或其他移动终端访问该显微镜。

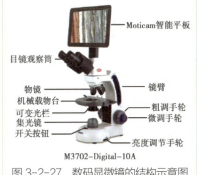

图3-2-27 数码显微镜的结构示意图

知识链接

数码显微镜交互系统（图3-2-29）解决了光学显微镜难示教、少指导、少交流、缺共享、难检测等缺点，使实验教学发生了历史性的转变，把原来老师手把手教学生，变成了师生互动、生生互动、资源共享的学习，可以明显提高课堂教学效果。

图3-2-29 数码显微镜交互系统

知识链接

不同自制数码显微镜观察 DNA 和 RNA 在细胞中的分布示意图如图 3-2-30 所示。

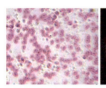

图 3-2-30　不同自制数码显微镜观察 DNA 和 RNA 在细胞中的分布示意图

2. 对观察的情况进行记录，对用数码显微镜观察的物像进行拍照保存。
3. 对多种不同的标本（永久装片、临时装片、透明标本、立体标本）进行显微观察，重复上述操作。
4. 根据观察记录，对自制显微镜进行评价，可以从操作简易程度、观察结果繁简程度、物像清晰程度、共享方法、结果记录保存等多方面入手。设计表格，总结各个显微镜的优缺点，提出后续的改进措施（表 3-2-1）。

表 3-2-1　多种显微镜的优缺点统计表

	优点	缺点	改进措施
自制光学显微镜			
普通光学显微镜			
自制数码显微镜 1			
自制数码显微镜 2			
自制数码显微镜 3			
数码显微镜			

　　微观世界中还存在着许多光学显微镜无法观察到的领域。为了探知更微小的世界，人们发明了一种新型的显微镜——电子显微镜。这种显微镜利用电子束能将物体放大 50 万倍。电子显微镜有两种基本类型：扫描电镜（研究表面结构）和透射电镜（研究内部结构）。随着科技的不断进步，新型的显微镜和其他新技术也在不断的发展。

本节自我评估

一、概念理解

1. 下列关于使用高倍显微镜的叙述正确的是（　　）。
    A. 要将位于视野右上方的物像移向中央，应向左上方移动玻片标本
    B. 目镜放大倍数是 10，物镜放大倍数是 40，则被观察的细胞面积放大 400 倍
    C. 换用高倍镜后，必须先用粗准焦螺旋调焦，再用细准焦螺旋调至物像最清晰
    D. 为了使高倍镜下的视野亮一些，可使用最大的光圈或凹面反光镜

2. 用高倍显微镜观察细胞时，正确的操作顺序应是（　　）。
    ① 将要观察的物像移动到视野中央
    ② 调节细准焦螺旋，直到物像清晰
    ③ 使低倍物镜对准通光孔
    ④ 调节反光镜，左眼注视目镜，使视野明亮
    ⑤ 转动转换器，使高倍物镜对准通光孔
    ⑥ 调节粗准焦螺旋，直到物像清晰
    A. ③④⑤②①⑥　　B. ③④⑥①⑤②　　C. ④③②⑥⑤①　　D. ③④②⑥⑤①

3. 用光学显微镜观察洋葱根尖细胞有丝分裂永久装片时，标本经物镜放大后，形成放大倒立的实像，此时标本与物镜相距（　　）。
    A. 一倍焦距以内　　　　　　　　　　B. 一倍焦距
    C. 一倍焦距与两倍焦距之间　　　　　D. 大于两倍焦距

二、工程技术

1. 利用废弃的材料制作普通光学单镜头显微镜。例如，可以利用废弃饮料瓶的盖子来固定凸透镜；可以用装电线的PVC管材来制作显微镜的支架；可以用人造有机玻璃、废弃光盘等来充当载物台；可以用乐高积木中的转轮、PVC的齿条来制作调焦镜筒（见下图）。你还能利用哪些废弃的材料来制作显微镜？

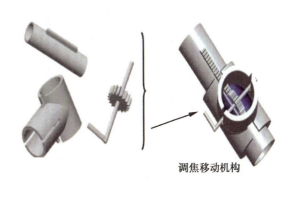

调焦移动机构

2. 利用学校的各种资源，思考如何将自制的多台数码显微镜连成一个数码显微镜交互系统。可以利用学校信息中心现成的局域网络；也可以自带手机，利用无线Wi-Fi系统，将各自的手机与教师的计算机相连接……实践一下，并且对自制的数码显微镜交互系统进行评价。

三、创客空间

自制显微镜不能只满足自己使用，同时也要在一定程度上满足市场的需求。你能把自制显微镜产品推广出去吗？你能从专业的角度评析自制显微镜的优缺点吗？

（1）请尝试为自制显微镜写一份产品装配说明书及使用说明书。

（2）请尝试为自制显微镜设计一份产品广告，并尝试将你的产品推广给其他同学。

（3）请尝试从专业的角度客观评析其他同学的自制显微镜的优缺点并写一份评析报告。

第 3 节 "微"观天下

——显微镜在生产生活中的应用

学习目标

- **说出** 显微镜的类型
  显微镜的应用范围
- **描述** 不同行业中使用的显微镜类型及其作用
- **自制** 显微摄影支架
- **调查** 不同商品的保质期
- **探究** 尝试显微摄影
  尝试辨别印刷品真假
  培养液中酵母菌种群数量的计数
  羽绒打假
  探寻食品变质的原因

关键词

- 各种显微镜
- 实践应用
- 观察检测
- 基础工具

常见的光学显微镜有普通明场光学显微镜、暗视野显微镜、荧光显微镜、体视显微镜、倒置显微镜、金相显微镜、相差显微镜、偏光显微镜、微分干涉显微镜等。这多种多样的显微镜目前已经广泛运用到与人们生产生活密切相关的各个领域,可以说显微镜已经成为一种必备的基础性工具了。

一 显微摄影——捕捉微观世界的无限奇妙

19世纪中期以前,科学家只能将看到的物像通过绘图记录下来。其中最引人瞩目的是罗伯特·虎克编写的《显微制图》一书。该书于1665年出版,描绘了肉眼从来没有看到过的显微镜观察结果,如显微镜下的各种微小生物及软木细胞(图 3-3-1)。

图 3-3-1 《显微制图》中罗伯特·虎克绘制的各种微小生物及软木细胞

人类对生命的探索从未止步,我们用长焦镜头洞察远方,用广角镜头记录宽广,而那些肉眼无法企及的微观世界,则通过显微摄影逐一呈现,尽显生命的本真至美。同时,显微摄影通过放大标本形态,真实反映生命奥秘,为研发工作提供了可靠支持。

显微摄影器材在相机发明后不久问世,由德国人威廉姆凯瑞发明。显微摄影一直紧随传统摄影的轨迹发展,从最初的胶片相机到数码相机,显微摄影技术也进行了一次次华丽的变身。拍摄的样品从蚂蚁、蜜蜂等生物的细微结构到染色切片、活细胞,再到荧光下的亚细胞结构;成像作品也从胶片升级到电子照片,再到视频录像。显微镜下的观察越来越清晰,拍摄到的图片越来越夺目(图 3-3-2)。

图 3-3-2 绚烂多彩的显微摄影作品

显微摄影是借助显微镜拍摄肉眼无法直接观察到的东西的技术,操作起来相当简单。第一种方法:只需在显微镜的目镜后架设相机,或者数码显微镜本身就是一台显微摄像机;第二种方法:用接圈将

思维知识

图 3-3-3 是一颗芦苇种子,体积比米粒还小 10 倍。从痕迹鉴定学的图像角度讲,这是一粒被烧焦过的种子。种子右上角部分的黑色卷曲状毛絮是被火烧的痕迹。刑侦学鉴定是显微摄影的科学应用之一。

图 3-3-3 显微镜下的芦苇种子

目镜和普通数码相机或单反相机连接（图3-3-4）。

图3-3-4　显微摄影装备

让我们利用显微摄影装备或者简易数码显微镜，一起来发现微观世界的美好，并让更多的人去了解吧。

知识链接

显微摄影时为了固定标本，往往需要购买显微摄影固定器，其实完全可以利用一些触手可及的材料做一个。图3-3-5是利用普通光学显微镜的力学部分制作的支架固定器。

图3-3-5　自制显微摄影支架固定器

探究·实践

尝试显微摄影

实验目的　学会利用数码显微镜进行摄影，发现"柴米油盐"的另类美，学会欣赏和创作显微画卷——味觉的视觉体验。

实验器材　普通数码显微镜、体视数码显微镜、载玻片、注射器、镊子、盐、酱油、可乐、发霉的果酱、草莓、桑葚、西兰花、动物标本等。

实验步骤

1. 用注射器抽取液体（如酱油、盐水），将液体通过注射器尖端头部滴在载玻片上，自然晾干或者烘干，放在显微镜下进行观察取景（图3-3-6）。

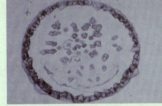 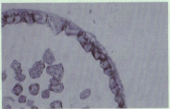

图3-3-6　一滴酱油、盐水的显微摄影

2. 将晶体盐或者其他立体材料（如草莓、西兰花等）放置在体视数码显微镜下进行观察拍摄（图3-3-8）。

图3-3-8　立体材料的显微摄影

3. 运用数码显微镜自带的软件对作品进行修饰。
4. 如果捕捉到合适的景色，可以在PPT中进行图片的编辑，加入应景的诗句，美其名曰"显微镜下的诗词"。

知识链接

普通的数码显微镜一般只能够观测生物装片，拍摄范围较窄，对于立体的实物观测与记录存在障碍。而体视显微镜就可以解决这个难题。

体视显微镜又被称为实体显微镜或解剖显微镜（图3-3-7）。利用体视显微镜观察时，进入双眼的光各来自一个独立的路径，这两个路径只夹一个小小的角度，因此观察时，样品可以呈现立体的样貌。

图3-3-7　体视显微镜

二 显微检测——鉴定印刷产品的真真假假

在经济水平不断发展的今天，一部分不法分子利用歪门邪道来牟取暴利，如有些人制造假币、假烟、假纸质文物……我们可以通过多种途径，借助多种仪器来辨别这些物品的真假。例如，可以通过验钞机来辨别纸币的真假；可以借助紫外线照射香烟包装面底部行编号，看其是否整齐来辨别香烟的真假……其实我们还可以借助多种显微镜来辨别这些印刷品。油墨是印刷过程中用于形成图文信息的物质，它直接决定印刷品上图像的阶调、色彩、清晰度等。油墨的质量可以借助荧光显微镜来进行检测（图3-3-10）。

知识链接

荧光显微镜利用一个高发光效率的点光源，经过滤色系统发出一定波长的光作为激发光，激发标本内的荧光物质发射出各种不同颜色的荧光，再通过物镜和目镜的放大进行观察（图3-3-9）。

图 3-3-9　各色滤镜

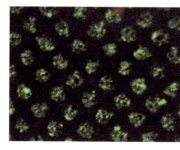

图 3-3-10　荧光显微镜下不同质地的油墨

探究·实践

尝试辨别印刷品真假

实验目的　学会使用便携式光学显微镜对人民币等印刷品辨别真假。

实验器材　便携式光学显微镜、人民币若干等。

实验步骤

1. 打开便携式光学显微镜，开启辅助光源。
2. 把被观测物人民币放于桌面上。
3. 使便携式光学显微镜水平直立，并放在观测物体的上方，和被观测物零距离接触，将被观测物的某个点调整到目镜视野范围内。
4. 从目镜口观察被观测物，慢慢上下拨动调焦轮，直至被观测物呈现最清晰的效果。
5. 对毛主席头像下侧的领子部分、安全线位置、新版100元最大的100数字部分进行观测（图3-3-11）。

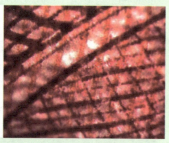

图 3-3-11　显微镜下的100元真假人民币部分图

知识链接

假钞常用经漂白处理后的普通纸制造，在紫外线的照射下会出现荧光反应；而人民币采用专用纸张制造，没有荧光反应。用紫外光源对运动钞票进行照射并同时用硅光电池检测钞票的荧光反应（图3-3-12），可判别钞票真假。除此以外，还可以做磁性检测、激光检测、红外穿透等。

图 3-3-12　验钞机

显微镜除了可以检测印刷产品的质量及真假以外，还可以用来进行微观鉴定，如检测书画等收藏品的真假或者质量（图3-3-13）。例如，可以用显微镜检测著名的油画作品——《蒙娜丽莎的微笑》

的真假。说起蒙娜丽莎，想必大家都不陌生，就是那个嘴角一弯就风靡了几个世纪的神秘女子。作品中，蒙娜丽莎的眼睛在被显微镜放大了若干倍以后，科学家找到了隐藏的微小字母"S"和"L"。字母"L"代表莱昂纳多·达芬奇(Leonardo Da Vinci)，"S"代表萨莱(Salai，也是"小恶魔"的意思)。

图 3-3-13　便携式自动对焦数码显微镜鉴定书画

除了鉴别印刷品、古玩书画的真假外，你还能想到用显微镜来辨别哪些物品的真假呢？不妨动手试一试吧。

三 显微医疗——让生命之花绽放得更美丽

显微镜在医疗领域运用相当广泛，在内科、外科都有使用，尤其在外科有着卓越的贡献。显微外科是利用光学放大设备和显微外科器材进行精细手术的学科，其中最重要的条件是利用光学放大设备手术。从广义上来说，**显微外科**不是某个专科所独有的，而是手术学科各种专业都可采用的一门外科技术，如手显微外科、妇科显微外科、泌尿显微外科、神经显微外科等。

20世纪70年代以来，显微外科技术发展特别快。世界各国纷纷成立学术团体，建立显微外科研究中心、研究所及研究室，举办显微外科技术训练班，召开国际性和地方性学术会议，出版显微外科杂志。不少手术学科的专业都先后采用显微外科技术进行该专业范围的精细手术，不断提高手术效果。我国是进行断肢再植手术最早的国家，也很早就发展了显微外科技术。

在**手术显微镜**下做手术，组织被放大，不仅能看清肉眼看不清的细小组织，而且还有立体感，有利于精确地解剖、切开和缝合各种组织（图3-3-15）。但即使是肉眼缝合血管很有经验的外科医生，如不经过专门训练，在刚开始进行显微外科手术时仍很不习惯，常会出现手眼不协调，影响显微镜下的手术操作。因此，要熟练地在手术显微镜下做好手术，需要经过一段时期的训练和适应过程。

显微镜还能为内科和妇科提供血检和尿检的数据，如血常规的检测。**血常规**是最一般、最基本的血液检验。血液由液体和有形细胞两大部分组成，血常规检验的是血液的细胞部分。血液有三种不同功能的细胞——红细胞、白细胞、血小板，通过观察它们的数量变化及形态分布可以判断疾病，是医生诊断病情的常用辅助检查手段之一。

知识链接

黄公望（1269—1354年），字子久，号一峰，江苏苏州常熟人；元朝著名画家，"元四家"之首；擅画山水，所作水墨画笔力老到，简淡深厚，又于水墨之上略施淡赭，世称"浅绛山水"。存世作品有《富春山居图》《九峰雪霁图》《丹崖玉树图》《天池石壁图》等（图3-3-14）。我们可以使用显微镜来辨别这些作品的真伪。

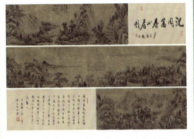

图 3-3-14　临摹版富春山居图

知识链接

Robert D.Acland 与显微外科

Robert D.Acland 在国际手外科与显微外科甚至整个外科界都享有极高的声望。国内很多医生都看过他的解剖视频并受益。他是世界上第一个提出显微外科医生应该进行及如何进行技能训练的人。他改进了用于显微外科手术的针和线，发明了"Acland 微血管钳"，开发出了更小的针和螺纹用于显微手术。

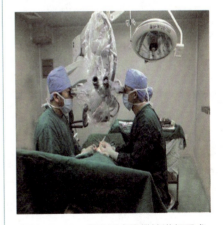

图 3-3-15　借助手术显微镜进行手术

知识链接

血液中每种细胞的含量都在一定的范围内。医生可以根据这些数据来判断病因。如图 3-3-16 所示为血常规报告单（部分）。

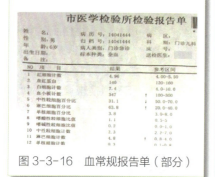

图 3-3-16　血常规报告单（部分）

知识链接

随着科技的发展，对血液中各类指标的检测已经进入自动化时代（图 3-3-19）。

图 3-3-19　全自动血液细胞分析仪

如何对血液中的血细胞进行计数呢？需要借助血细胞计数板。血细胞计数板有上下 2 个计数室，有 2 种规格：一种是 16 格 ×25 格，即一个计数室（大方格）中含有 16 个中方格，1 个中方格中含有 25 个小方格，其中位于正中及四角的 5 个中方格是细胞计数区域；另一种规格是 25 格 ×16 格，即一个计数室（大方格）中含有 25 个中方格，1 个中方格中含有 16 个小方格，其中位于四角的 4 个中方格是细胞计数区域（图 3-3-17）。

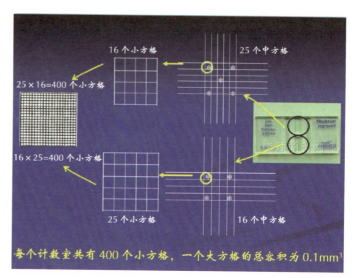

图 3-3-17　不同规格的血细胞计数板

❋ 1 个小方格中细胞的计数原则

方框内部的＋相邻两边及其所夹顶角含有的细胞数。例如，图 3-3-18 中按照左上及所夹顶角，则为 6 个；按照右上及所夹顶角，则为 6 个；按照左下及所夹顶角，则为 6 个；按照右下及所夹顶角，则为 5 个。

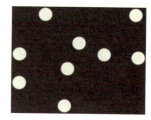

图 3-3-18　小方格中细胞的计数

❋ 细胞总数的计算方法

16 格 ×25 格的血细胞计数板计算公式（计数 5 个中方格）：
细胞数 /mL＝100 小方格内细胞数 /100×400×10^4× 稀释倍数

25 格 ×16 格的血细胞计数板计算公式（计数 4 个中方格）：
细胞数 /mL＝80 小方格内细胞个数 /80×400×10^4× 稀释倍数

血液的采集需要专业的工具和熟练的技巧，保存需要凝血剂，分层需要离心机，操作实践有一定的困难。现用酵母菌来替代计数对象红细胞，进行下列实践。

探究·实践

培养液中酵母菌种群数量的计数

酿酒和做面包都需要酵母菌，这些酵母菌可以用液体培养基（培养液）来培养，培养液中的酵母菌种群的增长情况与发酵食品的制作密切相关。

实验目的　使用数码显微镜对培养液中的酵母菌进行计数。
实验器材　数码显微镜、酵母菌培养液、血细胞计数板等。

实验步骤
1. 对一支试管（可定为 10 mL）培养液中的酵母菌进行逐个计数是非常困难的，可以采取抽样检测的方法。
2. 将盖玻片盖在计数室上，用吸管吸取酵母菌培养液，滴于盖玻片边缘，让培养液自行渗入，多余培养液用滤纸吸去。待细胞全部沉降到计数室底部后，将计数板放在载物台的中央，对一个小方格内的酵母菌进行计数。
3. 如果一个小方格内的酵母菌过多，可以按照一定的比例进行稀释。
4. 根据公式，估算出试管中的酵母菌总数。

思考延伸 如何对培养液中的活酵母进行计数呢？请设计实验。

知识链接

酵母菌简介

酵母菌是一种真菌，土壤是它的大本营。葡萄皮上附着有酵母菌。酵母菌主要营出芽生殖。图 3-3-20、图 3-3-21 圈中的酵母菌正在进行出芽生殖，计数的时候算一个细胞。

图 3-3-20 光学显微镜下的酵母菌

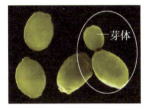

图 3-3-21 特殊处理的酵母菌电镜图

很多医疗数据的获得都要借助显微镜，也有一些病因直接可以借助显微镜观测到的图像来判断。例如，在皮肤科、美容业，可以借助显微镜对皮肤的状态进行观测，然后采取适宜的治疗方法或者美容措施（图 3-3-22）。

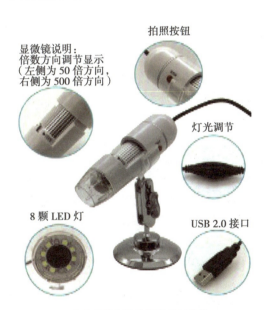

图 3-3-22 数码显微镜在美容业的应用

知识链接

常见的几种问题性皮肤

1. 衰老性皮肤：干燥、皱纹、下垂、松弛无弹性。
2. 皮肤色素斑：雀斑、黄褐斑、继发性色素沉着、老年斑、真皮层斑。
3. 暗疮性皮肤：毛孔粗大、粉刺、暗疮。
4. 敏感皮肤：皮肤薄而细腻，微血管清晰可见。
5. 干性皮肤。
6. 油性皮肤。

四 显微工业——创造智能世界的无限微小

显微镜在工业生产中应用广泛，正是显微镜的加入，让原本体积较大的零件逐渐精细化，让原本体积较大的电子产品逐渐掌上化。手机从模拟信号到现在的数字化、智能化，电视机从原来的"大箱子"到现在的液晶化超薄显示等，这些无疑都有显微镜的功劳。

工业上使用的显微镜主要分为以下几类：

金相显微镜：用于钢铁、金加工行业的材料分析（图 3-3-23）。
体视显微镜：用于现场检查，PCB、液晶等行业用得比较多（图 3-3-24）。
测量显微镜：用于微电子及精细加工业（图 3-3-25）。

图 3-3-23 金相显微镜

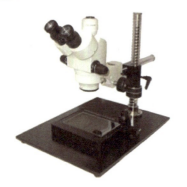

图 3-3-24　体视显微镜

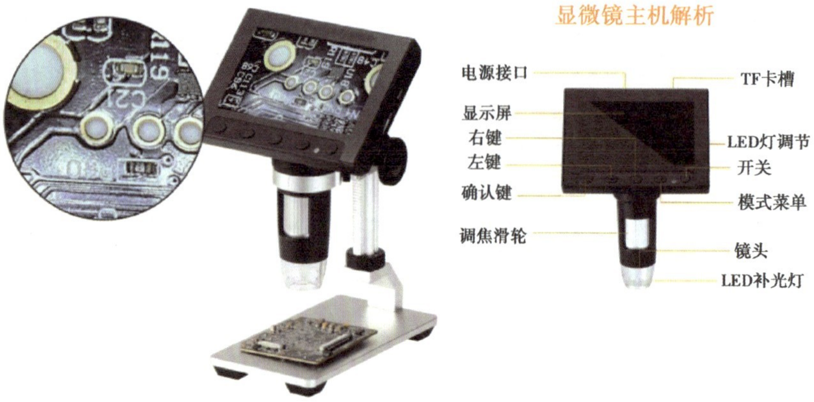

图 3-3-25　测量显微镜

测量显微镜采用透射、反射的方式对工件长度和角度做精密测量，特别适用于电子、机械精加工行业，可以用来测量电子线路的宽度和精细小工件的几何尺寸，以及用于其他精密零件的测量。测量显微镜广泛地适用于计量室、生产作业线以及科学研究等部门。

测量显微镜采用高精度的工作平台，并配有高精密数显测微头，操作方便，可靠性强，仪器放大倍数高。工作台除作 X、Y 坐标的移动外，还可以做 360°的旋转，也可以进行高度方向 Z 坐标的测量。测量显微镜照明系统除作透射、反射照明外，还可作斜光线照明。

知识链接

笔记本电脑进水急救措施

如果笔记本电脑不幸进水，可以快速拆开，将电路板和 CPU 放在太阳底下晒干或者用吹风机吹干（图 3-3-26）。

图 3-3-26　维修人员拆卸笔记本电脑

探究·实践

电路板的检测

工业检测显微镜或者专用的电路板检测显微镜可以让微小的电路连接、电路检测更加容易；同时带来了电子时代的飞跃，使电子产品的体积越来越小，越来越轻便。

实验目的　使用便携式简易数码显微镜或测量显微镜检测电路板，并且运用软件测量电路板中零件的大小。

实验器材　便携式简易数码显微镜或测量显微镜、电路板。

实验步骤

1. 将废弃的电路板或者玩具芯片放置在载物台上，用压片夹压住（图 3-3-27）。

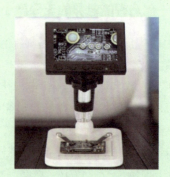

图 3-2-27　使用测量显微镜观察芯片

2. 打开光源，调节光源亮度，通过变焦钮调焦，使视野清晰（图 3-3-28）。

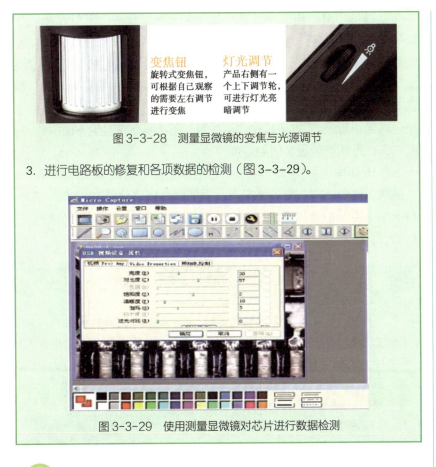

图 3-3-28　测量显微镜的变焦与光源调节

3. 进行电路板的修复和各项数据的检测（图 3-3-29）。

图 3-3-29　使用测量显微镜对芯片进行数据检测

五　显微纺织——披上科技成分的无限舒适

随着生活水平的提高，人们的穿衣品位逐步提升，在要求衣服式样新颖的同时，更注重质地的柔软亲肤以及轻盈。桑蚕丝、棉麻、羽绒等材料备受消费者青睐。某些不法商贩受利益的驱使，以次充好、李代桃僵。这时候我们可以选择普通光学显微镜和荧光显微镜来进行辅助辨别。

传统显微镜的一个显著弊端是存在干扰信号，这种干扰是由于试样所处的视平面不在聚焦点的位置，或者试样的一部分不在观测范围内。通常采取观察纤维横截面的方法来改善上述现象。不同质地的纺织材料的纵面形态和横截面形态如图 3-3-31 所示。

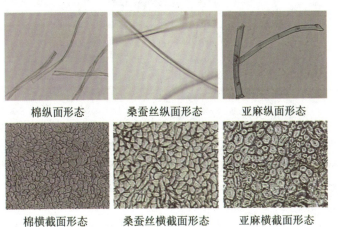

图 3-3-31　多种纺织材料的纵面、横截面形态图

知识链接

纺织业大省

纺织业是国民经济传统支柱产业和国际竞争优势明显产业。江苏纺织行业拥有规模以上企业 7000 多家（含纺织机械生产企业），2017 年实现主营业务收入 1.38 万亿元，占全国纺织业的 20.1%，产销规模位居全国第一；实现利润总额 806.7 亿元，占全国纺织行业的 21.4%，增长 9.8%，增速高于全国纺织行业 2.9%；出口额为 489.67 亿美元，同比增长 7.76%。传统的生产工艺与检测方式已经无法满足快速发展的纺织业需求。科技的发展给纺织业注入了新的活力，如利用先进的扫描电镜等工具研究纺织产品及其材料的化学与机械物理性能，创造产业用纺织品材料。这就大大拓宽了纺织业的应用领域，开拓了新的市场和高新技术的特殊产品，如电子纺织材料、智能纺织材料、细胞组织支架材料和纤维织物柔性显示器等。

知识链接

纤维切片器

纤维切片器（图 3-3-30）用于将纤维或纱线切成极微小的横截面薄片。两块 1.6 mm 厚的不锈钢底板组成切片器左右底板，在右底板上有宽为 0.8 mm 的嵌样槽，它与左底板上的塞片配合将试样推紧。

图 3-3-30　纤维切片器

显微镜还可以用于羽绒真伪优劣的判断。优质的羽绒是生长于鸭子胸前的小绒朵，柔软保暖，蓬松度高。因其成本较高，一些不法商家常常以次充好，用粉碎后的"飞丝"甚至鸡毛充当鸭绒。"飞丝"就是俗称的"假羽绒"，由提绒后的鸭、鹅等禽毛粉碎而成，颜色与真羽绒非常相似，但手感粗糙，比较硬，不仅不保暖，且由于缺乏高温消毒工艺，加工成的"羽绒服"还可能存在卫生方面的隐患。所以，在选购羽绒服装时要仔细辨别。

2016年中羽协对三个电商平台羽绒制品质量的抽查结果如下：共抽取204个样本，分品类来看，羽绒服合格率分别为82.5%、75%和50%；羽绒被合格率分别为72.5%、53.1%，其中一个平台抽取的4件产品合格率为0。

知识链接

羽毛

羽毛是禽类表皮细胞衍生的角质化产物，被覆在体表，质轻而韧，略有弹性，具防水性，有护体、保温、飞翔等功能。羽毛按构造可分正羽、绒羽、半绒羽、纤羽和粉䎃5类（图3-3-32）。

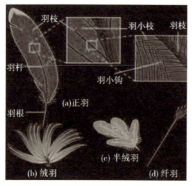

图3-3-32 羽毛分类

探究·实践

羽绒打假

一件羽绒服是否合格，要经过物理、化学等一系列项目的检测后再进行判定。羽绒服与其他纺织服装的不同在于填充物是羽绒，因此羽绒是否合格相当重要。羽绒是否合格要经过13个项目的检测来判定。

实验目的 使用数码显微镜检测羽绒产品中的羽绒是否合格。

实验器材 数码显微镜、羽绒产品的真空羽绒标、鸡正羽根部的羽片、鸭绒羽、镊子、液体石蜡、载玻片、盖玻片等。

实验步骤

1. 拆开羽绒产品的真空羽绒标（图3-3-33），用镊子将其中的羽绒轻轻放到培养皿中。
2. 用解剖针将适量羽绒均匀平铺在载玻片上。
3. 加上液体石蜡（注意不要带入气泡），盖上盖玻片。
4. 将装片放置在显微镜的载物台上，正确使用数码显微镜，利用数码显微镜的显示屏观察羽绒的形态。
5. 将鸡正羽根部的羽片、鸭绒羽分别按照上述方法制成装片，在数码显微镜下进行观察（图3-3-34）。

图3-3-33 真空羽绒标

鸡正羽根部的羽片　　　　鸭绒羽

图3-3-34 显微镜下的鸡正羽与鸭绒羽

6. 将实验结果进行对比，判断羽绒产品中的羽绒是否合格。

思考延伸 水禽的绒羽保暖效果要强于陆禽，保暖效果依次是：白鹅绒＞灰鹅绒＞白鸭绒＞灰鸭绒。保暖性与这些绒羽的结构有什么关系呢？请设计实验来探究。

知识链接

羽绒质量检测项目

判断羽绒质量的优劣需要检测以下项目：充绒量、耗氧量、羽绒清洁度、羽绒蓬松度、含绒量、嗜温性需氧菌、粪链球菌、亚硝酸还原梭状芽孢杆菌、沙门氏菌等。

含绒量检测是羽绒检测中最重要也是最耗时的一项实验，一般需要2人同时工作2天才能完成（图3-3-35）。

图3-3-35 含绒量检测

给纤维做横截面的方法虽然可以改善试样所处的视平面不在聚焦点的位置及试样一部分不在观测范围内的弊端,但是这种方法需要耗费大量时间来准备纤维切片,而且最终观测到的结果是平面图像,只能间接地推导出纤维的立体形态。**共聚焦显微镜**就可以解决上述问题(图 3-3-36、图 3-3-37)。

图 3-3-36　共聚焦显微镜重构的纱线表面图像　　　　图 3-3-37　非共聚焦时纱线同一位置表面图像

共聚焦显微镜在焦平面上形成连续的点光源对样品进行扫描,每一次只清楚地扫描样品的一个点。它的原理为:一方面激光需经过物镜焦平面上的针孔,这样激光就被聚焦在一个给定焦平面上,从而有效地抑制了同一焦平面上非测量光点形成的杂散荧光和样品不同焦平面发射来的干扰荧光。另一方面,激光束线性地扫描样品,所以荧光只在一个点上被激发,这样可以线性地检测到标记,并电子成像。如果观测到真实的截面形态,可以合成叠加不同焦平面上的图像,这样就消除了导光现象造成的误差。

六　显微食品监督——让冰冷机器温暖你的消化道

符合国家食品安全法的食品包装上都会显示其保质期,家里常使用的商品其保质期是否符合规定呢?

> **调查走访**
>
> **商品保质期调查**
>
> **活动目的**　走访各大超市调查常用商品的保质期是否符合规定。
>
> **活动步骤**
>
> 1. 确定调查商品的种类和名称,列表便于统计。
> 2. 走访各大超市,对不同品牌的同一商品的保质期进行调查。对家中多种常用商品重复上述调查。
> 3. 对照国家标准 GB 7718—2011《预包装食品标签通则》,确定商品是否合格。

食品超过保质期一段时间后会发生变质,有的可能霉变,有的可能产生毒素。特别是开封以后的食物,其保质期会缩短,更容易变质。食品腐败变质的罪魁祸首是什么呢?

> **知识链接**
>
> **毒过砒霜的致命霉菌**
>
> 黄曲霉毒素是迄今为止发现的毒性和致癌性最强的天然污染物,是黄曲霉(一种常见腐生真菌)和寄生曲霉产生的次生代谢产物。在温度 28 ℃~33 ℃、湿度 80%~90% 的环境中,黄曲霉菌很快就会产生毒素。发霉的花生和玉米、变味的坚果、泡久的干货、用久的筷子是最受黄曲霉毒素眷顾的地方。

> **探究·实践**
>
> ### 探寻食品变质的原因
>
> **实验目的** 利用显微镜寻找食品变质的原因。
>
> **实验器材** 多种腐败变质的食物（如肉类、鱼类、粮食、面食、蔬菜、水果、罐头等）、解剖针、载玻片、盖玻片、显微镜等。
>
> **实验步骤**
> 1. 选择食物变质的部位，用解剖针刮取少许，涂抹在滴有少量蒸馏水的载玻片上，盖上盖玻片。
> 2. 将临时装片放到显微镜的载物台上，正确使用显微镜，进行观察。
>
> **思考延伸** 根据引起食物腐败变质的微生物的特征，思考如何延长自制食品的保质期。

图3-3-38 自制柠檬酱腐败变质的原因

食品腐败变质的原因是多样的，归纳起来有以下几种：因微生物的繁殖引起食品腐败变质；因空气中氧的作用引起食品成分的氧化变质；因食品内部所含氧化酶、过氧化酶、淀粉酶、蛋白酶等的作用，促进食品代谢作用的进行，产生热、水蒸气和二氧化碳，致使食品变质；因昆虫的侵蚀繁殖或有害物质的间接与直接污染致使食品腐败。

在食品腐败的诸多因素中，微生物的污染是最活跃、最普遍的因素，起主导作用。一般来说，鱼、肉、果蔬类食品以细菌作用最为明显，粮食、面制品则以霉菌作用最为显著。图3-3-38所示是变质的自制柠檬酱，其腐败的主要原因是霉变。

显微镜不仅在微距摄影、刑侦破案、众多检测、纺织织造、电子工业、医疗美容、食品监督等行业中被广泛应用，而且在农业生产、珠宝鉴定、文玩字画、邮票鉴定、水产养殖、科技科研等行业中也占有不可或缺的地位。可以这么说，显微镜已经成为这个时代最有力的基础工具之一。

作为新时代的学生，我们应该与时俱进，掌握一些有关显微镜的基本知识，如基本光学原理、常见的基本类型、基本的操作步骤等。也期待随着科技的发展，发明越来越多功能强大的显微镜，使其成为我们生活生产的得力助手。

本节自我评估

一、概念理解

1. 下列显微镜中，能够呈现标本的立体样貌并被称为解剖显微镜的是（　　）。

   A. 金相显微镜　　　B. 体视显微镜　　　C. 荧光显微镜　　　D. 测量显微镜

2. 图1是一块血细胞计数板正面示意图，其上有几个计数室？图2是计数室中一个小方格的酵母菌分布示意图（⬤代表酵母菌），计数时该小格中酵母菌的数量应计为多少个？

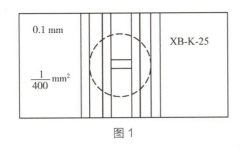
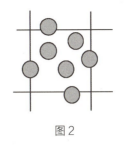

图 1   图 2

二、科学思维

1. 智能手机显微镜可以运用到中药饮片真伪的鉴定上。请借助网络查阅相关资料，找出下列药物的外形特点及区别，借助智能手机显微镜判断你买到的到底是不是真药吧。

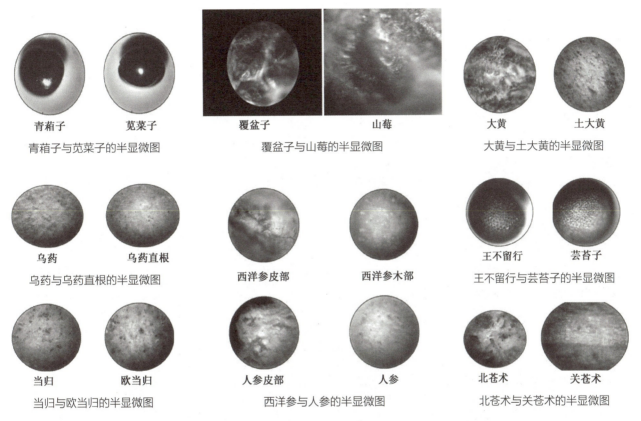

青葙子　苋菜子
青葙子与苋菜子的半显微图

覆盆子　山莓
覆盆子与山莓的半显微图

大黄　土大黄
大黄与土大黄的半显微图

乌药　乌药直根
乌药与乌药直根的半显微图

西洋参皮部　西洋参木部

王不留行　芸苔子
王不留行与芸苔子的半显微图

当归　欧当归
当归与欧当归的半显微图

人参皮部　人参
西洋参与人参的半显微图

北苍术　关苍术
北苍术与关苍术的半显微图

2. 通过网络调查显微镜还能应用到哪些行业中，针对身边存在的一种职业进行采访，了解该行业使用的显微镜的类型和用途。

一、概念理解

1. 从网上或图书馆查阅有关显微镜发展的资料,尝试描述显微镜发展的历史,评价它们对细胞研究的影响。
2. 尝试比较光学显微镜与电子显微镜的差别。
3. 描述光学显微镜在日常生活中的应用,尝试评价它们对人类生活的影响。

二、实践操作

小明想通过自制的数码显微镜测量显微镜下物体的大小,但是他不清楚自制的数码显微镜的放大倍数。他通过上网查阅资料发现:如果知道透过显微镜看到的视野直径,就可以测量所观察物体的大小。大多数显微镜视野的直径在低倍镜(×100倍)下是1.5 mm(1500 μm),在高倍镜(×400倍)下是0.375 mm(375 μm)。请回答下列问题:

(1)小明首先利用学校实验室中的标准显微镜进行了相关操作。他首先用低倍镜观察物体a,观察的视野示意图如图1所示。已知视野的直径是1500 μm,你能帮他估算出物体a的长度吗?那么物体b的长度估计是多少?

(2)小明接着用高倍镜观察物体a,观察的视野示意图如图2所示。已知视野的直径是375 μm,你能再次帮他估算出物体a的长度吗?他在低倍镜和高倍镜下同时测量物体a的目的是什么?

(3)小明接着用自制的数码显微镜观察物体a,观察的视野示意图如图3所示,你能估算出小明自制显微镜的放大倍数吗?那么物体c的长度估计是多少?

(4)小明对实验过程及结果进行了反思,觉得实验的成功存在一定的偶然性。你觉得如何才能提高该实验的成功率?请与同学交流你的观点。

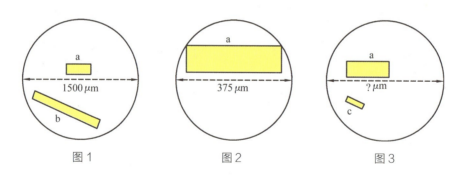

图1　　　　　　　　图2　　　　　　　　图3

第 ▶ 智慧生活
——学生编程与人工智能

当今世界，科技进步日新月异，互联网已经融入社会的方方面面，电子阅读、移动学习、掌上办公、智慧医疗等崭新的数字化学习、工作和生活方式正促使我们大步走向全数字时代。在不久的将来，你的一天很可能是这样度过的：

清晨，卧室灯光自动慢慢变亮，窗帘自动轻轻打开，温湿度自动调节系统悄然启动，电视自动打开并播放早间新闻，你最爱听的音乐此时也自动响起，你需要做的是——睁开眼睛，用自己喜欢的方式起床！智能灯光系统、智能窗帘系统和智能家电系统为你带来美好心情，开启崭新的一天！

出门，随着锁门动作，智能安防系统立即启动，所有开启的灯光自动熄灭，窗帘自动闭合，家用电器自动进入设定模式，电子管家开始工作。你随时可以通过手机或计算机远程登录安防系统，实时监控家中状况。智能安防系统让你放心离家，后顾无忧。

下班途中，你只要打个电话给电子管家，便可远程开启空调、热水器、地暖等。回到家，把车停在自动开关门的车库里后，当你来到家门前，走廊上的灯自动亮起，屋内灯光系统自动开启回家场景。只要你愿意，背景音乐系统或家庭影院系统将随时为你提供服务。

晚上，只要一键切换到就寝模式，窗帘、灯光都将自动调节到位，为你营造最舒适的入睡氛围。

这样的智慧生活令人期待！它的到来，有赖于通过编程语言开发的人工智能的健康快速发展。在这一章，就让我们来初步了解编程并走近人工智能吧。

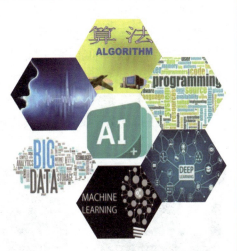

内容提要

* 学生编程语言
  Scratch 趣味编程
  Python 代码编程
* 人工智能、物联网、3D 打印及其发展
* 物联网、人工智能等的搭建、实验过程
* Scratch、Python、3D 设计软件的使用

本章学习意义

科技在日新月异地发展，科技更是智慧生活的本源。通过本章的学习，你将了解并掌握学生编程、3D 打印、人工智能、物联网等技术及其最新发展。

第 1 节 3D 打印
——数字造物

学习目标

- 说出 3D 打印原理
- 描述 3D 打印的应用领域
- 概述 3D 打印流程
- 学会 制作三维模型
         操作 3D 打印机
         模型切片

关键词

- 3D 打印
- 3D 打印技术
- 三维模型
- 模型切片
- FDM

知识链接

五种常见的 3D 打印技术
FDM —— 熔融沉积制造。
SLA —— 光固化快速成型。
LOM —— 叠层实体制造。
SLS —— 选择性激光烧结。
3DP —— 三维打印成型。

2014 年 8 月，北京大学一个研究团队为一位身患脊椎恶性肿瘤的 12 岁男孩做了一台世界上前所未有的手术，医生并未采用传统的脊椎移植手术，而是为他定制了一根 3D 打印植入管并替换了发生病变的脊椎。这根植入管是通过先进的 **3D 打印技术** 制造出来的。

采用先进技术的 **3D 打印机** 与普通打印机的工作原理基本相同，只是打印材料不是墨水和纸张，而是金属、陶瓷、塑料、砂等实实在在的原材料。在计算机控制下，3D 打印机可以把"打印材料"层层叠加起来，最终"打印"出真实的 3D 物体。

3D 打印技术作为一项新兴技术，对增强我国制造业自主创新能力具有重要意义，已在航空航天、汽车模具、生物医疗、电子制造、建筑、军事等领域发挥重要作用。3D 打印机也悄悄地来到了我们身边，慢慢地融入了我们的学习、工作和生活。

一 3D 打印之原理——虚实融合

3D 打印技术 又叫增材制造技术或快速成型技术，是一项正在改变世界、改变未来的技术。它可以把人们在数字世界中的奇思妙想带到真实世界之中；可以把你的天马行空、异想天开、不可思议变为真实的物体；可以对产品进行个性化、特殊化的定制。它使制作活动变得简单，让我们每个人都可以成为创造者。

3D 打印技术有许多种，目前最常见的是 FDM（熔融沉积制造）技术。采用该技术的 3D 打印机（图 4-1-1）的打印材料一般为 PLA（聚乳酸）、ABS（工程塑料）、蜡、尼龙等。打印时，以丝状供料，材料在喷头内加热到约 210 ℃被熔化，喷头沿建好的数字模型截面轮廓和填充轨迹运动，同时将熔化的材料挤出；材料遇冷迅速固化，并与周围的材料黏结；每一个层面都是在上一层基础上堆积而成的，上一层对当前层起到定位和支撑的作用，就像糕点师用裱花棒制作蛋糕的过程一样；最终形成我们看得见、摸得着的三维物体，从而把计算机中虚拟的数字文件变成实实在在的物品（图 4-1-2）。

图 4-1-1 3D 打印机

图 4-1-2 3D 打印作品

工程技术

尝试设计扇子图案

活动目的　学画檀香扇图案。
活动器材　尺、纸、笔头较粗的笔、计算机、檀香扇等。
活动步骤

1. 上网搜索，欣赏千姿百态的檀香扇，感受图案之美。
2. 在纸上临摹檀香扇图案，体会图案线条的特点。
3. 用尺量一量扇叶各部分的长度，记录相应数据。
4. 估算檀香扇展开时，每片扇叶约占几度。
5. 设计一片扇叶图案，画出草图（图4-1-3）。

图4-1-3　扇叶草图

思维拓展　扇叶上的4个小圆孔各有什么用处？

知识链接

3D打印源自19世纪美国的照相雕塑和地貌成形技术，20世纪80年代已有雏形。

1984年，Charles Hull研发了3D打印技术。

1986年，Charles Hull发明了立体光刻技术。

1986年，Michael Feygin研发了LOM技术。

1988年，Scott Crump研发了FDM技术。

1988年，第一台3D打印机SLA-250诞生。

1989年，C.R.Dechard博士研发了SLS技术。

1993年，Emanual Sachs研发了3DP技术的雏形。

工程设计时，画草图可以把我们的创意具体化。养成画草图的习惯可以提高工作效率。

二　3D打印之过程——按部就班

 三维建模

三维模型的获得有两种方法：一是使用计算机建模软件建立三维模型；二是通过三维扫描仪，对实物进行扫描，获得三维模型文件。建模软件和3D打印机之间协作的标准文件格式为STL文件。STL文件使用三角面来近似模拟物体的表面，三角面越小，其生成的表面分辨率越高。

常见的计算机三维建模软件有SolidWorks、Autodesk Fusion 360、AutoCAD等，适合青少年计算机三维建模的软件有3DOne、TinkerCAD、Autodesk 123D Design等。

用3DOne制作的键盘和小挂件三维模型如图4-1-4所示。

图4-1-4　三维模型

知识链接

3D打印流程

设计3D模型
↓
导出STL格式
↓
模型切片
↓
开始3D打印
↓
冷却
↓
去底座和支撑
↓
精修模型

科学思维

我们在 3DOne 中，使用草图中的绘制、编辑命令很难画出图 4-1-5，有没有其他可以解决问题的办法？

图 4-1-5　扇片图案

DIY·建构模型

建构模型

活动目的　尝试建立魔方的三维模型（图 4-1-6）。

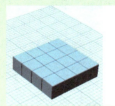

图 4-1-6　魔方

活动器材　计算机、3DOne 软件等。

活动步骤

1. 创建一个 2 mm×2 mm×2 mm 的立方体。
2. 选中 12 条棱做圆角为 1 的处理。
3. 分别在 X 轴、Y 轴、Z 轴方向进行阵列。
4. 双击魔方的一个面，更改颜色。

我们在建三维模型时，应熟练掌握软件中的各种工具，并灵活运用它们，遇到困难时才能找到解决问题的办法。

工程技术

尝试设计制作扇叶的二维模型

活动目的　设计制作扇叶的二维模型。

活动器材　计算机、画图软件等。

活动步骤

1. 在 Windows 自带的画图软件中将笔宽设为 2 mm 左右。
2. 根据草图，画出扇叶图案（图 4-1-7）。

图 4-1-7　反色前

3. 选中全图，进行反色处理（图 4-1-8）。

图 4-1-8　反色后

思维拓展　如果软件中没有"反色"工具，该怎么办呢？

除了 Windows 自带的画图软件外，我们也可以用其他的画图软件完成图 4-1-8，如 Photoshop 等。图画好后，保存为图片文件"扇1.bmp"。

接着利用 3DOne 中的浮雕工具，建立扇子的三维模型。

"浮雕"面板中的参数设置可以参照图 4-1-9。

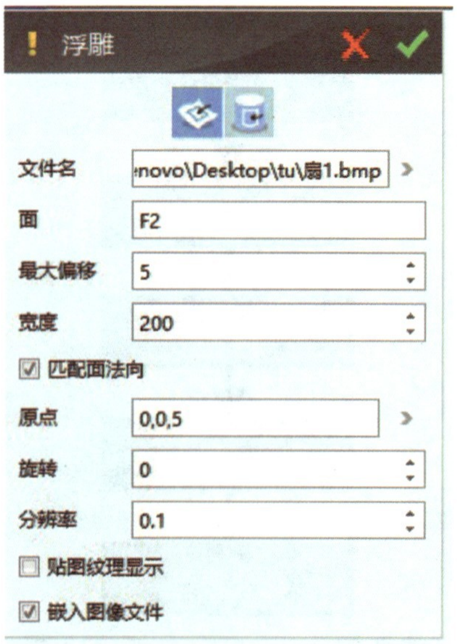

图 4-1-9　"浮雕"中的参数设置

工程技术

尝试制作扇叶的三维模型

活动目的 制作扇叶的三维模型。

活动器材 计算机、3DOne 软件等。

活动步骤

1. 在 3DOne 中，创建一个 220 mm×40 mm×5 mm 的立方体。
2. 单击浮雕命令，将图"扇 1.bmp"贴于立方体上。设置"浮雕"面板相应参数，得到过渡模型（图 4-1-10）。

图 4-1-10　过渡模型

3. 创建一个 240 mm×50 mm×4 mm 的立方体，和过渡模型相减，删除多余的外框。
4. 将图形向下平移 4 mm，得到扇叶模型（图 4-1-12）。

图 4-1-12　扇叶模型

5. 将其导出为 STL 格式文件。

✿ 模型切片

通过计算机建模软件建好的三维模型在送到 3D 打印机打印之前，需要将模型"分区"成逐层的截面，即模型切片，从而指导打印机逐层打印。

模型切片软件（图 4-1-13）是一种 3D 软件，可以根据你选择的参数设置将 STL 等格式的模型进行水平切割，从而得到一个个平面图，无论形状多么复杂，对每一层来说都是简单的平面矢量扫描组。同时，该软件还能计算出打印机打印模型需要的时间、消耗打印材料的长度和质量，并将这些信息统一存入 Gcode 文件中。

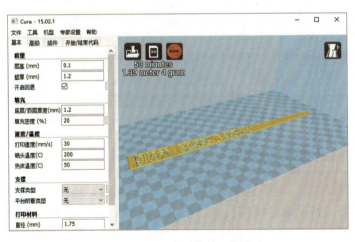

图 4-1-13　切片软件示意图

科学思维

在 3DOne 中，将扇叶模型变成一把展开的扇子（图 4-1-11），会用到什么命令？需注意哪些问题？请动手试一试。

图 4-1-11　展开的扇子

知识链接

模型切片八件事

1. **层高**：每层耗材的高度。层高越低，成品表面越平滑，打印耗时越长。

2. **壁厚**：数值越大，3D 打印机打印出的外墙越厚。

3. **开启回退**：3D 打印机需要越过中空部分时，将耗材回拉并停止挤出耗材的过程。可以关闭。

4. **填充密度**：通常情况下，填充密度在 10%～20%。如果需要更坚固的产品，也可以选择 75% 以上的填充密度。

5. **打印速度**：一般推荐速度是 40～60 mm/s，打印过程中也可以根据要求随时改变。

6. **支撑类型**：通过添加支撑的方式，可以为最终模型创造一个没有下垂的高质量环境。常见的支撑类型有"树状""网格"等多种形状。

7. **平台附着类型**：平台附着力不够时，在物体底面周围增加环绕一层。

8. **底层/顶层厚度**：通常切片软件中默认的厚度为 0.3～0.5 mm，这个数值可以较为快速地构建坚固的底座，并且可以很稳定地贴在平台上。

> **技能训练**
>
> **尝试模型切片**
>
> 活动目的　对导出的 STL 格式文件进行切片处理。
>
> 活动器材　计算机、切片软件 Cura 等。
>
> 活动步骤
>
> 1. 在切片软件中导入"扇叶.STL"文件。
> 2. 调整模型的大小及位置。
> 3. 设置切片参数,记录打印扇叶所需时间、所需材料的长度和质量。
> 4. 将生成的 Gcode 文件保存到 SD 卡中。注意文件的命名一定要用字母、数字,不能用中文。
>
> 思维拓展
>
> 1. 打印一把扇子(按 22 片计)所用时间、材料各多少?
> 2. 如何提高打印效率?

切片软件需预先进行机型设置,将 3D 打印机的参数配置等信息设置好,以保证模型的顺利打印。

❖ 控制打印

3D 打印可以联机打印,也可以脱机打印。联机打印是指计算机和打印机连接,3D 打印机接收到指令后开始打印模型。脱机打印需借助 SD 卡(图 4-1-14),在读取 SD 卡中 Gcode 文件信息后才能进行打印。

图 4-1-14　SD 卡

> **知识链接**
>
> 3D 打印机在首次使用时或搬动后,需进行平台调整。按下旋钮,选择"准备""自动回到原点""关闭步进驱动",然后用手移动喷头,检查喷嘴与平台之间的间隙是否为一张 A4 纸的厚度(0.1 mm 左右)。若是,可以直接使用;若不是,则用扳手调整四周压有弹簧的螺丝,直到间隙满足要求为止。

> **工程技术**
>
> **尝试打印作品**
>
> 活动目的　进行 3D 控制打印。
>
> 活动器材　SD 卡、3D 打印机等。
>
> 活动步骤
>
> 1. 将 SD 卡插入 3D 打印机卡槽。
> 2. 启动 3D 打印机,进入就绪状态。
> 3. 选择 SD 卡中的文件,按下旋钮,机器自动升温打印。
> 4. 打印结束,取出扇叶(图 4-1-15),继续打印下一片。
>
>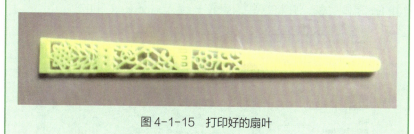
>
> 图 4-1-15　打印好的扇叶

> **知识链接**
>
> 美国莱斯大学的 Bagrat Grigoryan、Kelly Stevens 和 Jordan Miller 等,通过三维光刻技术,使用生物相容的水凝胶,3D 打印了一个包含血管和气道的肺脏模型,在其中实现了血液的氧合;还构建了一小块肝脏,移植到小鼠体内后成功存活。该技术有助于破解当前人们遇到的移植器官源匮乏的难题。

三　3D 打印之优势——改变未来

和传统加工方式相比,3D 打印能节省材料、降低成本、缩短生产周期,特别适合结构复杂、个性化制造及创新构思的产品制造,提高了难加工材料(如陶瓷、钛合金)的可加工性。其在生产中能耗低，污染物排放少，节约资源。

理论上，我们只要一台3D打印机、一个想法、一些材料，就能将脑海中的一切变为实体。饿了，可以打印食物；冷了，可以打印衣服；要休息了，可以打印房子……

英国纽卡斯尔大学组织工程学教授车康恩以供体干细胞、藻酸盐和胶原蛋白为原料，创造出一种特制的"生物墨水"，首次采用3D打印技术打印出人眼角膜。这种生物打印技术很可能在几年后解决世界范围内眼角膜短缺问题。

四 3D打印之应用——包罗万象

目前3D打印技术广泛应用于工业造型、航空航天、军事、建筑、影视、家电、轻工、医学、考古、文化艺术、教育、儿童玩具设计与制造等领域，并随着这一技术本身的发展，其应用领域还将不断拓展。

2010年，世界上第一辆3D打印汽车Urbee问世。

2011年，英国制造出世界上第一台3D巧克力打印机。

……

创客空间

尝试精修模型 完成作品

活动目的 对模型进行打磨、后处理。

活动器材 剪刀、砂纸、透明线、扇钉、扇坠等。

活动步骤

1. 将打印好的扇叶用砂纸打磨平整。
2. 用剪刀剪去多余的细丝。
3. 用透明线逐一穿好扇叶。
4. 用扇钉固定扇柄。
5. 挂上扇坠（图4-1-17）。

图4-1-17　扇子图

据报道，3D打印机已经打印出耳朵、肾脏、骨头等人体器官，但这些打印的"器官"要真正应用于临床，还有相当长的一段路要走。而大多数时候，通过3D打印只是打印出了模型，没有打印出具有功能的产品。尽管如此，3D打印技术使得虚拟的数字世界、现实世界和人紧紧相连，形成了前所未有的信息回路，必将对未来人们的生产和生活产生深远的影响。

知识链接

据报道，在南京江北新区的云驰街接驳站有一座3D打印的公交站台（图4-1-16），站台内不时响起音乐，还充满了新科技元素：扫码无人售货机、人机交互触屏查询机、全透明显示屏、具有人脸识别功能的视频监控。这个站台，从生产到装配，再到最后亮化，全程只用了4天。其用3D打印技术制作的空心墙体结构有隔热保温功能，冬暖夏凉。打印材料中掺入了40%的建筑垃圾混凝土，不仅降低了价格，还绿色环保。建造这样一个公交站台可以消耗约10 t建筑垃圾。目前南京有2000多个公交站台需要改造，3D打印站台无疑将是一个很好的尝试方向。

图4-1-16　3D打印站台

无独有偶，在上海市普陀区智慧湾科创园有一座已正式投入使用的3D打印混凝土步行桥（图4-1-18），全长26.3 m，宽3.6 m，单拱结构。整座桥用了两台机械臂3D打印系统，仅花费了35天就完成了，却可使用30年。这座3D打印桥运用了我国自主开发的混凝土3D打印技术。桥上还安装了实时监测系统，可即时收集桥梁受力及变形状态数据，对于跟踪研究新型混凝土材料性能以及打印构件的结构力学性能有实际作用。

图4-1-18　3D打印桥

一、概念理解

1. 三维建模标准文件格式的扩展名是（　　）。
   A．.STL　　　　　B．.BMP　　　　　C．.EXE　　　　　D．.DAT
2. 下列各项物品，不能用 3D 打印机打印的是（　　）。
   A．机器人　　　　B．巧克力　　　　C．水　　　　　　D．花瓶
3. 3D 打印最早出现的是 LOM 技术，LOM 最早应用的领域是（　　）。
   A．航天航空　　　B．立体地图　　　C．生物医疗　　　D．工业制造
4. FDM 技术的成型原理是（　　）。
   A．叠层实体制造　B．选择性激光烧结　C．熔融沉积制造　D．三维打印成型

二、思维拓展

1. 未来的 3D 打印会是怎样的？你现在最想用它来打印什么物品？理由是什么？

2. 印章在我国有着悠久的历史。早在殷商时期，作为权力的象征和社会交往的凭信，人们开始了印章的使用。如右图所示为用 3D 打印的一枚印章，仔细观察，回答下列问题：

   （1）印章上的文字有哪些特点？

   （2）3D 打印的印章和用石头雕刻的印章在制作过程、实际使用等方面有哪些异同？

   （3）上网了解印章在我国的历史、印章的种类、印章的故事、印章的材质……

   （4）设计制作一枚属于自己的 3D 印章。

3. 下图是苏州高新区实验小学校"梦月之星"队参加由欧洲航天局（European Space Agency）、空中客车（Airbus）、欧特克（Autodesk）共同举办的"2019 月球营地全球挑战赛"的作品，该作品获得 13 岁以下组别非欧洲航天局成员国组第二名。

   比赛要求：设计一个能维持至少两名宇航员生命的三维月球营地。要求能够利用当地资源（如月球土壤、水冰、太阳能等），设计能解决宇航员生存所需要的氧气、水、食物、能源等的技术方案（应包含回收系统、食品生长室等），保护宇航员免受陨石袭击、辐射伤害，且可以在月球上进行各种科学研究。

   请你根据要求也来设计一个三维模型，如果可以，请把它用 3D 打印机打印出来。

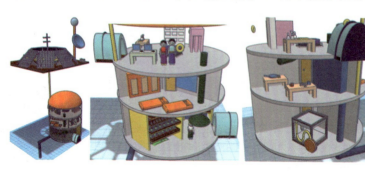

第 2 节 Scratch
——积木搭建

在数字世界中，几乎所有的东西都运行在计算机代码之上。因此，似乎人人都应该懂一点编程。

2013年，美国发起"编程一小时"活动。在开幕式上，时任总统贝拉克·侯赛因·奥巴马这样讲道："世界上所有的人都应该学习编程，这关系到个人和国家的未来。"他自己以身作则，当场写下一行代码"moveForward(100);"（这段代码中的"F"需要大写，括号和分号必须正确），成为美国历史上首位编写计算机程序的总统。这种基于文本的编程语言对于语法的要求极为严苛，不能写错任何一个符号，哪怕多一个空格也不行，否则程序就会出错。

那有没有一种可以不必考虑语法，不用理会格式，便于我们学习且足够严谨的编程软件呢？有，它就是 **Scratch**——一款面向 8 岁以上儿童的可视化编程软件。它使用表示各种信息（动作、声音、画笔、控制、侦测……）的积木块，通过**积木搭建**方式，使得编程非常直观、易学。同学们可以自己去探索各个积木的作用，在探索和体验中掌握编程基本方法，领悟程序设计原理。

学习目标

说出 Scratch 的优点
描述 Scratch 的特点
概述 学习 Scratch 的意义
学会 用 Scratch 编程
　　　画矢量图
　　　使用变量
　　　使用链表

关键词

- Scratch
- 矢量图
- 少儿编程
- 创新思维
- 积木搭建

一　Scratch——为了孩子

Scratch 是麻省理工学院（MIT）媒体实验室的"终身幼儿园团队"（Lifelong Kindergarten Group）通过借助计算机帮助青少年学习，在 2007 年正式发布的适合青少年编程的软件。目前，Scratch 已经成为全球公认的学生编程最佳入门工具。Scratch 软件的标志是一只可爱的小猫（图 4-2-1）。

让学生学习编程，不是为了把他们培养成为程序员，而是要发展他们的想象力、创造力，训练他们的逻辑思维、计算思维。在 Scratch 中，我们只需在积木块中填入相应的内容，按一定的逻辑结构拼接，就可以轻松地实现自己的创意，并将程序的结果在舞台区域展示出来，深受年轻人的喜爱。

图 4-2-1　Scratch 软件的标志

下面是用 Scratch 软件编写的作品《扇子》（图 4-2-2）。它将掷骰子、玩游戏模式引入 Scratch 创意编程，让使用者在玩中学，增加对扇文化的了解，更加热爱中华文明。

封面

封二

知识链接

Scratch 是一种积木式编程软件。在 Scratch 2.0 中，共有十类不同的模块，分别是动作、事件、外观、控制、声音、侦测、画笔、运算符、数据、更多模块。每一模块又包含若干积木，同一种模块中的积木用相同颜色表示。N 个积木卡合在一起，形成脚本。积木式编程的好处是不容易出错，便于理解。

科学思维

图 4-2-3 中程序运行后，得分会是多少？

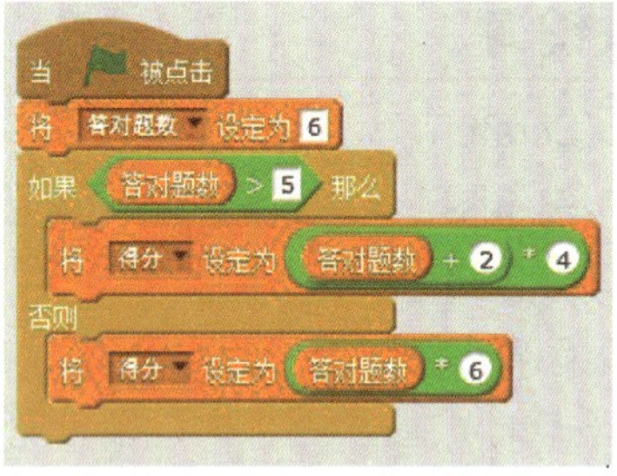

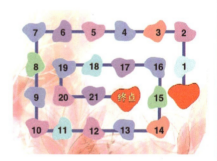

图 4-2-3　答题得分脚本

知识链接

图片分为矢量图和位图。位图放大后，图像会模糊，边缘呈锯齿状；矢量图不论放多大，图像依然清晰，不会失真。这是因为它们在计算机中的保存方式不同。我们在绘制造型时，尽量用矢量编辑模式，不但图像清晰，而且便于修改。

图 4-2-2　《扇子》主要画面截图

二　Scratch——轻松入门

✿ 创意

你想做一个怎样的作品？其中包含哪些角色？在舞台上会做怎样的呈现？这是我们在编程前需要考虑的问题。做一本相册、一本错题集，甚至一个需背公式大全……

> **创客空间**
>
> **尝试构思作品**
>
> **活动目的**　进行作品的创意。
> **活动器材**　计算机、纸、笔等。
> **活动步骤**
> 1. 想一想，你对什么最感兴趣，用笔写下来。
> 2. 在纸上设计作品的封面、主界面、结束页等，把设计过程中遇到的问题写下来。
> 3. 想一想，在作品的创作过程中，可能还会遇到什么问题？怎样去解决这些问题？
> 4. 在纸上完善设计草图。

✿ 设置背景

在 Scratch 中，背景图的设置可以从库中选择图片或从外部导入图片，也可以自己创作。

> **创客空间**
>
> **尝试制作背景**
>
> **活动目的**　设置作品的不同背景。
> **活动器材**　计算机、Scratch 软件等。
> **活动步骤**
> 1. 在 Scratch 舞台背景中插入封面图片。
> 2. 插入带有操作说明的封二图片。
> 3. 绘制棋盘，大小、形状、颜色等自定（图 4-2-4）。
> 4. 插入结束页背景图。
> 5. 对各背景图进行规范命名。

图 4-2-4　背景图——棋盘

※ 设置角色

在 Scratch 中，角色同样可以从库中导入或从外部导入，也可以自己创作（图 4-2-5）。

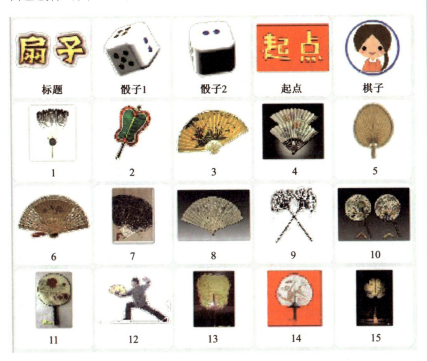

图 4-2-5 角色

标题：在图形处理软件中，设置好标题的效果图，再截取图片，导入角色。

骰子：骰子 2 需要导入多个造型，点击后才能产生滚动效果，可在三维模型制作软件中画一个骰子，然后从不同的角度截图，也可以绘制骰子不同角度的造型。骰子 1 出现在封二中，骰子 2 出现在主界面中。

创客空间

尝试设置角色

活动目的　按照创意设置不同角色。
活动器材　计算机、Scratch 软件等。
活动步骤
1. 搜集、绘制、整理角色素材。
2. 切换到 Scratch 角色窗口。
3. 根据需要导入不同的角色。
4. 给角色进行规范命名。

※ 音效制作

为作品配音，可从库中导入，也可自己录音。如果发现录的声音不满意，可在编辑和效果项中进行调整。

创新思维

Scratch 可以和一些硬件设备相连，通过编程，操控硬件设备完成任务，解决一些实际问题。

你想解决什么问题？需要哪些硬件配合？脚本又该如何搭建？试着动手做一做。

知识链接

在 Scratch 中，舞台中间的坐标是（0,0），水平方向为 X 轴，垂直方向为 Y 轴，采用的是直角坐标系，又叫笛卡尔直角坐标系。笛卡尔是法国著名哲学家、物理学家、数学家、神学家，对现代数学的发展做出了重要的贡献，他因将几何坐标体系公式化而被认为是解析几何之父。

创新思维

输入三个数，分别是正多边形的边数、个数、边长，就能画出相应图形。例如，输入 5，8，50 就能画出图 4-2-6。请编程。

图 4-2-6 组合图形

科学思维

如何制作如图 4-2-7 所示的下雪图呢？我们要用到克隆积木。首先插入背景图，绘制角色——一片雪花。

图 4-2-7　下雪图

雪花脚本分两部分：一是将绘制的雪花作为原角色，不断重复克隆自己，产生大量的雪花；二是当作为克隆体启动时，雪花随机纷纷飘落下来。

雪花脚本参考如下：
当绿旗被点击
隐藏
重复执行
① 移到 x:(在 -240 到 240 间随机选一个数)y(180)
② 克隆自己
当作为克隆体启动时
显示
将角色的大小增加 (在 -100 到 100 间随机选一个数)
在 2 秒内滑行到 x:(在 -240 到 240 间随机选一个数)y(-180)
将虚像特效增加 25
删除本克隆体

想一想：为什么要加最后一行"删除本克隆体"？

创客空间

制作作品音效

活动目的　录制声音，准备音频素材。
活动器材　计算机、Scratch 软件、录音用耳机等。
活动步骤

1. 连接录音用耳机和计算机。
2. 给角色录音或从外部导入音效（图 4-2-8）。

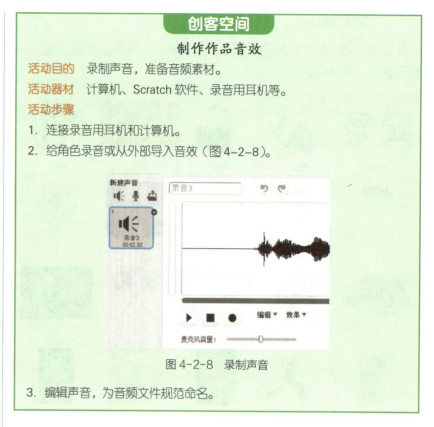

图 4-2-8　录制声音

3. 编辑声音，为音频文件规范命名。

❄ 积木搭建

每一个角色在进行积木搭建时都需要考虑以下问题：什么时候出现在舞台？做什么？什么时候退出舞台？当绿旗被点击时一般需要隐藏（图 4-2-9）。

图 4-2-9　角色 3（扇子）的脚本

我们也可以给角色增加一些动画效果（图 4-2-10）。

图 4-2-10　角色标题的部分脚本

第4章 智慧生活
——学生编程与人工智能

创客空间

尝试搭建脚本（一）

活动目的 开始搭建脚本。
活动器材 计算机、Scratch 软件等。
活动步骤

1. 切换到 Scratch 脚本窗口。
2. 为标题搭建脚本，想一想，它是什么时候出现在舞台的？做了什么？什么时候退出舞台？
3. 为其他角色——搭建脚本。
4. 试着运行一下，看看遇到了什么问题，想一想该如何解决。

注意 当绿旗被点击时一般需要隐藏。

知识链接

Scratch 软件的特点：
1. 图形化：可爱的造型迎合小孩子的兴趣。
2. 操作简单：积木式的图形拖拽即可。
3. 程序功能全面：基本程序要求都能够满足。
4. 资源广阔：内设资源和拓展资源非常丰富。

三 Scratch——挑战难度

❋ 链表

使用链表，给每个格子定位，使得小女孩能沿着格子前进。
（1）新建链表 x、y。
（2）将棋盘上 22 格的坐标分别输入链表 x、y 中（图 4-2-11）。

图 4-2-11 链表

创客空间

尝试搭建脚本（二）

活动目的 设置链表。
活动器材 计算机、Scratch 软件等。
活动步骤

1. 观察图 4-2-11，里面的数值有什么规律？
2. 想一想，13~22 格的坐标应该是多少？
3. 完成链表 x、y 中数值的设置。
3. 试着运行一下，看看遇到了什么问题，想一想该如何解决。

❋ 变量

棋子是根据骰子产生的随机数在棋盘上行走的，这就需要我们设置变量来控制棋子的位置。所以在主界面中的骰子 2 被点击时，它的脚本如图 4-2-13 所示。

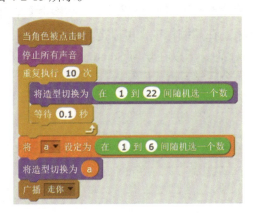

图 4-2-13 骰子 2 部分脚本

科学思维

图 4-2-12 中程序运行后，b 的值是多少？

图 4-2-12 求 b 值的脚本

115

科学思维

在 Scratch 中，我们可以定义带参数 n 画五角星的模块（图 4-2-14）。

图 4-2-14 定义模块的脚本

采用不同参数调用这些模块（图 4-2-16）。

图 4-2-16 调用模块的脚本

画出如图 4-2-17 所示的图形。

图 4-2-17 练习图

因为骰子投出的是 1～6 之间的随机数，所以小女孩超过终点时常需要后退，解决的办法见图 4-2-15。

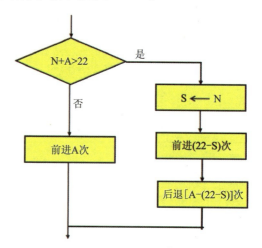

A：骰子产生的随机数
N：女孩在棋盘中的位置
S：临时变量

图 4-2-15 流程图

> **创客空间**
>
> **尝试搭建脚本（三）**
>
> 活动目的　根据流程图搭建脚本。
> 活动器材　计算机、Scratch 软件等。
> 活动步骤
> 1. 想一想，角色运行时，要用到几个变量？分别代表什么？
> 2. 根据流程图（图 4-2-15）给小女孩搭建脚本。
> 3. 想一想，应在什么地方给变量初始化？
> 4. 试着运行一下，看看还有什么问题，想办法解决它。

Scratch 软件，不仅可解数学难题、创作音乐、制作动画、模拟科学实验、实现交互游戏等，还能寓教于乐，让我们在创作中获得乐趣。不要认为它只能用于娱乐，其实，Scratch 和其他主流编程语言的逻辑思维、计算思维是一样的。它在编程中同样包含了程序的三种基本结构（顺序结构、循环结构、分支结构），包含了变量、数组、模块等编程要素。在慧编程中，可以把 Scratch 软件搭建的脚本直接转换成 Python 代码。所以在学习 Scratch 时，我们应树立正确规范的编程思想，为今后学习用代码编程打好基础。

一、概念理解

1. 下列各项中,在 Scratch 提供的素材库中没有的是(　　)。
 A. 角色库　　　　　B. 声音库　　　　　C. 背景库　　　　　D. 动画库
2. Scratch 造型中有位图模式和矢量模式,矢量模式特有的工具是(　　)。
 A. 椭圆　　　　　　B. 选择
 C. 变形　　　　　　D. 复制
3. 积木 清空 的作用是清空(　　)。
 A. 背景　　　　　　B. 画布
 C. 舞台　　　　　　D. 角色
4. 运行如右图所示的程序,结果正确的是(　　)。
 A.　　　　　　　　B.
 C.　　　　　　　　D.

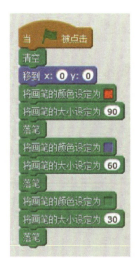

二、科学思维

1. 掷骰子的小游戏通常只考虑一个人玩。如果需要两个人交替进行,就需要两枚棋子,脚本也需要修改。请你尝试修改程序并运行,与你的伙伴一起玩一玩。
2. 将本节《扇子》小游戏中的各种扇子角色换成其他角色,如班级各种集体活动照片、各种濒危动物等,完善程序并运行。

第 3 节　万物皆可联
——物联网就在身边

学习目标

- 说出　物联网的起源与发展　物联网的概念
- 描述　"程小奔"获取空气质量的方法
- 概述　"程小奔"获取空气质量的步骤
- 学会　用"程小奔"获取空气质量

关键词

- 物联网
- 物联网的定义
- 程小奔

"万物皆可联。"物联网是新一代信息技术的重要组成部分，也是"信息化"时代的重要发展里程碑。

物联网是物理设备相互连接构成的网络，包括智能手机、车辆、家用电器等与计算机连接和交换数据的物品。有人声称，物联网将彻底改变未来10年或100年计算机网络的使用方式；而另一些人则认为物联网只是概念炒作，对大多数人的日常生活并没有太大的影响。

一　物联网的起源与发展

物联网作为一种模糊的意识或想法的出现，可以追溯到 20 世纪末。1995 年，比尔·盖茨在《未来之路》一书中就已经提及类似于物品互联的想法，只是当时受限于无线网络、硬件及传感设备的发展，并未引起人们的重视。

1999 年，美国麻省理工学院 Auto-ID 研究中心的创建者之一 Kevin Ashton 教授在他的一个报告中首次使用了"Internet of Things"这个短语。

事实上，Auto-ID 中心的目标就是在 Internet 的基础上建造一个网络，实现计算机与物品（Objects）之间的互联，这里的物品包括各种各样的硬件设备、软件、协议等。

经过工业界与学术界的共同努力，2005 年，"物联网"终于大放异彩。这一年，国际电信联盟（ITU）发布了题为《ITU 互联网报告 2005：物联网》的报告，物联网概念开始正式出现在官方文件中。

在我国，2009 年 8 月，时任国务院总理温家宝视察中科院物联网技术研发中心（无锡）时指出并强调："要尽快突破物联网核心技术，把传感技术和 TD 的发展结合起来。"此后，我国政府对物联网的多次提议和众多规划表明物联网的高速、深度发展已正式开始。

二　物联网的概念

物联网的英文名称为"Internet of Things（IoT）"。顾名思义，物联网就是"物物相连的互联网"。它有以下两层含义：

第一，物联网的核心和基础仍然是互联网，物联网是在互联网基础上的延伸和扩展。

第二，物联网是比互联网更为庞大的网络，其网络连接延伸到了任何物品和物品之间，这些物品可以通过各种信息传感设备与互联网连接在一起，进行更为复杂的信息交换和通信。

物联网的概念模型如图 4-3-1 所示。

图 4-3-1　物联网的概念模型

三 物联网的定义及特征

❋ 物联网的定义

目前较为公认的物联网的定义是：通过射频识别（RFID）装置、红外感应器、全球定位系统、激光扫描器等信息传感设备，按约定的协议，把任何物品与互联网相连接，进行信息交换和通信，以实现智能化识别、定位、跟踪、监控和管理的一种网络。

❋ 物联网的特征

一般认为，物联网具有以下三大特征：

全面感知。 利用 RFID、传感器、二维码等随时随地获取物体的信息。

可靠传递。 通过无线网络与互联网的融合，将物体的信息实时准确地传递给用户。

智能处理。 利用云计算、数据挖掘以及模糊识别等人工智能技术，对海量的数据和信息进行分析和处理，对物体实施智能化的控制。

> **科学思维**
>
> **物联网认识方面的误区**
>
> 误区之一：把传感器网络或 RFID 网等同于物联网。
>
> 误区之二：把物联网当成互联网的无限延伸，把物联网当成所有物的完全开放、全部互联、全部共享的互联网平台。
>
> 误区之三：认为物联网就是物物互联的无所不在的网络，因此认为物联网是空中楼阁，是目前很难实现的技术。
>
> 误区之四：把物联网当成个筐，什么都往里装。基于自身认识，把仅仅能够互动、通信的产品都当成物联网应用。

四 物联网的关键技术

欧盟于 2009 年 9 月发布的《欧盟物联网战略研究路线图》中列出了 13 类关键技术，包括：标识技术、物联网体系结构技术、通信技术、网络技术、网络定位和发现技术、硬件技术、数据和信号处理技术、软件和算法技术、发现与搜索引擎技术、电源和能量储存技术、关系网络管理技术、安全和隐私技术、标准化和相关技术。

物联网的发展也遇到了一系列的技术障碍与瓶颈，主要表现在五个方面：技术标准问题、安全问题、协议问题、IP 地址问题、终端问题。

五 利用"程小奔"监测空气质量

空气质量（Air Quality）的好坏反映了空气污染程度，它是依据空气中污染物浓度的高低来判断的。空气污染是一个复杂的现象，在特定时间和地点，空气污染物浓度受到许多因素的影响。

> **探究·实践**
>
> **利用"程小奔"获取空气质量**
>
> **实验目的** 利用"程小奔"获取空气质量。
>
> **实验器材** Makeblock 公司生产的"程小奔"（图 4-3-2）。
>
> **实验步骤**
> 1. 连接"程小奔"至 Wi-Fi。
> 2. 添加空气质量模块。
> 3. 查询苏州市的空气质量。
> 4. 运行程序，并观察结果。
> 5. 将检测结果存储在云数据中。
>
>
>
> 图 4-3-2 程小奔

> **知识链接**
>
> **程小奔**
>
> "程小奔"是一款可编程的教育机器人，可以通过软件和硬件的结合产生许多新奇的玩法。我们可以在玩中学编程，掌握编程的基础知识和技能，锻炼逻辑思维能力和计算思维能力。

知识链接

Makeblock 公司开发的慧编程软件与"程小奔"的 Wi-Fi 连接网络，从而实现物联网的功能。

知识链接

Wi-Fi，在中文里又称作"行动热点"，是 Wi-Fi 联盟制造商的商标作为产品的品牌认证，是一个创建于 IEEE 802.11 标准的无线局域网技术。

探究·实践

"程小奔"使用简要步骤

1. 注册新用户：使用慧编程中的物联网模块必须先注册用户，否则物联网模块不可用。

   注册方法为：在如图 4-3-3 所示界面中输入邮箱或老师提供的学生帐号，单击"下一步"，然后输入密码。

图 4-3-3 注册登录界面

2. 任务描述：使用物联网获取苏州市某一天的空气质量。
3. 参考程序：

   （1）连接网络模块如图 4-3-4 所示。

图 4-3-4 连接网络模块

单击"无网络连接"，出现如图 4-3-5 所示窗口。使用 Wi-Fi 网络并输入密码，即可连接网络。

图 4-3-5 连接到合适的 Wi-Fi

合理利用如图4-3-6所示的模块进行脚本搭建。

图4-3-6 脚本搭建

（2）查询苏州市的空气质量（图4-3-7）。

图4-3-7 查询苏州市的空气质量

（3）运行程序（图4-3-8），并观察结果。

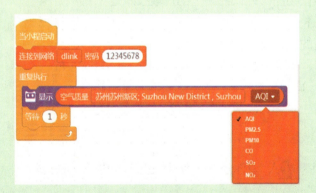

图4-3-8 参考程序

4. 注册并登录慧编程后，将检测结果存储到云数据中（图4-3-9）。

图4-3-9 云数据的应用

5. 拓展提高：我们只显示了空气质量的某一个选项，如何将更多选项显示出来？请同学们讨论并编写程序。

6. 参考：苏州市2018年11月18日的空气质量如图4-3-10所示。

知识链接

空气质量

空气污染是一个复杂的现象，在特定时间和地点空气污染物浓度受到许多因素的影响。来自固定和流动污染源的人为污染物排放量大小是影响空气质量的最主要因素之一，其中包括车辆、船舶、飞机的尾气，工业污染、居民生活和取暖污染、垃圾焚烧等。城市的发展密度、地形地貌和气象等也是影响空气质量的重要因素。

科学思维

云数据

所谓云数据（Cloud Data），是基于云计算商业模式应用的数据集成、数据分析、数据整合、数据分配、数据预警的技术与平台的总称，在任何时候、任何地点都可以访问并使用这些数据。

图 4-3-10 苏州市某日的空气质量

物联网不仅可以应用于智能家居、智能穿戴、车联网、智能工业、智能医疗，还可以构建并实现智慧城市。

时下，物联网迎来了以基础性行业和规模消费为代表的第三次发展浪潮，随着 5G、低功耗广域网等基础设施的加速构建，数以万亿计的新设备将接入网络并产生海量数据，人工智能、边缘计算、区块链等新技术加速与物联网结合，应用热点迭起。物联网开启了跨界融合、集成创新和规模化发展的新时期。

本节自我评估

一、概念理解

1. 物联网有四个关键性技术，被认为是能够让物品"开口说话"的一项技术是（　　）。
   A. 传感器技术　　　B. 电子标签技术　　　C. 智能技术　　　D. 纳米技术
2. 下列通信技术中，**不属于**低功耗、短距离的无线通信技术的是（　　）。
   A. 广播　　　　　　B. 超宽带技术　　　　C. 蓝牙　　　　　D. Wi-Fi
3. 1995 年，首次提出物联网概念的是（　　）。
   A. 沃伦·巴菲特　　B. 乔布斯　　　　　　C. 保罗·艾伦　　　D. 比尔·盖茨

二、思维拓展

"程小奔"是一款非常有意思的可编程教育机器人，请你开动脑筋，利用它设计更多解决生活实际的案例。

三、工程实践

1. 智能化温室，通常简称连栋温室或者现代温室，是设施农业中的高级类型，拥有综合环境控制系统（物联网系统），利用大棚自动化控制系统可以直接调节室内光、温、水、气、肥等诸多因素，可以实现全年高产，精准操控蔬菜、水果、花卉的生长繁育，经济效益好。请你根据所学知识并查询相关资料，设计一个未来的智能温室大棚系统。
2. 电影《流浪地球》给观众创设了这样一个情境：太阳即将毁灭，太阳系已经不适合人类生存，而面对绝境，人类将开启"流浪地球"计划，试图带着地球一起逃离太阳系，寻找人类的新家园。假如我们让"程小奔"驾驶飞船，寻找光明，找到人类伙伴，我们该怎样编程呢？编程要求："程小奔"能检测环境光强度，判断环境光是否小于某个值，并执行相应的指令；同时配合摄像识别人脸，检测年龄。让"程小奔"在寻找到光明的同时找到人类朋友，重建家园。

第 4 节 人工智能
——引领未来

20世纪40~50年代，10位来自不同领域的科学家开始探讨制造人工大脑的可能性。在1956年的"达特茅斯夏季人工智能研究计划"会议上，人工智能被正式命名并确立为一门学科。在这之后的60多年，人工智能主要发展成为连接主义学派、行为主义学派和符号主义学派。连接主义学派主要通过构建神经网络以及研究神经网络间的连接机制与学习算法，以实现对大脑功能的模拟。行为主义学派采用进化的方式模拟人类行为活动中表现的智能。符号主义学派应用逻辑推理法则模拟人类的智能活动，从而实现对大脑功能的模拟。

人工智能主要包括云计算与大数据、人机自然交互、机器学习、自然语言处理、机器人与智能控制、知识图谱、计算机视觉、虚拟现实与增强现实等八项关键技术（图4-4-1）。

学习目标

- 说出　人工智能的发展历程
- 描述　人工智能的内涵特征
- 概述　人工智能的应用领域
- 学会　使用人工智能编写识别程序

关键词

- AI
- 人工智能
- 图像识别
- 语音识别
- 深度学习
- 机器学习

图 4-4-1　人工智能的八项关键技术

一　人工智能之历程——不忘初心

人工智能（Artificial Intelligence，AI）是研究开发能够模拟、延伸和扩展人类智能的理论、方法、技术及应用系统的一门技术科学。人工智能的研究目的是促使智能机器会听（语音识别、机器翻译等）、会看（图像识别、文字识别等）、会说（语音合成、人机对话等）、会思考（人机对弈、定理证明等）、会学习（机器学习、知识表示等）、会行动（机器人、自动驾驶汽车等）。

一般认为，人工智能是由人类设计，同时为人类服务的技术科学。人工智能自诞生以来，经历了三次浪潮和两次寒冬。

第一次浪潮——逻辑智能浪潮。1956年人工智能诞生，在当时的计算条件下，将人类知识表示为符号，进行推理演算是最可行的方法。自动定理证明迅速发展，符号主义和理性主义达到高峰。然而，人们很快发现，这些理论和模型只能解决一些非常简单的问题，逻辑计算能力不足，应用能力弱，人工智能进入第一次寒冬。

第二次浪潮——计算智能浪潮。1980年，以**机器学习**为代表的经验主义方法逐渐复苏，取代了逻辑智能中的理性主义。在这一阶段，计算机扮演学习者的角色，通过探索试错来自主寻求问题的解答。1997年，计算机"深蓝"战胜了世界象棋冠军卡斯帕罗

知识链接

图灵测试

机器是否具有人工智能？为了提供一种令人满意的关于人工智能的可操作定义，阿兰·图灵在1950年发表的论文《计算机器与智能》中提出了著名的"图灵测试"：如果一个人类考官无法分辨答案究竟来自人还是一台机器，则认为该机器具有人工智能。在很长的一段时间里，"图灵测试"是科学家们判断机器是否具有人工智能的依据。

夫。其间出现了语音识别、语音翻译等，但这些人工智能迟迟未能进入人们的生活，"浅层"模型达到瓶颈，人工智能进入第二次寒冬。

第三次浪潮——认知智能浪潮。随着 2006 年 Hinton 教授提出的深度学习技术以及图像识别领域新的突破，人工智能再次爆发。近两年，人工智能更是以以往无法想象的速度更新发展，在多个领域开花结果。

> **知识链接**
>
> **你知道吗**
> 第一个机器人诞生于 1959 年。
> 第一台智能机器人诞生于 1968 年。
> 第一台家用机器人诞生于 2002 年。
> 第一台通过图灵测试的机器人诞生于 2014 年。
> 阿尔法狗战胜世界围棋冠军是在 2016 年。
> 这都标志着人工智能在飞速发展。

> **技能训练**
> **尝试和机器人聊天**
>
> **活动目的** 和网上机器人小 i 对话。
> **活动器材** 计算机、网络、耳机等。
> **活动步骤**
> 1. 登录网站：http://i.xiaoi.com（图 4-4-2）。
> 2. 在"启用语音"前的方框中打钩。
> 3. 在提问框中输入你想问的问题，看看机器人小 i 能回答你的哪些问题，能帮你做哪些事。
>
>
>
> 图 4-4-2　小 i 机器人

二　人工智能之体验——门径初窥

✿ 图像识别

图像识别是人工智能最为重要的技术之一，依靠大量数据下的机器学习和深度学习就能够识别图像。在这个过程中深度学习非常重要。

机器进行大量的训练，把同样的物体进行特征分析，最终得出这一类图案的典型特征。

1963 年，Roberts 发表了可能是该领域的第一篇论文，通过计算机程序从数字图像中提取出诸如立方体、楔形体、棱柱体等多面体的三维结构。

当时，专家们总结不同物体在图像中的特点，编写数据结构和规则，通过推理来实现识别。有人称之为"积木世界"分析法。

> **探究・实践**
> **人工智能图像识别**
>
> **实验目的** 尝试用人工智能进行图像识别。
> **实验器材** 计算机、网络等。

实验步骤

1. 准备一些动物、植物、文字、菜品、车型、logo 商标等图片。
2. 登录网站：http://shibietu.wwei.cn（图 4-4-3）。

图 4-4-3　在线识别图像信息的网站

3. 选择"动物识别"，上传图片，进行动物识别（图 4-4-4）。

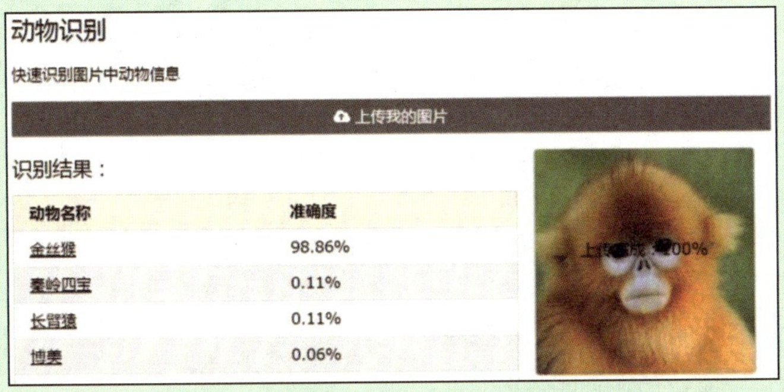

图 4-4-4　动物识别

4. 分别选择"植物识别""图片文字提取""菜品识别""车型识别""logo 商标识别"，上传图片，利用 AI 人工智能的图像技术，轻松识别图片信息。

人脸识别。 旷视科技 Face++ 可以较精确地估算人的年龄。在街上，旷视的系统能识别出所有移动的物体。三种创新技术能力造就了这种人工智能：超高速计算机芯片、网络上获得的大量数据，深度学习技术。以前我们给计算机严格的指令，现在只需设计程序让计算机自己学习。

情绪识别。 人工智能可以识别人类的情绪是高兴还是生气，以及高兴的程度，并在分析判断后做出相应的回应。

DIY · 人工智能情绪识别

人工智能情绪识别

活动目的　尝试用人工智能识别人脸情绪等。
活动器材　慧编程软件、网络、摄像头等。
活动步骤

1. 打开慧编程软件，用 QQ 或微信进行登录。
2. 打开示例程序——AI 中的"笑脸大比拼"。
3. 仔细阅读已有脚本，看看和情绪识别相关的控件来自哪个模块，这个模块中还包含其他哪些控件（图 4-4-5）。
4. 执行程序，摄像头自动打开，观察当你的高兴程度大于 30 时出现的造型和否则时出现的造型是否一样。
5. 分别打开 AI 中的"情绪识别""年龄测试仪""单词识别"，阅读脚本后执行相应的程序。

知识链接

机器人三大定律

1942 年，在电影《我，机器人》中，美国科幻巨匠阿西莫夫提出一旦出现真正的人工智能机器人，这些机器人就应该遵守以下三条法则：

第一法则：机器人不得伤害人类或坐视人类受到伤害。

第二法则：除非违背第一法则，机器人必须服从人类的命令。

第三法则：在不违背第一及第二法则的前提下，机器人必须保护自己。

此后，机器人三大定律成为学术界默认的研发机器人原则，更是被民间老百姓当成了真正的类人机器出现时必须遵守的"法律"。

知识链接

深度学习

2006 年，加拿大多伦多大学教授 Geoffrey Hinton 和他的学生 Ruslan Salakhutdinov 在《科学》上发表了一篇文章，开启了深度学习在学术界和工业界的浪潮。

基本概念：深度学习是机器学习研究中的一个新的领域，其动机在于建立、模拟人脑进行分析学习的神经网络，它模仿人脑的机制来解释数据。

深度学习的概念源于人工神经网络的研究。其本质是通过构建多隐层的模型和海量训练数据来学习更有用的特征，从而最终提升分类或预测的准确性。"深度模型"是手段，"特征学习"是目的。

核心思想：无监督学习用于每一层网络；每次用无监督学习只训练一层，将其训练结果作为其高一层的输入；用监督学习去调整所有层。

知识链接

人工智能主要研究领域

1. 问题求解。
2. 逻辑推理与定理证明。
3. 自然语言理解。
4. 自动程序设计。
5. 专家系统。
6. 机器学习。
7. 神经网络。
8. 机器人学。
9. 模式识别。
10. 机器视觉。
11. 智能控制。
12. 智能检索。
13. 智能调度与指挥。
14. 分布式人工智能与 Agent。
15. 计算智能与进化计算。
16. 数据挖掘与知识发现。
17. 人工生命。
18. 系统与语言工具。

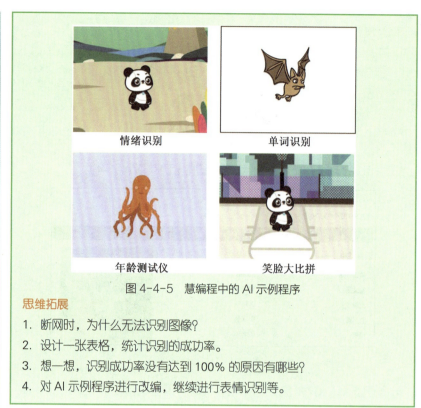

图 4-4-5 慧编程中的 AI 示例程序

思维拓展

1. 断网时,为什么无法识别图像?
2. 设计一张表格,统计识别的成功率。
3. 想一想,识别成功率没有达到 100% 的原因有哪些?
4. 对 AI 示例程序进行改编,继续进行表情识别等。

计算机视觉是一门研究如何对数字图像或者视频进行智能理解的交叉学科,它模拟了人类的视觉系统,让机器具备"会看"的能力,但它真正看"懂"了吗?

语音识别

语音识别就是能让计算机"听懂"人说的话,经过思考和判断后做出回应。目前,以语音识别为代表的语音处理技术已经基本成熟,并已进入多种商业应用场景。

语音识别可以说是本轮人工智能浪潮中应用最成功的领域,直接带动了语音输入法、语音翻译、智能音箱、手机助手等一系列产业的发展,也使语音成为继键盘、鼠标之后新一代的人机交互接口。

计算机是如何思考和判断的呢?让我们先来看一段程序(图 4-4-6)。

原来光环板(图 4-4-7)需要和无线网相连接,借助云端的资源完成语音的识别(图 4-4-8)。

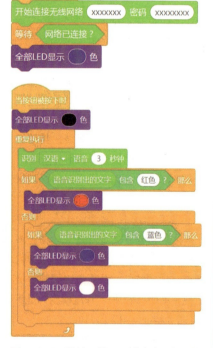

图 4-4-6 连接无线网,搭建光环板积木

图 4-4-7 光环板

图 4-4-8 语音识别"蓝色"

创客空间

人工智能语音识别

活动目的 尝试使用 AI 人工智能进行语音识别。

活动器材 光环板、数据线、无线网、慧编程软件等。

活动步骤

1. 打开慧编程软件,选择"设备"中的"HaloCode"进行设备更新(图4-4-9)。
2. 用 QQ 或微信登录后,搭建光环板积木。
3. 用数据线连接计算机和光环板。
4. 选择上传模式,进行设备连接后,单击"上传到设备"。
5. 按下光环板中间的按钮,语音识别"红色"和"蓝色"。

图4-4-9 添加设备——光环板

思维拓展

1. 想让光环板听"懂"更多的话,该如何修改程序?
2. 要使光环板在使用时离开计算机供电有哪些方法?
3. 上网查阅资料,看看光环板还可以发挥哪些人工智能方面的作用,并动手试一试。

三 人工智能之展望——砥砺前行

未来的人工智能是否会超越人类、主宰人类甚至毁灭人类呢?科学界一直存在着争论。霍金生前曾发出警告:慎用人工智能,不要研发人工智能武器。现在的人工智能(图4-4-11)只是用计算机模拟或实现的智能,经过深度学习,在某些方面可能超越人类,但它属于弱人工智能,并不是通用智能,还没有办法和人类的智能相媲美。即使这样,我们在使用它时依然存在着一定的风险。

因为工作人员的失误或疏忽,人工智能也有不受人控制的行为产生。2016 年 6 月,因为工程师忘记关闭安全门,具有自主学习算法的 Promobot 机器人从实验室跑到了大街上。2017 年 7 月,美国社交网站"脸书"公司的人工智能聊天机器人因为没有设置按照英语语法说话激励体制,造成两个机器人之间用自创语言聊天,在失控状态下完成了人类给予的交换物品任务,研究人员不得不将其关闭。

如何将这样的风险降到最低?人们制定了实现可信人工智能的框架,希望在人工智能融入社会以前,未雨绸缪,制定相关准则,规范其未来发展。

发展人工智能还可能造成很多人失业。有人预言,未来 15 年,全球可能有 40% 的工作都将被人工智能所取代。面对充满挑战的未来,我们该做何准备呢?

我们可以结合自己的兴趣,主动向机器学习,学会同他人和机器进行协作,努力培养自己的发散性思维和创造力,并且勇于挑战极限,培养自己的综合分析、决策能力。如果我们按照这样的方式来提升自己的能力,相信未来,人工智能不但不会成为我们的威胁,反而会变成我们学习、工作的好帮手。

知识链接

语音识别技术的发明者——李开复

1992 年,李开复演示语音助理 Casper(图 4-4-10),计算机第一次能够处理连续的语音,同时能够识别不同的说话者,这是对计算机进行不断训练的结果。

Casper 有两个重大突破:一是可以识别非特定人的语音,因为事先使用数千人的语音去进行训练,所以计算机知道不同的人说英语听起来是什么样子;二是用一万亿个语句来训练计算机识别连续语音。

图 4-4-10 语音助理 Casper

图 4-4-11 人工智能

知识链接

未来人才必备

人工智能方面的人才需要掌握庞大的知识体系,包括坚实的数学基础、计算和程序基础,人工智能的专业知识,以及分析建模能力。人工智能的课程设置必须考虑到核心类课程(如机器学习、知识表示与处理)、技术支撑类课程(如模式识别与计算机视觉、自然语言处理、自动规划、多智能体系统、计算智能等)、平台类课程(如机器学习系统平台、机器人、智能系统等)。

一、概念理解

1. 人工智能 AI 的英文全称是（　　）。
   A. Automatic Intelligence　　　　　　B. Artificial Intelligence
   C. Automatic Information　　　　　　D. Artificial Information

2. 人工智能的学派是（　　）。
   A. 符号主义　　　B. 机会主义　　　C. 行为主义　　　D. 连接主义

3. 人工智能的含义最早由一位科学家于 1950 年提出，并且同时提出一个机器智能的测试模型，这位科学家是（　　）。
   A. 明斯基　　　B. 扎德　　　C. 图林　　　D. 冯·诺依曼

4. 1997 年 5 月，在著名的"人机大战"中，最终计算机以 3.5 比 2.5 的总比分将世界国际象棋棋王卡斯帕罗夫击败，这台计算机被称为（　　）。
   A. 深蓝　　　B. IBM　　　C. 深思　　　D. 蓝天

5. 要想让机器具有智能，必须让它具有知识。在人工智能中有一个研究领域，主要研究计算机如何自动获取知识与技能，实现自我完善，这门研究分支学科叫（　　）。
   A. 专家系统　　　B. 机器学习　　　C. 神经网络　　　D. 模式识别

二、思维拓展

1. 智能手机解锁的方法有哪些？
2. 找一找身边的人工智能，和你的家人或同学聊一聊人工智能给我们的生活带来了哪些变化。
3. 通过了解社会的职业分工，谈一谈未来社会中有哪些职业可能会被人工智能所取代，我们又该如何应对。
4. 未来，人工智能会超越甚至取代人类吗？请阐述你的观点及理由。

第 5 节 Python
——代码编程

试问当下，全球最流行的程序设计语言是什么？当然要数 Python。未来最需要，或许 20 年内都不会被淘汰的编程软件是什么？还是 Python。近两年来，占据全球各种编程语言热搜榜榜首的是什么？依旧是 Python。Python 语言究竟有何魅力，在科技发展如此迅猛，技术领域竞争日益激烈的今天，能一路高歌猛进，成功登顶呢？

"人生苦短，我用 Python" 并非一句简单的戏言，它道出了 Python 最大的优点：简单、易学，符合现代人想速成的需求；同时 Python 又是一款功能十分强大的开源软件，一些主流的深度学习框架都是基于 Python 语言开发的。

未来是人工智能的时代，作为人工智能的主要编程语言，Python 将发挥巨大的作用。目前，"Python 语言程序设计"科目已经列入我国计算机等级考试范畴，浙江省已将它纳入高考，山东省已将它编入中小学信息教材。

抢占未来，必学 Python。

一 Python——来自何方

Python 语言的初创者是一位荷兰计算机程序员，名叫吉多·范罗苏姆 (Guido van Rossum)。1989 年圣诞节期间，他去荷兰的阿姆斯特丹度假，为了打发时间，就设计了一种编程语言——Python 语言。

Python 意为"蟒蛇"，为什么叫它蟒蛇呢？这是因为吉多很喜欢一个英国戏剧团体——Monty Python 组合，所以吉多将他设计的语言命名为 Python。蟒蛇图案也就成了 Python 语言的标志（图 4-5-1）。

图 4-5-1　Python 语言的标志

Python 语言的拥有者 PSF(Python Software Foundation)——一个非营利组织——长期致力于保护 Python 语言的开放、开源和发展。正因为它的开源精神使得人们可以轻松地得到它、使用它，人们在使用的同时又开发了大量的库文件，反过来又充实了 Python，使得 Python 语言的功能渗透到信息世界的各个领域（图 4-5-2），成为一门超级语言。无论是科学计算、图像处理、Web 或桌面程序开发，还是火星探测、搜索引擎、引力波分析等众多科学技术领域，

学习目标

说出　Python 名称的由来
描述　Python 的特点
概述　学习 Python 的意义
学会　用 Python 编程
　　　　简单程序设计
　　　　书写代码
　　　　基本语法格式

关键词

- Python
- 慧编程
- 程序设计
- 代码编程
- 缩进

知识链接

机器语言：用二进制表示，计算机可直接执行的语言，与 CPU 型号有关。

汇编语言：用助记符表示，需汇编器转换的语言，与 CPU 型号有关。

高级语言：接近"人"的思维模式，需编译器编译的自然语言，与 CPU 型号无关。

超级语言：黏性整合已有程序，具备庞大计算生态的语言，与 CPU 型号无关。

Python 几乎无处不在、无所不能。

图 4-5-2　Python 的应用领域

知识链接

编程语言知多少

编程语言有很多，如 Basic、C、C++、C#、CSS、Fortran、Go、HTML、Java、JavaScript、Lisp、Lua、Matlab、Object C、Pascal、Perl、PHP、PostScript、Python、Ruby、Scala、SQL、Swift、VBA、VB.NET、Verilog、VHDL、Visual Basic……

目前主流的编程语言是 Python、Java、C#、PHP、C++ 等。

二　Python——与众不同

简洁易学

Python 语法简洁优雅，易于学习，使我们能够专注于解决问题，而不是将大量时间、精力花在学习语言本身上。

探究·实践

尝试在慧编程中运行 Python 代码

实验目的　尝试运行 Python 代码。

实验器材　计算机、慧编程软件等。

实验步骤

1. 打开慧编程软件，选中角色。
2. 单击 积木 右侧下拉箭头，切换到 Python 编辑窗口。
3. 输入下列代码后，单击 ▶ 运行 按钮，观察运行结果。
   ```
   from mblock import *
   sprite.pendown()
   sprite.forward(100)
   ```
4. 想一想，上面 3 行代码的含义是什么？
5. 想一想，下面 2 行代码的含义是什么？继续输入代码后，运行结果，验证自己的猜想是否正确。
   ```
   sprite.left(120)
   sprite.hide()
   ```

知识链接

慧编程（图 4-5-3）是一款基于 Scratch 开发，又集成 Python 代码输入的软件，因此我们可以用它进行积木搭建或代码编程。慧编程拓展了大量硬件接口，同时融入了 AI（人工智能）和 IoT（物联网）等前沿技术。

图 4-5-3　慧编程软件的标志

下面几行是 Python 海龟库和时间库中常用的代码：

```
from mblock import *      # 引入库文件，可省略
import time               # 引入时间库
sprite.clear()            # 清屏
sprite.hide()             # 隐藏
sprite.show()             # 显示
sprite.penup()            # 提笔
sprite.pendown()          # 落笔
sprite.pensize(3)         # 笔宽为 3
```

知识链接

在慧编程中，我们可以在学习 Scratch 的基础上学习 Python。窗口右侧上方有 </>，单击它，可以把 Scratch 积木自动转为 Python 代码。我们在初学 Python 时可以很好地利用这一点，帮助我们尽快掌握 Python 基础语法。

```
sprite.pencolor("black")    # 颜色黑色
sprite.direction = 90       # 方向向右
sprite.goto(-140,-140)      # 移动到（-140,-140）
time.sleep(3)               # 延时3秒
```

在Python语言中，#号右边的部分是注释语句，帮助读者阅读时理解左边各行代码的含义，计算机执行代码时不会执行#号右边的内容。上面12行代码，你都学会了吗？

✹ 免费开源

Python是开源软件，这意味着任何人都可以轻松地得到它，在使用的过程中，不断加入自己的想法，去改进、优化它，使它在近两年迅速崛起。所以说Python越来越优秀的原因是一群希望看到Python更优秀的人共同创造了它。

✹ 拥有众多的库

Python库分为两类：标准库和第三方库。标准库是指可以直接使用的功能模块。第三方库是指需要经过安装才能使用的功能模块。常用的Python库有Turtle库（绘制图形）、Time库（时间）、Random库（随机数）、Os库（操作系统）等。这些库可以帮助我们完成各种工作。

Turtle（海龟）库是Python语言的标准库之一，是海龟绘图的Python实现。1967年，美国麻省理工学院人工智能实验室的西摩尔·帕伯特为了让孩子们能思考问题而不是简单记忆，专门设计了会画图、会计算的小海龟。我们可以从Turtle库开始，进行Python入门学习。

✹ 兼容性好

Python兼容众多平台。Python被称为"胶水语言"是因为Python本身具有可扩展性，开发者能够非常轻松地用其他编程语言编写的模块来扩充Python，就像人们用胶水把其他模块黏合过来，使得其他模块的优点得以保留。正是这种胶水功能让Python一跃成为领军软件。

三 Python——快速入门

功能如此强大的Python语言，我们该从何处开始入门学习呢？下面就用Python语言编写一个小动画，证明错觉的存在。

在慧编程中，我们可以使用Python操控舞台角色。代码编写完成之后，单击"运行"，编写的Python代码就会被执行。

DIY·尝试画平行线

尝试画平行线

活动目的 学习用Python画平行线。
活动器材 计算机、慧编程软件等。
活动步骤
1. 打开慧编程软件，切换到Python编辑窗口。
2. 输入代码一，进行初始化设置：

作品展示

如图4-5-4所示为用Python码画出的图形。

图4-5-4 用Python画出的图形

知识链接

Python变量命名规则

1. 变量名只能包含字母、数字、下划线，且只能以字母或下划线开头。

2. 在变量名中不允许出现空格。

3. 不能用Python关键字作为变量名。

4. 变量名应当有意义，并注意区分字母的大小写。

学科交叉

错觉是人对事物的一种不正确的反映。早在 2000 多年前，人们就知道了错觉的存在。人为什么会产生错觉？迄今为止，还没有一种理论能解释所有的错觉现象，有兴趣的同学可以去研究研究。

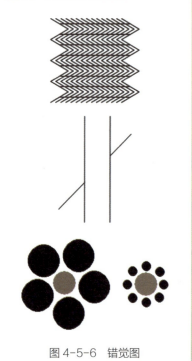

图 4-5-6　错觉图

```
from mblock import *
import time
sprite.pensize(3)
sprite.direction = 90
sprite.pencolor("black")
sprite.penup()
sprite.goto(-140,-140)
sprite.clear()
sprite.hide()
sprite.pendown()
```

3. 想一想，画 8 条间距为 40 步、长为 280 步的平行线（图 4-5-5），该如何画？动手试一试（可以在 Scratch 中画出图形后切换到 Python 只读窗口，读一读其中的代码）。

```
sprite.forward(280)
sprite.forward(-280)
sprite.penup()
sprite.y = sprite.y + 40        #y 的值增加 40
sprite.pendown()
```

图 4-5-5　平行线

4. 画 8 条平行线，也就是要把上面的代码重复执行 8 次，有没有更好的方法能快速画出 8 条平行直线呢？我们可以使用循环语句，代码二如下：

```
for i in range(8):              # 变量 i 循环 8 次
    sprite.pendown()
    sprite.forward(280)
    sprite.penup()
    sprite.y = sprite.y + 40
    sprite.x = sprite.x - 280   #x 的值减少 280
time.sleep(3)
```

注意 for 语句所在行最后一定要加冒号，它会引起下面的行都产生缩进。缩进是一行代码开始前的空白区域，表达程序的格式框架。这里是单层缩进，有时也会出现缩进中的缩进，构成多层缩进。缩进是程序格式框架的要求，是语法的一部分，表达代码间的层次关系，长度一般是 4 个空格或 1 个 Tab，缩进不正确会造成程序运行错误。最后一行不属于循环体，不能缩进。

循环语句可以让部分相同的代码重复执行。

知识链接

部分 Python 语法格式：
import <库名>
例如：import time
<库名>.<函数名>(<函数参数>)
例如：sprite.left(120)

技能训练

尝试画正方形

活动目的　使用循环语句练习画正方形。
活动器材　计算机、慧编程软件等。
活动步骤
1. 切换到 Python 编辑窗口，进行初始化设置。
2. 使用循环语句画出正方形（图 4-5-7）。

注意
1. for 语句所在行最后的冒号不能少。
2. for 循环内的语句一定要缩进。

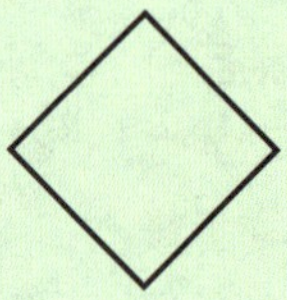

图 4-5-7　正方形

有时，我们在循环体中使用循环，即双重循环，构成嵌套缩进，大大减少了代码书写的篇幅，易于阅读。

探究·实践
尝试用代码画多条折线

实验目的 学习画多条依次排列的折线。
实验器材 计算机、慧编程软件等。
实验步骤

1. 输入代码三，画15条折线：

```
sprite.penup()
sprite.goto(-174,-160)
sprite.direction = 0
for i in range(15):
    sprite.pendown()
    for j in range(4):
        sprite.right(60)      # 右转60度
        sprite.forward(80)
        sprite.left(120)      # 左转120度
        sprite.forward(80)
        sprite.right(60)
    sprite.penup()
    sprite.y=-160
    sprite.x = sprite.x + 20
```

图4-5-8 折线

2. 运行代码，画出折线（图4-5-8）。

将代码一、二、三合在一起，就是一个完整的动画，可以见证8条平行线是怎样一步步变成不平行的（图4-5-9）。

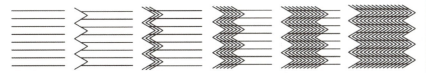

图4-5-9 错觉图——平行线变不平行

创客空间
尝试制作直线变弯动画

活动目的 制作错觉动画——画同心圆。
活动器材 计算机、慧编程软件等。
思维拓展 如图4-5-10所示是一个错觉动画,直线看上去为什么是弯的? 在Python中，我们可以把正三十六边形看成是一个近似的圆。要画出一串同心圆，就需要我们计算出圆的半径和正三十六边形边长的关系，确定各圆之间的相对位置。请你来挑战一下自己，制作这个动画吧。

图4-5-10 错觉图——直线变弯

科学思维

下列Python代码会画出怎样的图形?

```
from mblock import *
import time
sprite.x = 0
sprite.y = 0
sprite.direction = 90
sprite.pendown()
sprite.pensize(5)
sprite.hide()
sprite.clear()
sprite.pencolor('red')
for i in range(4):
    for j in range(4):
        sprite.forward(100)
        sprite.right(90)
    sprite.right(90)
sprite.play("meow")
time.sleep(3)
sprite.clear()
sprite.pencolor('purple')
for i in range(6):
    for j in range(6):
        sprite.forward(80)
        sprite.right(60)
    sprite.right(60)
sprite.play("meow")
time.sleep(3)
sprite.clear()
sprite.pencolor('blue')
for i in range(8):
    for j in range(8):
        sprite.forward(60)
        sprite.right(45)
    sprite.right(45)
sprite.play("meow")
```

科学思维

当我们画正多边形时，边数越多，图形越近似于圆。我们可以用正三十六边形表示圆。正多边形的边长和圆的半径之间的关系是：

边长 =2*PI* 半径 /36
　　 =PI/18* 半径
　　 ≈ 0.714* 半径

画一个边长为20的圆：

```
for j in range(36):
    sprite.forward(20*0.174)
    sprite.right(10)
```

1. 图形会产生一定的误差，如何修改以减少误差呢？
2. 这段代码存在什么问题？请改正。

知识链接

Python 关键字有哪些?

关键字又叫保留字,Python 中的关键字共有33个,即 False、None、True、and、as、assert、break、class、continue、def、del、elif、else、except、finally、for、from、global、if、import、in、is、lambda、nonlocal、not、or、pass、raise、return、try、while、with、yield。

在 Python 语言中,大小写是加以区分的。例如,False 是关键字,而 false 不是关键字。

近几年,随着大数据与人工智能的发展,Python 逐步流行起来,成为主流开发语言,国内的豆瓣、知乎这两家公司的产品就是以 Python 语言为技术主导开发的。Python 像技术的"润滑剂",大多数互联网公司或多或少都会用到它;Python 又像"万金油",几乎可以做到任何你想做的编程方面的事情。

从数据处理到人工智能,从 Web 解析到网络空间,从人机交互到艺术设计,处处都有 Python 的身影。我们学好 Python,就是掌握了通向明天的钥匙。编程能让我们增长知识、训练思维、提高效率,更重要的是编程能给我们带来乐趣。人生苦短,我学 Python。

智慧生活的实现有赖于通过编程语言开发的人工智能的健康快速发展。让我们掌握编程技术,创新算法,拥抱人工智能,一起迈入智慧生活吧!

本节自我评估

一、概念理解

1. 下列各项中,可以用来判断当前 Python 语句在循环结构中的是(   )。
   A. 冒号   B. 引号   C. 大括号   D. 缩进
2. 在 Python 代码中,#号右边的语句是(   )。
   A. 转向语句   B. 注释语句   C. 循环执行语句   D. 条件判断语句
3. 程序的三种基本结构是(   )。
   A. 跳转结构、循环结构、顺序结构   B. 分支结构、循环结构、过程结构
   C. 分支结构、顺序结构、循环结构   D. 对象结构、函数结构、过程结构

二、科学思维

1. 用 Python 代码可以画出漂亮的图形,请你尝试画一些有趣的图形,打印后贴在下面的空白处,并与你的同学进行交流。
2. 丹·布朗(Dan Brown)的小说《达·芬奇密码》中,达·芬奇密码被破译出来,原来是一串数字:1－1－2－3－5－8－13－21。但它又不是一串普通的数字,它是数学史上最著名的一个数列,叫斐波那契数列。想一想,这些数字有什么规律?我们能编写代码将这个数列的前10项打印出来吗?

一、概念理解

1. 下列流程图符号中，代表判断框的是（　　）。
   A. ▭　　　　　B. ▱　　　　　C. ◇　　　　　D. ▱

2. 电机的主要作用是带动风叶，被称为风扇的（　　）。
   A. 胃　　　　　B. 心脏　　　　C. 血管　　　　D. 头

3. 4S高效电机有复位温控器保护，超温断电，降温续开，确保风扇使用的（　　）。
   A. 安全性　　　B. 舒适性　　　C. 静音　　　　D. 节能

4. 目前，我国大气污染物排放最多的是（　　）。
   A. 工业生产　　B. 化石燃料的燃烧　　C. 交通运输　　D. 生态环境破坏

5. 执行下列程序，角色的位置坐标是（　　）。

   A. (120,-75)　　B. (-120,75)　　C. (-120,-75)　　D. (120,75)

6. 运用云计算、数据挖掘以及模糊识别等人工智能技术，对海量的数据和信息进行分析和处理，对物体实施智能化的控制，指的是（　　）。
   A. 可靠传递　　　　　　　　　B. 全面感知
   C. 智能处理　　　　　　　　　D. 互联网

7. 下列关于温度的描述符合实际的是（　　）。
   A. 人体的正常温度为37 ℃　　　　B. 冰箱冷冻室的温度为10 ℃
   C. 饺子煮熟即将出锅时的温度为50 ℃　　D. 加冰的橙汁饮料的温度为 –20 ℃

8. 小明的爸爸要随南极科考队赴南极进行科学考察。临行前，小明想送爸爸一支温度计以便其测量南极的气温。小明听爸爸说南极的最低气温可达 –94.5 ℃。下表是小明搜集的一部分资料，他应选择的温度计是（　　）。

物质	固态水银	固态酒精	固态煤油
熔点	–38.8 ℃	–117 ℃	–30 ℃

   A. 水银温度计　　B. 酒精温度计　　C. 煤油温度计　　D. 三种温度计都可以

二、科学思维

1. 在未来，没有配置安装智能家居系统的房子就是毛坯房，是不符合潮流的，而随着经济发展，越来越多的业主希望能给家人构建一个舒适、便捷、安全、环保的家居环境。

   （1）什么是智能家居？

   （2）智能家居中通常会包含哪些设施？

   （3）请你设计你心目中的智能家居系统。

2. 当你戴上 3D 眼镜，坐在影院里观看《流浪地球》的时候，你一定会被那虚拟立体场面强力震撼，这就是 VR（虚拟现实技术）。人看周围的物体，两眼由于位置不同，看到的图像也略有不同，图像在大脑中叠加，就能产生立体效果。我们可以将建好的三维模型导出它的 OBJ 格式文件，在 Autodesk Fusion 360 软件中渲染，并在 Autodesk 网站上生成二维码（图 1）。用手机扫一扫二维码，在浏览器中打开就能看见手机屏上有两个图像，若看不见图像，可适当调整手机方向。

   （1）仔细观察手机屏幕上的两个图像（图 2），它们有什么不同？

   （2）戴上 3D 眼镜（图 3），体验画面的立体效果。

   （3）上网自主学习相关课程，将自己设计的三维模型转为二维码，利用 3D 眼镜和手机欣赏自己的作品，实现从 3D 到 VR 的跨越。

图 1

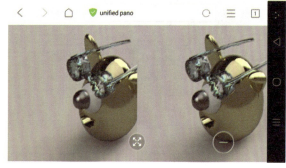
图 2

图 3

第5章 舌尖上的江苏
——江苏美食与美食文化

《舌尖上的中国》一经播出，便在世界华人圈引起轰动。它犹如一场盛大的文化仪式，让我们经历了一次从视觉到味蕾，从物质到心灵的洗礼——它以美食为切入视角，以饮食仪式为载体，以人们的世俗生活为表现对象，让平凡人的日常生活有了美的升华、诗意的浸染。它既深深地感动了我们，也打动了世界。

说到美食，又怎能少得了江苏呢？

"休说鲈鱼堪脍，尽西风，季鹰归未？"辛弃疾在《水龙吟·登建康赏心亭》中用了张翰的典故。据《世说新语》记载：洛阳秋风渐起，因官职羁留在外的张翰，万分思念家乡吴中（也就是如今的江苏苏州）的莼菜羹和鲈鱼脍的美味，遂弃官归乡。张翰"莼鲈之思"使得这两道苏州名菜广为世人所知，更是成了千百年来人们思念故乡的代名词。

江苏菜简称"苏菜"，是中国八大菜系之一，主要由以善于烹饪鸭、鹅闻名的金陵菜，以刀工精细闻名的淮扬菜，以口味清淡、偏甜味为特色的苏锡菜，以色调浓重、口味偏咸的徐海菜等地方菜系组成。南宋时，苏菜和浙菜同为"南食"的两大台柱。莼菜、鲈鱼不过是江苏众

多美食中的两个典型代表，桂花板鸭，大煮干丝，一碗锅盖面，一条红烧河豚，偶尔来几只清水煮大闸蟹，这才是江苏人的寻常生活。美食与文化之间的故事，关乎个人，却又不限于个人。

一方水土养一方人，"舌尖上的江苏"深藏着江苏文化深处的遗传密码和文化图景，是中华民族文化传统的一个重要分支，是江苏人民世俗生活、伦理道德、价值信仰、审美情趣最生动的展现。让我们一起走进本章，用味蕾来探索江苏美食中蕴含的秘密，用美食来开启每一天的美好生活吧！

内容提要

* 江苏各地区的美食和酒、茶等饮料
* 美食中的营养成分及相应的作用
* 江苏的名酒、名茶及其他饮料
* 对标签中食品添加剂的识别，合理膳食，增进健康

本章学习意义

江苏素有"鱼米之乡"之美誉，物产丰饶，饮食文化博大精深。通过本章内容的学习，你将了解到江苏的美食分布、饮食文化，还将了解美食中的营养成分、食品添加剂等知识，进而养成健康饮食的习惯。

第 1 节 美食江苏
——城市的味觉记忆

学习目标

了解 江苏饮食文化的组成
尝试 制作一道苏菜
领悟 江苏饮食文化的博大精深

关键词

- 饮食文化
- 地方风味

江苏，简称"苏"，地处我国东部美丽富饶的长江三角洲，气候温和，地理条件优越，东临黄海、东海，滚滚长江横贯中部，淮河东流，北有洪泽湖，南邻太湖，滔滔运河纵流南北，省内大小湖泊星罗棋布。水的滋育，让江苏成为物产丰饶的鱼米之乡。繁体"蘇"字拆开，即为"鱼米"。时令水鲜、蔬菜四季常熟，使江苏的美食享誉中外，素有"东南第一美味，天下之至美"的美誉。

一道菜，一座城，一种永远的记忆。

一、江苏饮食文化的形成

❀ 历史渊源

江苏饮食文化历史悠久，6000多年前江苏先民便已使用陶器烹饪。秦汉时期，长江下游地区饮食为"饭稻羹鱼"，当时吴人善制炙鱼、蒸鱼和鱼片。隋炀帝开通大运河后，金陵、姑苏、扬州等地繁荣的市场促进了江苏烹饪的发展。明清时代江苏内河交通发达，商贾往来无数，船宴盛行(图5-1-1)，南京、苏州、扬州皆有船宴。清代烹饪技法日益精细，风味特色逐步形成，在全国影响越来越大。

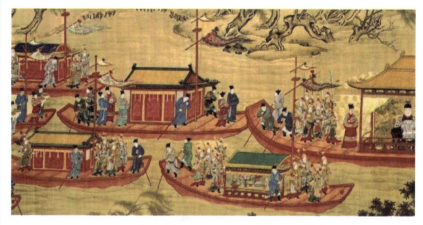

图 5-1-1 古代船宴

❀ 自然因素

徐州和连云港位于江苏的最北端，与山东、河南接壤，保存着齐鲁文化的根基，因此徐海饮食民俗具有豫西、鲁南的基本民俗特色。徐海地区为湿润、半湿润的季风气候，耕地多为旱地，因此该地区的主食以麦、面和杂粮面为主，主要制作成馒头、馄饨、饺子、煎饼等。

江苏东南部为苏锡常地区，苏锡常的文化与浙江统属吴越大文化圈，保持着吴文化的特征。苏南地区位于淮河以南，春雨、梅雨雨量丰富，属于湿润的亚热带气候；同时河湖众多，灌溉条件良好，主食以米饭、米粥为主。该地区由于地处长江金三角之地和太湖流域，

知识链接

《史记·货殖列传》载："楚越之地，地广人稀，饭稻羹鱼，或火耕而水耨，果隋蠃蛤……"

水产丰富，盛产鱼虾，时令菜应时迭出。

淮安、扬州、镇江三地位于长江南北，从地理上看是连接南北西东的重要交通枢纽。因此淮安、扬州早在隋、唐时期就已经相当繁华，交通便利更是带来了饮食文化的繁荣。

✿ 人文因素

饮食文化是一种流动性与交流性很强的文化现象。江苏各地区文化圈互相渗透，各区域经济几度兴衰。

魏晋南北朝后，苏南经济得到极大的开发。古代糖较为珍贵，苏锡菜的甜鲜特点就是社会经济富裕和民众生活讲究所孕育的历史文化结果之一。"若想甜，加点盐，若想鲜，加点糖"，这是江南一带流传在民间的烹饪秘诀。用糖与盐加减融合，可以让菜肴更加体现出鲜的味道。

苏北地区遭黄淮泛滥之苦，加上漕运在近代衰落后，在一定历史时期，经济相对落后于苏南地区。经济发展程度强弱不一和物产的丰歉不同，也在一定程度上影响着当地人的饮食习惯。淮安、扬州、镇江三地位于长江南北，紧挨京杭大运河，成为南北文化交流的重要接触点。扬州成为对外贸易的重要商埠，扬州盐商多半为徽商，形成了"食不厌精，脍不厌细"的消闲文化。

南京是十朝都会，交通便利，各地的风味菜肴都能在此汇聚，菜肴品种复杂多元，兼容八方风味。

二 江苏饮食文化四大风味区

苏菜按地理位置、历史条件、文化传承等综合因素来划分，可以分为淮扬、金陵、苏锡、徐海四个地方风味，虽然相距都在百里之内，但各成一系，很有特点，其影响遍及长江中下游广大地区。

> **知识链接**
>
> **江苏特产**
>
> 水产品：长江三鲜（河豚、鲥鱼和刀鱼）、太湖银鱼、阳澄湖大闸蟹、南京龙池鲫鱼、镇江鲥鱼、两淮鳝鱼、南通刀鱼、连云港海蟹、沙光鱼、盱眙龙虾等。
>
> 优良佳蔬：太湖莼菜、淮安蒲菜、宝应藕、天目山板栗和冬笋、苏州鸡头米、无锡茭白、苏州荸荠（苏荠）等。
>
> 名特产品：太湖猪、太湖鹅、南京熟鸭、南通狼山鸡、扬州鹅、高邮麻鸭、南京香肚、如皋火腿、靖江肉脯、无锡油面筋、苏州碧螺春茶、泰兴白果、白沙枇杷、苏州一带的鸭血糯、泰州的豆制品、镇江醋、扬州酱菜、高邮咸鸭蛋、太仓肉松等。

调查走访

调查江苏不同地区饮食礼仪与风俗的差异

活动目的 了解江苏不同地区饮食礼仪与风俗的差异。
活动器材 纸、笔、计算机、照相机等。
活动步骤
1. 全班同学分为8个小组，每个小组5~6人，明确小组成员分工。
2. 上网查阅江苏不同地区饮食礼仪与风俗的相关资料。
3. 实地走访来自江苏不同地区的家庭了解相关内容。
4. 各小组撰写调查报告。
5. 各小组派代表汇报，全班交流讨论。
6. 将讨论结果填写在表5-1-1中。

表5-1-1 江苏不同地区饮食礼仪与风俗

地区	婚礼寿庆	丧事祭奠	不同节气	……

科学思维

馒头和面包松软的原因

做馒头或面包时，经常要用到酵母菌，酵母菌可以通过呼吸作用分解面粉中的葡萄糖，产生二氧化碳，二氧化碳是气体，遇热膨胀而形成小孔，使得馒头或面包松软。

艺术鉴赏

泊秦淮

[唐]杜牧

烟笼寒水月笼沙，
夜泊秦淮近酒家。
商女不知亡国恨，
隔江犹唱后庭花。

读一读这一首诗，谈谈你对其中所蕴含意境的理解。

❋ 淮扬风味区

民间流传"玩在杭州，穿在苏州，吃在扬州"之说，可见扬州的食品之丰、制作之巧。以扬州为代表的淮扬风味，即淮扬菜（图5-1-2），其代表城市包括镇江、泰州、南通、淮安、盐城等。淮扬菜以菜肴、面点、茶点、糕点为主体，以街头巷尾的零担小吃为补充，其口味咸淡适中，注重刀工，烹制手法细致，在中国八大菜系中独领风骚，成为开国宴、APEC宴、宴请美国总统宴的主打菜系。

图 5-1-2　淮扬代表菜

❋ 金陵风味区

金陵风味是以南京为中心的地方风味。南京曾是十朝都会，在口味上兼取四方之美，适应八方之味。其特点主要表现在形硬而质软，汤浓而香醇，肥而不腻，淡而不薄。南京的制鸭技术久负盛名，早在1400多年前的南朝时期就有记载。南京的鸭肴是闻名全国的，除金陵烤鸭外，板鸭、盐水鸭、酱鸭等也各具特色。金陵菜（图5-1-3）中的四大名菜——松鼠鱼、蛋烧卖、凤尾虾、美人肝也久负盛名。南京的代表菜还有炖菜核、炖生敲、扁大肉酥、清炖鸡孚等。

图 5-1-3　金陵代表菜

苏锡风味区

苏南地区的苏州、无锡、常州等地物产丰饶，人称"天堂"。苏锡风味传统重甜出头、咸收口，浓油赤酱，近代逐渐趋向清新爽适、浓淡相宜。苏锡代表菜（图 5-1-4）尤以烹制河鲜、湖蟹、蔬菜为擅长。苏南地区渔业发达，有各类淡水鱼和虾蟹之属，以太湖银鱼、吴江鲈鱼、常熟鲥鱼、阳澄湖大闸蟹最为著名。人们一般称鲥鱼、刀鱼、河豚为"长江三鲜"，称银鱼、白鱼、白虾为"太湖三白"。其名菜如苏州的碧螺虾仁、雪花蟹斗、酱方、莼菜汆塘鱼片、鲃肺汤、母油全鸭、常熟叫花鸡，无锡的无锡脆鳝、鸡茸蛋、香松银鱼、天下第一菜，常州的糟扣肉、素火腿等均脍炙人口。太湖莼菜，人称"江东第一妙品"。苏州小吃亦闻名天下，蜜汁豆腐干、松子糖、玫瑰瓜子、虾子酱油、枣泥麻饼、猪油年糕等都是脍炙人口的美食，不可不尝。

樱桃肉　　　肉酿面筋　　　松鼠桂鱼

无锡酱排骨　　太湖三白　　　响油鳝糊

图 5-1-4　苏锡代表菜

知识链接

美拉德反应

1912 年，法国化学家 L.C.Maillard 发现氨基酸或蛋白质与葡萄糖混合加热时形成褐色的物质。后来人们发现氨基酸或蛋白质能与很多糖反应，这类反应不仅影响食品的颜色，而且对食品的香味也有重要作用，人们将此反应称为美拉德反应或非酶褐变反应。只要温度不高，不用酱油上色而是用糖饴（焦糖）上色，产生的褐色物质无毒，且香气扑鼻，色泽诱人，是红烧肉、北京烤鸭等美食的功臣。

技能训练

尝试制作红烧肉

活动目的　学会制作红烧肉。

活动器材　五花肉 500 g、葱 30 g、姜 20 g、蒜 20 g、冰糖 15 g、盐 5 g、酱油 20 g、料酒 20 g、桂皮 5 g、八角 2 瓣、香叶 2 片、清水适量。

活动步骤

1. 五花肉洗净，切成大小均匀的块状，放入凉水锅，开火，除去血水，捞出来沥干。
2. 炒锅烧热，倒入五花肉，小火煸炒，煸出多余的油脂，捞出，沥干油备用。
3. 炒糖色：倒出锅内多余的油，留少许底油，加入冰糖，小火翻炒，冰糖炒至全部熔化，并呈现棕色的液体。
4. 倒入五花肉翻炒均匀，加入料酒和适量的清水。
5. 加入葱、姜、蒜、八角、桂皮、香叶、酱油及适量盐翻炒均匀。
6. 盖上锅盖，小火焖 40 min，大火收汁。

注意

1. 五花肉一定要用凉水焯水，才能很好地去掉五花肉的肉腥味。
2. 炒糖色时一定要用小火，如果用大火是很容易将糖色炒糊的，这样做出

知识链接

红烧肉在中国各地流传甚广，是一道著名的大众菜肴。红烧肉口感肥而不腻、软糯香甜，是老少皆宜的美食。

红烧肉含有丰富的胶原蛋白。胶原蛋白能够美容养颜，保持肌肤弹性。

但要注意的是，红烧肉味偏甜，不宜多吃，有高血糖和高血脂的患者应慎吃。

来的肉会有苦味。
3. 收汁的时候最容易糊锅，所以在收汁时一定要不停地翻炒，炒至有亮油出来即可。

徐海风味区

徐海风味以徐州、连云港一带为代表，以鲜咸为主，兼有齐鲁风味，风格淳朴，注重实惠。徐州的饮食文化源远流长。徐州古称彭城，缘于彭祖和他所建立的大彭氏国。彭祖是我国烹饪界公认的始祖。徐州建城已有四千多年，其特产如苔菜、韭黄、山楂糕等名扬海内。连云港古称海州，其海产品蜚声遐迩，为烹制海鲜提供了富足的原料。徐海一带习尚五辛，主食面粉，兼食杂粮。徐海代表菜（图 5-1-5）有红烧沙光鱼、霸王别姬、沛公狗肉、羊方藏鱼、彭城鱼丸、荷花铁雀、爆乌花、凤尾对虾等。

红烧沙光鱼

羊方藏鱼

彭城鱼丸

霸王别姬

图 5-1-5　徐海代表菜

> **知识链接**
>
> **"霸王别姬"的典故**
>
> "霸王别姬"是江苏徐州地区的传统名菜。据《徐州文史》载："霸王别姬"原名"龙凤烩"。项羽称霸王都彭城（徐州）举行开国大典时，为盛典备有"龙凤宴"。相传是虞姬娘娘亲自设计的"龙凤烩"，即"龙凤宴"中的主要大件。其用料为"乌龟"（龟属水族，龙系水族之长）与雉（雉属羽族，凤系羽族之长），故引申为龙凤相会得名。现以鳖、鸡取代龟、雉。徐州人民为纪念这位推翻暴秦、"拔山盖世"的英雄项羽，并怀念那位心系国运、大义凛然的佳人，经裴继洪师傅改进，于1983年把"龙凤烩"易名为"霸王别姬"。

创客空间

制作一道苏菜

活动目的　制作苏菜中的任意一种菜肴。

活动要求

1. 收集苏菜中的任意一种菜肴食谱。
2. 按照食谱，尝试自己下厨做菜。
3. 和父母分享自己的佳肴。

有人说，世间所有的相遇都是久别重逢。对于人与食物而言，也不外乎如是。人类活动促成了食物的相聚，食物的离合也在调动着人类的聚散。味觉的确是一个有趣的记忆，如果说回忆是一座城，那么味道就是护城河，承载着你对家乡的美好记忆、对亲人的念想、对故土家国的怀念。回忆一旦触发，味觉的盛宴即在每个人心中按不同的方式上菜。

本节自我评估

一、概念理解

1. 以下小吃中,属于江苏风味的小吃是( )。
   A. 汤圆 B. 狗不理包子 C. 猫耳朵 D. 鸭血粉丝
2. 下列菜肴中,**不属于**淮扬菜的是( )。
   A. 清炖蟹粉狮子头 B. 大煮干丝 C. 三套鸭 D. 九转大肠
3. 下列属于苏菜的是( )。
   A. 苏锡菜 B. 潮州菜 C. 济南菜 D. 重庆菜

二、技能训练

活动主题:探究中国饮食文化。

中国饮食博大精深,通过我们自己的研究和实践,领略中国大江南北地域饮食文化的精妙。

(1)收集资料,填写下表。

访问方式		访问地点	
访问设备			
受访者	年龄		记录表
	职业		访问时间
访问内容	1. 饮食文化		
	2. 饮食典籍		
	3. 饮食与名人		
	4. 佳节食俗		
	5. 其他		
访问感想			

(2)整理资料。

(3)根据调查结果完成一份简单的调查报告。

三、创客空间

过年吃年糕是中国人的风俗之一,年糕是过年必备的节日食品。让我们亲手制作一份美味可口的年糕吧。

活动:自制春节年糕。

活动要求:

(1)了解春节年糕的由来。

(2)收集年糕的制作方法。

(3)尝试自己制作春节年糕,并给父母尽一份孝心。

第 2 节 神奇的"6+1"
——美食中的营养物质

学习目标

- **区别** 几种营养素
- **认识** 糖类、蛋白质、脂肪、维生素
- **了解** 营养物质的作用
- **分析** 实验数据
- **动手** 探究营养物质的含量

关键词

- 糖类
- 蛋白质
- 脂肪
- 维生素

净洗铛，少著水，柴头罨烟焰不起。待他自熟莫催他，火候足时他自美。黄州好猪肉，价贱如泥土。富者不肯吃，贫者不解煮。早晨起来打两碗，饱得自家君莫管。（苏轼《猪肉颂》）

苏轼（苏东坡）不仅美文传遍天下，还是一位热爱生活的美食家。他发明了东坡肉，还专门写了《猪肉颂》。东坡肉，味道鲜美，肥而不腻。1080 年，苏轼谪居黄州，因当地猪多肉贱，才想出这种吃肉的方法。"慢火，少水，多酒"是这道菜的诀窍。制作方法为：将猪肉切成块，并加入酒、姜、葱、酱、红糖，用平时做红烧肉的做法，文火焖得香嫩烂酥。

> **探究·实践**
>
> **认识美食中的营养成分**
>
> 阅读图 5-2-1，尽可能在表 5-2-1 中列出你所知道的菜名和主要食材。
>
>
>
> 图 5-2-1 美味的食物（中间为红烧肉）
>
> 表 5-2-1 菜名和主要食材
>
> | 菜名 | 主要食材 |
> | --- | --- |
> | | |
> | | |
>
> **问题** 你知道这些主要食材的营养成分吗？它们对人体生命活动有何作用？

人体通过呼吸、饮水和进食获取营养和能量。食物成分中的糖类、脂肪、蛋白质、维生素、无机盐和水是人类维持生命和健康所必需的"六大营养素"。其中，糖类、脂肪、蛋白质是生命运动所需要能量的主要来源，被称为"三大营养物质"。

知识链接

膳食纤维

膳食纤维被称为人体不可缺少的"第七营养素"，是构成植物细胞的基础物质，也属于糖类。膳食纤维可被牛、羊、马等动物消化吸收，不能被人体消化，但它在人体消化过程中起着特殊的作用。因此应保证每天摄入一定量的蔬菜、水果和粗粮等含膳食纤维较多的食物。

一 糖类

李时珍《本草纲目》载："法出西域，唐太宗始遣人传其法入中国。以蔗汁过漳木槽，取而煎成。清者为蔗饧，凝结有沙者为沙糖，漆瓮造成，如石、如霜、如冰者，为石蜜、为糖霜、为冰糖也。"

从能量角度看，糖类（图 5-2-2）是人体的"第一能源"。人体中提供能量的最基本的糖类物质是葡萄糖（图 5-2-3），1 g 葡萄糖与氧气反应生成二氧化碳和水，约放出 17.2 kJ 的能量。

$$C_6H_{12}O_6 + 6O_2 \xrightarrow{\text{酶}} 6CO_2 + 6H_2O$$

糖类在植物体内主要以淀粉形式存在，这是由于植物通过光合作用生成葡萄糖，又经复杂的化学变化转化成了淀粉。

$$6CO_2 + 6H_2O \xrightarrow[\text{叶绿素}]{\text{光照}} C_6H_{12}O_6 + 6O_2$$

如何探究绿色植物光合作用的产物呢？

图 5-2-2　食物中的糖类

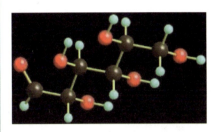

图 5-2-3　葡萄糖分子模型

探究·实践

绿色植物的光合作用

实验目的　探究光合作用的产物。

实验器材及装置　玻璃瓶、集气瓶、导管、澄清石灰水、浓氢氧化钠溶液等；装置如图 5-2-4 所示。

图 5-2-4　绿色植物光合作用实验装置示意图

实验资料

1. 淀粉遇碘会变为蓝色。
2. 溴麝香草酚蓝（BTB）是一种酸碱指示剂、吸附指示剂。BTB 溶液在 pH<6 时呈黄色，在 pH>7.6 时呈蓝色，在 pH 为 6～7.6 时呈过渡颜色绿色或淡蓝。

实验步骤

实验 1：在如图 5-2-4 所示的装置中，一段时间后，取玻璃瓶罩住的叶片及未罩住的一个叶片，分别经过脱色等处理，加入碘溶液。

实验 2：① 取淡蓝色的 BTB 溶液倒入试管 A 中。② 另取 BTB 溶液倒入大烧杯中，向溶液中吹气，溶液颜色变黄。③ 将大烧杯中的 BTB 溶液倒入 B、C、D 试管中，在 C、D 试管中各放入一棵植物。④ 用橡皮塞将 A、B、C、D 4 支试管塞紧，并用锡纸将试管 D 包裹。⑤ 将 4 支试管置于光照下，观察 BTB 溶液的变色情况。

知识链接

米汤里含有淀粉。淀粉具有遇碘变蓝的特性，这是由淀粉本身的结构特点决定的。淀粉是白色无定形粉末，由 10%～30% 的直链淀粉和 70%～90% 的支链淀粉组成。溶于水的直链淀粉借助分子内的氢键卷曲成螺旋状。如果加入碘液，碘液中的碘分子便嵌入螺旋结构的空隙处，并且借助范德华力与直链淀粉连在一起，形成了一种络合物。这种络合物能够比较均匀地吸收除蓝光以外的其他可见光（波长范围为 400～750 nm），从而使淀粉溶液呈现蓝色。

科学思维

植物进行光合作用吸收二氧化碳，产生氧气。但有人认为在房间里放许多植物后，夜间只进行呼吸作用，反而使房间里氧气含量降低，这种说法对吗？你能否设计实验来验证？

实验现象

实验1：观察到前者无变化，后者变蓝。

实验2：一段时间后，观察到A试管中溶液颜色仍为淡蓝色，B试管中溶液颜色仍为黄色，C试管中溶液颜色变为淡蓝色，D试管中溶液颜色仍为黄色。

其实，绿色植物的光合作用是一个很复杂的过程。植物通过光合作用，将无机物转化为有机物，将光能转化为化学能，同时维持大气中氧气和二氧化碳的相对平衡。

二 蛋白质

蛋白质是生命体的重要物质基础，是组成细胞的基础物质，是日常膳食中氮的主要来源，没有蛋白质就没有生命。人体的肌肉、皮肤、毛发、激素、酶等的主要成分都是蛋白质。蛋白质是一类结构很复杂的生物大分子，但它经过一系列反应能生成一类结构简单的有机物——氨基酸。氨基酸被人体吸收后，能在人体内合成人体所需要的各种蛋白质以及其他一些物质。1 g 蛋白质氧化时大约释放 18 kJ 的能量。

知识链接

茚三酮反应十分灵敏，根据反应所生成的蓝紫色的深浅，用分光光度计在 570 nm 波长下进行比色就可测定样品中氨基酸的含量（在一定浓度范围内，显色溶液的吸光率与氨基酸的含量成正比），也可以在分离氨基酸时作为显色剂对氨基酸进行定性或定量分析。在法医学上，使用茚三酮反应可采集犯罪嫌疑人在犯罪现场留下来的指纹，因为手汗中含有多种氨基酸，遇茚三酮后会发生显色反应。

人要保持身体健康，首先要适当地摄取蛋白质，瘦肉、鱼、牛奶、豆腐等都是含有较多蛋白质的食品（图5-2-5）。人体内如果蛋白质供应不足，会导致生长发育迟缓，体重减轻，容易疲劳，对传染病的抵抗力下降，病后不易恢复健康，甚至发生贫血、营养不良性水肿等疾病。

图 5-2-5　富含蛋白质的食品

袁枚的《随园食单·小菜单》有"腌蛋"一条："腌蛋以高邮为佳，颜色红而油多，高文端公最喜食之。席间先夹取以敬客。放盘中，总宜切开带壳，黄白兼用；不可存黄去白，使味不全，油亦走散。"

咸鸭蛋（图5-2-6）是人们常食用的一种食品，咸鸭蛋黄还是制作粽子、点心等食品的材料。咸鸭蛋中富含锌、钙，对儿童骨骼的生长等有帮助，并能在一定程度上预防贫血。咸鸭蛋在腌制过程中，食盐通过蛋壳及蛋壳膜不断向蛋内渗透，虽然没有改变蛋白质及脂肪的成分，但却改变了蛋白中蛋白质的特性及蛋黄中脂肪的含量。

图 5-2-6　高邮咸鸭蛋

> **技能训练**
>
> **尝试腌制咸鸭蛋**
>
> **活动目的** 学会腌制咸鸭蛋。
>
> **活动器材** 坛子、食盐、新鲜鸭蛋、开水等。
>
> **活动步骤**
>
> 1. 清洗鸭蛋：选择新鲜的鸭蛋，清洗干净，晾干。
> 2. 配制盐水：将水烧开，将食盐溶解在开水中达到饱和状态（浓度约为26%），冷却。
> 3. 腌制鸭蛋：将冷盐水倒入坛中，并将洗净晾干的鸭蛋逐个放进盐水中，密封坛口，置通风处，25天左右后即可开坛取蛋煮食。
>
> **注意**
>
> 1. 水和盐的用量按鸭蛋的多少来定。
> 2. 待盐水冷却后方可倒入坛中。
> 3. 器具一定要清洁卫生，保持密封性，不要随意打开。

科学思维

制作好的咸鸭蛋什么时间食用其亚硝酸盐的含量最低？

三 脂肪

脂肪存在于人体和动物的皮下组织及植物体中，是生物体的组成部分和储能物质。扬雄《太玄·灶》记载："脂牛正肪，不濯釜而烹，则欧歆之疾至。"范望注："今以脂肪之肉，必当澡濯釜鼎以煮潃之。"秦牧《吃动物》："黑熊的肉脂肪层很厚，吃起来有点像猪肉。"

食物中的油脂（图 5-2-7）主要是油和脂肪，一般把常温下是液体的称作油，是固体的则称作脂肪。一些动物和植物性食物中富含油脂，如猪肉（肥）、花生仁与核桃等。

图 5-2-7 食物中的油脂

脂肪由 C、H、O 三种元素组成，是由甘油和脂肪酸组成的三酰甘油酯。其中甘油的分子比较简单，而脂肪酸的种类和分子长度却不相同。因此脂肪的性质和特点主要取决于脂肪酸，不同食物中的脂肪所含有的脂肪酸种类和含量不一样。自然界有 40 多种脂肪酸，因此可形成多种三酰甘油酯。脂肪酸一般由 4 个到 24 个碳原子组成。脂肪酸分三大类：饱和脂肪酸、单不饱和脂肪酸、多不饱和脂肪酸。脂肪可溶于多数有机溶剂，但不溶于水。

脂肪是人体必需的三大营养物质中单位质量产生热量最高的物质。完全氧化 1 g 脂肪所产生的能量约为 39.3 kJ，是完全氧化 1 g 葡萄糖所产生能量的两倍多。

含有脂肪的物质在空气中放置过久会发生酸败。要抑制或减缓

知识链接

吸油纸

常看到有些女孩子用纸巾去除脸上的油光，你是否也会这样做呢？

纸巾的纤维与肌肤摩擦，会造成角质层上微小的挫伤，破坏皮肤的抵抗力，从而导致各种皮肤问题，加速皮肤老化，所以应当极力避免摩擦皮肤。

吸油纸则比普通纸巾质地细腻，且它与皮肤粘贴式接触，不必担心对皮肤造成伤害。午餐和晚餐后，人的脸上出油较多，此时只需用吸油纸轻轻按压吸油即可。

知识链接

酸败俗称"哈喇"。酸败的脂肪不宜食用。一般酸败后脂肪的密度减小，碘值降低，酸值增高。脂肪暴露在空气中，经光、热、湿和空气的作用，或者经微生物的作用，可产生一种特有的臭味气体，此作用称为酸败作用。

脂肪中的不饱和脂肪酸的双键被空气中的氧气所氧化，生成分子量较小的醛和酸的复杂混合物，而光和热加快了这一氧化过程。脂肪在高温、高湿和通风不良的情况下，可因微生物的作用而发生水解，产生脂肪酸和甘油，脂肪酸可经微生物进一步作用，生成酮。

酸败的发生通常有两种办法：一是使用合适的抗氧化剂；二是将其保存在低温环境里，如将其置于冰箱中。

脂肪在小肠里由于受酶的催化而发生水解（图 5-2-8），主要生成脂肪酸和甘油，它们为肠壁所吸收，作为人体营养物质。

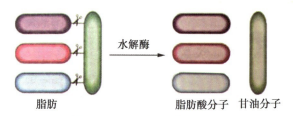

图 5-2-8　脂肪在酶的作用下分解

四　维生素

脚气病，在晋代称为"脚弱病"，曾在岭南、江南地区流行，到了唐代又蔓延到北方。韩愈在《祭十二郎文》中提到的"江南多软脚病"即指脚气病。唐代医书中有脚气病的记载，同时指出这种病是因为吃精白米引起的。唐代名医孙思邈在《千金方》中专门介绍了脚气病如何预防和治疗："用赤小豆、乌豆等可治疗，长期吃糙米可预防。"

维生素是维持人体生命活动必需的一类有机物质，也是保持人体健康的重要活性物质。人体内不断地进行着各种生化反应，其反应与酶的催化作用有密切关系。许多维生素是酶的辅酶或辅酶的组成分子。维生素是以"生物活性物质"的形式存在于人体组织中的。长期缺乏任何一种维生素都会导致某种营养不良症及相应的疾病。各种富含维生素 C 的水果如图 5-2-9 所示。

图 5-2-9　各种富含维生素 C 的水果

探究·实践

维生素 C 含量检测

实验目的　学会检测维生素 C 含量。

实验器材　烧杯、玻璃棒、胶头滴管、酸性高锰酸钾溶液、橘子、苹果、梨、香蕉、维生素 C 片等。

实验步骤

1. 将 4 种水果分别搅碎待用。
2. 向 5 个烧杯中分别倒入等量的酸性高锰酸钾溶液。
3. 向烧杯 1 中加入维生素 C 2 片。
4. 将 4 种水果汁分别滴入另外 4 个烧杯中，边滴加边搅拌，记录溶液褪色时的滴数。

实验结论

1. 褪色需要滴数最多的是_____果汁。
2. 维生素 C 含量最高的水果是_____。

科学思维

维生素发现史

1. 公元前 3500 年，古埃及人发现了能防治夜盲症的物质，也就是后来的维生素 A。
2. 1747 年，苏格兰医生林德发现柠檬能治坏血病，也就是后来的维生素 C。
3. 1896 年，荷兰王国科学家伊克曼首先发现了维生素 B_1 对治疗脚气病有奇效。1910 年，波兰科学家卡西米尔·冯克成功从米糠中提取出维生素 B_1。

人类每日必须通过膳食（或维生素制剂）摄入一定数量的蛋白质、糖类、脂肪及各种维生素，但并非愈多愈好，生命体对任何营养素的需求都是有范围的。

一、概念理解

1. 下列营养素在人体内含量最高且又**不属于**有机物的是（ ）。
   A. 水 　　　　　　　B. 脂肪 　　　　　　C. 维生素 　　　　　D. 蛋白质

2. 人体缺锌可能会引起的症状是（ ）。
   A. 贫血
   B. 骨质软化及骨质疏松
   C. 甲状腺素合成减少
   D. 儿童生长发育不良，智力低下

3. 下列有关蛋白质的叙述**错误**的是（ ）。
   A. 蛋白质是构成细胞的基本物质
   B. 人体通过食物获得的蛋白质在胃肠里与水发生反应生成氨基酸
   C. 香烟的烟气中含有 CO，血红蛋白结合了 CO 后很难再与 O_2 结合
   D. 酶是一类重要的蛋白质，是生物催化剂，一种酶能催化多种反应

4. 小刚欲检测一包食盐是否是加碘食盐 (加碘食盐中的碘元素以 KIO_3 形式存在)。他查阅资料得知加碘食盐中的 KIO_3 在酸性条件下能与 KI 溶液发生反应生成碘 (I_2)，I_2 遇淀粉变蓝色。现提供下列试剂和生活中常见的物质：① 米汤、② 纯碱、③ KI 溶液、④ 白糖、⑤ 白酒、⑥ 白醋。该同学进行检验必须选用的试剂和物质是（ ）。
   A. ①③④ 　　　　B. ①③⑥ 　　　　C. ②④⑥ 　　　　D. ①④⑤

二、思维拓展

国际癌症研究机构对红肉和加工红肉的致癌性进行了评价，认为其致癌可能性较高。还有研究者认为红肉的加工方式会导致致癌风险的增高。加工红肉指经腌制、烟熏或其他工艺处理后的红肉类食品，如香肠、熏制火腿等。在红肉加工过程中会形成亚硝酸复合物、多环芳烃等致癌物质。其中，由木材不完全燃烧产生的多环芳烃类物质苯并芘（$C_{20}H_{12}$）具有很强的致癌性。红肉加工工艺和苯并芘含量的关系如右表所示。

虽然加工红肉中含有一定的致癌物质，但红肉中还有大量的保护因子（如叶酸、维生素 A、硒等），因此，因噎废食的做法是不合理的。我们可以通过增加蔬菜、水果的摄入量，合理均衡膳食，维持人体健康。

样品名称	熏制温度 /℃	熏制时间 /h	苯并芘含量 /（ug/kg）
香肠	67	3	0.5
香肠	77	3	1.1
熏制火腿	65	14	0.5
熏制火腿	35	500	1.3～1.5

依据上述内容，回答下列问题：

（1）红肉中含有的营养物质主要有_____。

（2）推测熏制红肉所用木材中一定含有的元素是_____。

（3）从表中数据推测，影响加工红肉中苯并芘含量的因素可能包括_____。

（4）下列有关叙述正确的是（ ）。
   A. 高血压患者一定不能食用红肉
   B. 加工红肉中的亚硝酸复合物是致癌物质
   C. 苯并芘分子中碳、氢原子个数比是 5∶3
   D. 食用等量的红肉加工品，比食用红肉引发心脏病的风险低

第 3 节 茶韵悠悠酒飘香
——历史悠久的酒、茶文化

学习目标

区别　含酒精饮料与无酒精饮料
认识　茶、酒及其他饮料
了解　水、无机盐的作用
分析　实验数据
动手　自制汽水
　　　自制果酒

关键词

- 水
- 茶
- 酒

《清稗类钞·饮食类·饮料食品》中记载："饮，咽水也。茶、酒、汤、羹（汤之和味而中杂以菜蔬肉臛者，曰羹）、浆、酪之属，皆饮料也。食，以有定质之物入口，间或杂有流质，而亦最居少数者也。然所谓食品者，有时亦赅饮料而言，盖人所以养口腹之物，皆曰食也。"

饮料种类繁多（图5-3-1），通常有酒、茶、汤、羹类等，此外还有可乐、咖啡、奶茶、果汁……通常把饮料分为含酒精饮料和无酒精饮料，无酒精饮料又称软饮料。含酒精饮料是指乙醇（酒精）含量在 0.5%～65%(体积比) 的饮料，包括各种发酵酒、蒸馏酒及配制酒。无酒精饮料是指酒精体积分数小于 0.5%，以补充人体水分为主要目的的流质食品，包括固体饮料。

图 5-3-1　各种饮料

探究·实践

认识饮料中的主要成分

从图5-3-1中任选几种饮料进行分类并完成表5-3-1。

表 5-3-1　饮料及分类

饮料名	分类

思考　茶、酒及其他饮料的营养成分表或配料表有何不同？分别适合哪些群体？为什么？请与小组内同学交流并分享你的想法。

一 无酒精饮料

无酒精饮料主要包括碳酸饮料类、果蔬汁饮料类、蛋白饮料类、包装饮用水类、茶饮料类、咖啡饮料类、固体饮料类、特殊用途饮料类、植物饮料类、风味饮料类、其他饮料类等。饮料中含量最高的是水，另外还含有各种营养成分和添加剂等。

❀ 水

水是生命之源，没有水就没有生命。水是一切生命赖以生存的最基本的物质基础，生命体的最基本组成就是水。人体依靠水作溶剂，与外界进行物质交换，细胞内很多代谢必须发生在水环境中，水也参与很多生化反应。一个成年人一昼夜需要补充 2.5~4 L 水，才能维持体内的水分平衡。

> **知识链接**
>
> 白开水是最好的饮料产品。习惯喝白开水的人，体内脱氧酶活性高，肌肉内乳酸堆积少，不容易产生疲劳。老年人多喝白开水可以预防心肌缺血、肺缺血、脑血管堵塞、心肌梗死等疾病。

> **技能训练**
>
> **初识标签**
>
> 工业上以 1 dm³ 水中含有的 MgO 与 CaO 总量相当于 10 mg 的 CaO 定义为硬度 1°，硬度在 8° 以上的为硬水。如表 5-3-2 所示为某矿泉水的标签，请你通过简单的计算来判断这瓶水是不是硬水。
>
> **表 5-3-2 某矿泉水的标签**
>
> | 特征性指标 | |
> | --- | --- |
> | 矿物质 | 含量 / (mg/L) |
> | 钾 | 0.15~5.0 |
> | 钠 | 0.55~8.0 |
> | 镁 | 0.35~5.0 |
> | 钙 | 1.5~6.0 |
> | 锶 | 0.05~0.2 |
> | 偏硅酸 | 1.0~50 |
> | 溶解性总固体 | 50~200 |
> | pH | 7.45 ± 0.6 |
>
> **反思与交流** 矿泉水中的这些矿物质对人体有什么作用？查阅资料与小组成员分享你的成果。

❀ 茶

山泉煎茶有怀

[唐] 白居易

坐酌泠泠水，看煎瑟瑟尘。
无由持一碗，寄与爱茶人。

中国的茶文化历史悠久，据古书记载，上古时期的神农便发现并开发了茶（图 5-3-2），从此中国茶和茶文化不断发展和创新。《中国茶经》把茶分为绿茶、红茶、乌龙茶、白茶、黄茶、黑茶六大类。

> **知识链接**
>
> **茶 圣**
>
> 陆羽，被称为中国的茶圣，唐代复州竟陵（今湖北天门）人。他前后共花费 26 年，才最终完成了世界上第一部茶叶专著——《茶经》。《茶经》是全面记载茶叶生产的历史、源流、现状、技术以及饮茶技艺、茶道原理的综合性论著。《茶经》又是一本阐述茶文化的书，它将普通茶事升格为一种美妙的文化技艺。

图 5-3-2 茶叶

知识链接

关于茶的更多内容请见"苏式"STEAM精品系列课程丛书之《苏州印记》（苏州大学出版社 2018 年 10 月版）第 3 章"烟雨姑苏茶飘香"。

科学思维

茶叶中有一种叫作单宁酸的物质，它可以与硫酸亚铁中的亚铁离子反应生成单宁酸亚铁，该物质被氧气氧化为蓝黑色的单宁酸铁，而草酸可以将铁离子还原为亚铁离子。

艺术鉴赏

图 5-3-3　茶壶建筑

科学思维

有人认为果汁营养丰富，用果汁来代替水，这种做法对吗？

探究·实践

调查江苏名茶分布

请查阅资料，了解江苏各地的名茶和茶的分类，并完成表 5-3-3。

表 5-3-3　江苏名茶及其分类

地区	茶名	分类
苏州洞庭山	碧螺春	绿茶

思考　你喜欢喝什么茶？属于什么类别？喝茶与季节有关吗？

探究·实践

魔术：茶水变色

实验目的　学会进行简单的化学实验。

实验器材　玻璃杯（含半杯棕黄色茶水）、药匙、硫酸亚铁、草酸。

实验步骤

1. 向玻璃杯中加少量硫酸亚铁，振荡，观察现象。
2. 再向玻璃杯中加少量草酸，振荡，观察现象。

实验现象

1. 茶水变成蓝黑色。
2. 茶水由蓝黑色变为棕黄色。

反思与交流　你看过刘谦表演的魔术《水中分沙》吗？其实那不是普通的沙子，而是三甲基硅醇，感兴趣的同学可以在网上购买，增加这个魔术的观赏性。

人生如茶，在紧张繁忙之中，泡出一壶好茶，细细品味，通过品茶进入内心的修养过程，感悟苦辣酸甜的人生，使心灵得到净化。茶艺在融合中华民族优秀文化的基础上又广泛吸收和借鉴了其他艺术形式，并扩展到文学、艺术等领域，形成了具有浓厚民族特色的中国茶文化。

其他无酒精饮料

碳酸饮料是指在一定条件下充入二氧化碳气体的饮料，如可乐、雪碧、汽水等。

技能训练

自制汽水

活动目的　学会配制汽水。

活动器材　电子天平、药匙、饮料瓶（500 mL）、白糖、小苏打（$NaHCO_3$）、柠檬酸（$C_6H_8O_7$）、凉开水、果汁等。

制作过程
1. 在 500 mL 的饮料瓶中加入 2 匙白糖、1.5 g 小苏打。
2. 注入凉开水，加入适量果汁，再加入 1.5 g 柠檬酸。
3. 旋紧瓶盖，摇匀（图 5-3-4）。

注意 凉开水不要加得太多，否则会导致加入柠檬酸后产生二氧化碳气体时压强太大，将瓶盖冲开。

图 5-3-4　自制汽水

二 含酒精饮料

月下独酌
［唐］李白
花间一壶酒，独酌无相亲。
举杯邀明月，对影成三人。

我国是酒的故乡，也是酒文化的发源地，是世界上酿酒最早的国家之一。在中国数千年的文明发展史中，**酒**与文化的发展基本上是同步的。酒的种类包括白酒、啤酒、葡萄酒、黄酒、米酒、药酒等。

白酒

"何以解忧？唯有杜康。"为什么叫杜康呢？相传，酒是杜康发明制造的。晋人江统在《酒诰》里载有："酒之所兴，肇自上皇……有饭不尽，委余空桑，郁积成味，久蓄气芳。本出于此，不由奇方。"人们受这种自然发酵成酒的启示，逐渐发明了人工酿酒。

白酒生产中，传统的**固态发酵法**的制作过程主要有以下步骤：原料粉碎—配料（原料混合）—蒸煮糊化—冷却—拌醅—入窖发酵—蒸酒（蒸馏）。

> **技能训练**
>
> **自制固体酒精**
>
> **活动目的**　学会配制固体酒精。
>
> **活动器材**　烧杯、玻璃棒、药匙、醋精（30% 的醋酸溶液）、工业酒精（95% 的乙醇溶液）、碳酸钙等。
>
> **活动步骤**
> 1. 将醋精慢慢加入碳酸钙中，直到不再产生气泡为止。
> 2. 将所得溶液制成饱和溶液。
> 3. 向溶液中慢慢加入工业酒精，边倒边搅拌。
> 4. 溶液冷却后，即可得到固体酒精。
>
> **注意**　步骤 3 操作时需慢慢倒入，一开始酒精会剧烈沸腾，防止造成意外伤害。

葡萄酒

美国作家威廉·杨格曾说："一串葡萄是美丽、静止、纯洁的，但它只是水果而已；一旦压榨后，它就变成了一种动物，因为它变

知识链接

酒香来源于以下三个方面：
1. 原材料中带入，像高粱就可分解为丁香酸，进而增加白酒的芳香。
2. 在发酵过程中产生的多种具有特殊香气的有机物。
3. 在发酵、蒸馏或贮存过程中有机物发生化学反应生成的香味物质。

知识链接

"三沟一河"是江淮一带的传统名酒，即汤沟酒、高沟酒、双沟酒和洋河酒。

知识链接

固体酒精燃烧时无烟尘，火焰温度均匀，温度可达到 600 ℃ 左右。

固体酒精并不是固体状态的酒精（酒精的熔点是 –114.1 ℃），而是在工业酒精中加入凝固剂使之成为固态。

醋酸钙是一种制作固体酒精时用的凝固剂，当两种溶液相混合时，醋酸钙在酒精中成为凝胶析出，得到固体酒精。

知识链接

凉州词

[唐]王翰

葡萄美酒夜光杯，
欲饮琵琶马上催。
醉卧沙场君莫笑，
古来征战几人回？

知识链接

果酒酿制注意点：

1. 20 ℃左右最适合酵母菌繁殖，酒精发酵时一般将温度控制在18 ℃～25 ℃。

2. 发酵大约需要一星期，但是发酵过程中需要每天搅动一次，否则发酵效果不理想。

成酒以后，就有了动物的生命。"

技能训练

自制果酒

活动目的 学会自制果酒（以苹果酒的制作为例），初步了解酿制原理。

活动器材 苹果、白糖、柠檬、棉布、塑料桶等。

活动步骤

1. 清洗。把准备好的苹果洗净、晾干。
2. 切碎。把苹果切碎。如果怕麻烦，也可以用搅拌机进行搅制，但是加工过程中需要加入适量的清水。
3. 发酵。把切碎的苹果放入塑料桶中，再加入 5 kg 清水，上层盖上干净的棉布，放在温暖的地方发酵。
4. 过滤。发酵好以后用棉布进行过滤，得到苹果汁，再加入白糖，另外把柠檬加工成柠檬汁，与白糖一起放入苹果汁中。
5. 密封。将其密封起来，过两三天就能看到里面有气泡出现，等气泡大量出现又消失以后，再进行二次过滤，得到苹果酒。
6. 存放。放在瓶子中密封起来，过一星期就能饮用了。存放的时间越长，苹果酒的口感就越诱人。

酒精饮料除了白酒、红酒以外，江苏各地还有各种有名的黄酒、啤酒、米酒等，如苏州张家港市的黄酒沙洲优黄、苏州的冬酿酒、南通的糯米陈酒等。

本节自我评估

一、概念理解

1. 白酒在酿造过程中主要发生化学变化的步骤是（　　）。

   A. 原料粉碎　　　B. 配料　　　C. 入窖发酵　　　D. 蒸酒

2. 果汁中含有柠檬酸（$C_6H_8O_7$）。下列有关叙述**错误**的是（　　）。

   A. 柠檬酸的相对分子质量为 192 g

   B. 可以用果汁完全替代水来补充水分

   C. 柠檬酸中碳、氢、氧元素的质量比为 9∶1∶14

   D. 柠檬酸是由碳、氢、氧 3 种元素组成的混合物

3. 米酒味道变酸是因为米酒中产生的醋酸杆菌使乙醇（C_2H_5OH）和氧气发生反应生成了醋酸（CH_3COOH）和另一种常见的液体。回答下列问题：

   （1）食物变质是一种_____（填"剧烈"或"缓慢"）氧化反应。

   （2）米酒味道变酸的化学反应方程式为_____。

   （3）可用_____检验米酒味道变酸确实生成了醋酸。

二、思维拓展

1. "酒越陈越香"，这种说法正确吗？请你阅读下列资料，回答问题：

新蒸出的白酒气味不正，因为新酒中含有硫化氢、硫醇等臭味物质。硫化氢、硫醇等低沸点物质挥发出来后，酒的杂味大为减少，所以需要贮存老熟的过程。老熟过程中会发生氧化、还原、酯化、水解等各种反应，使酒中醇、酸、酯、醛等物质达到最佳值，酒香增加，酒味柔和。清香型酒的主体香是乙酸乙酯，在老熟1年半左右时间达到最高值，贮存期延长，主体香成分反而下降，老熟10年的酒，其主体香成分降低大约75%，说明白酒必须有一定的贮存期。

思考并回答：下列关于在酒的酿制过程中要注意的问题的叙述**错误**的是（　　）。

A．酒越陈越香　　　　　　　　　　　B．老熟过程只发生化学变化

C．白酒的香味是酒精的气味　　　　　D．发酵期越长，发酵池中酒精含量越高

2．化学与生活是紧密相连的。阅读下列科普短文，然后回答问题：

酒精是一种无色透明、易挥发、易燃烧、不导电的液体；有酒的气味和刺激的辛辣滋味，微甘；学名是乙醇，化学式为 C_2H_6O；凝固点为 –117.3 ℃，沸点为 78.2 ℃；能与水、甲醇、乙醚和氯仿等以任何比例混溶；有吸湿性；与水能形成共沸混合物，共沸点为 78.15 ℃。酒精蒸气与空气混合能引起爆炸，爆炸极限浓度为 3.5%～18.0%（V/V）。酒精体积比浓度在 70% 时，对于细菌具有强烈的杀伤作用，也可以作防腐剂、溶剂等。处于临界状态的酒精有极其强烈的溶解能力，可实现超临界萃取。酒精可以代替汽油作燃料，是一种可再生能源。

酒精还常用于制酒工业。但成年人长期酗酒可引起多发慢性胃炎、脂肪肝、肝硬化、心肌损害及器质性精神病等。青少年处于生长发育阶段，对酒精产生的危害更为敏感，需要谨慎喝酒。

（1）酒精 ＿＿＿＿＿＿＿（填"易"或"难"）溶于水。

（2）酒精具有 ＿＿＿＿＿ 性，所以可以燃烧，写出酒精燃烧生成物的化学式：＿＿＿＿＿＿。

（3）70% 酒精的用途有 ＿＿＿＿＿＿＿＿＿＿＿＿。（至少写1点）

（4）成年人长期酗酒的危害是 ＿＿＿＿＿＿＿＿＿＿＿＿。（至少写1点）

3．调查研究：请你设计一份调查问卷，统计身边的同学和家人经常饮用的饮料，了解他们的饮食习惯，并为他们提供一些饮食建议。

第 4 节 众口能调
——美食的色、香、味

学习目标

区别 食品添加剂与非法添加物
认识 盐、酱油、醋、味精、亚硝酸盐、二氧化硫
了解 添加剂的量对食物的影响
分析 实验数据
动手 烧制一道美食
自制果醋

关键词

- 盐
- 酱油
- 醋
- 味精
- 亚硝酸盐
- 二氧化硫
- 脱氧剂

科学思维

添加剂无害就是有益吗？

知识链接

明清时期，扬州是两淮盐运集散中心地，拥有雄厚的经济基础、文化底蕴。两淮盐商们还招纳了全国各地的文人学者聚集扬州，一时间名士云集。

柴米油盐酱醋茶，般般都在别人家。岁暮清淡无一事，竹堂寺里看梅花。（唐寅《除夕口占》）

谚语"开门七件事，柴米油盐酱醋茶"，说的是老百姓每天为生活而奔波忙碌的七件事，也是每个家庭一天正常运作离不开的七件生活必需品。随着社会的不断发展和人民生活水平的不断提升，"开门七件事"也相应发生了一些变化。比如，在现代中国大多数地区，柴已被液化石油气、天然气和管道煤气等所取代；米、油分别对应着各种食材中的糖类与脂肪；但盐、酱、醋仍是中国饮食文化的主要组成部分，主要用于烹饪，来增加食物的色、香、味；酒、茶则以相应的酒文化与茶文化而闻名于世。

> **探究·实践**
>
> **自制"牛奶"**
>
> **实验目的** 利用食品添加剂配制"牛奶"。
> **实验器材** 牛奶味香精、羟甲基纤维素钠、二氧化钛、半瓶水等。
> **实验步骤**
> 1. 在半瓶水中加入牛奶味香精 1 滴，振荡。
> 2. 向瓶中加入少量增稠剂羟甲基纤维素钠，振荡。
> 3. 再向瓶中加入少量白色的着色剂二氧化钛，振荡，观察。
>
> **实验现象** 观察到瓶中的水变成了跟牛奶一样的液体。
> **思考** 上述实验中还可以继续添加甜蜜素、诱惑红等添加剂，变成各种口味的"牛奶"。通过这个实验，结合生活经验，与小组同学交流你对食品添加剂的看法与态度。

食品添加剂是指为改善食品品质和色、香、味，以及为防腐、保鲜和加工工艺的需要而加入食品中的人工合成物质或者天然物质。营养强化剂、食品用香料、胶基糖果中的基础剂物质、食品工业用加工助剂也包括在内。当你喝着香甜的奶茶，吃着精美的点心时，别忘了看一眼印刷精美的包装上的营养成分表、配料表，你就会发现每种饮料、食品中都有添加剂成分。

食品添加剂一般不单独作为食品来食用。到目前为止，全世界食品添加剂品种达到 25000 多种。符合规定的食品添加剂可以安全食用，但像三聚氰胺、孔雀石绿、苏丹红等物质禁止在食品中添加，因为它们是化工原料。

一 美食中的色、香、味

盐

盐是五味之首。"五味"，即甜酸苦辣咸，咸味即盐。被认为是中国最早的史书——《尚书》中这样写道："若作和羹，尔惟盐梅。"

食盐的主要成分是**氯化钠**（化学式为NaCl）。纯净的氯化钠晶体是无色透明的立方晶体，熔点801 ℃，沸点1442 ℃，易溶于水，味咸。氯化钠大量存在于海水和天然盐湖中，可用于食品调味以及腌制鱼、肉、蔬菜等。

固态的氯化钠不导电，但熔融态的氯化钠可以导电，可用来制取氯气、氢气、盐酸、氢氧化钠、氯酸盐、次氯酸盐、漂白粉及金属钠等，是重要的化工原料；经高度精制的氯化钠可用来制生理盐水，用于临床治疗和生理实验，如失钠、失水、失血等情况。

探究·实践

鸡蛋上浮的奥秘

实验目的 认识食盐在水中溶解时的密度变化。

实验器材 烧杯、药匙、食盐、水、生鸡蛋、白醋等。

实验步骤

1. 在烧杯中放入一半的水，将鸡蛋放入水中（图5-4-1），观察现象。
2. 向烧杯中加入食盐，边加边搅拌，观察现象。
3. 鸡蛋上浮后，向烧杯中加少量水，观察现象。

实验现象 观察到鸡蛋先不动，后上浮，加水后鸡蛋又下沉。

反思与交流 将水换为白醋，观察现象，并与小组成员交流。

图5-4-1 鸡蛋上浮

酱

酱油俗称豉油，主要由大豆、小麦、食盐经过制油、发酵等程序酿制而成。酱油的成分比较复杂，除食盐外，还有多种氨基酸、糖类、有机酸、色素及香料等成分。酱油以咸味为主，亦有鲜味、香味等。它能增加和改善菜肴的味道，还能增添或改变菜肴的色泽。中国古代劳动人民在数千年前就已经掌握其酿制工艺了。

探究·实践

比较生抽酱油与老抽酱油

实验目的 了解生抽酱油与老抽酱油的差异。

实验步骤 根据知识链接，比较差异，完成表5-4-1。

表5-4-1 生抽酱油与老抽酱油的差异

	生抽酱油	老抽酱油
颜色		
味道		
用途		
制作		

醋

醋是中国各大菜系中传统的调味品。"醋"在中国古称"酢""醯""苦酒"等。"酉"是"酒"字最早的甲骨文。同时把"醋"

美文鉴赏

陆文夫《美食家》片段：

这放盐也不是一成不变的，要因人、因时而变。一桌酒席摆开，开头的几只菜要偏咸，因为人们刚刚开始吃，嘴巴淡，体内需要盐。以后的一只只菜上来，就要逐步淡下去。如果这桌酒席有四十个菜的话，那最后的一只汤简直就不能放盐，大家一喝，照样喊鲜。因为那么多的酒和菜都已经吃下去，身体内的盐分已经达到了饱和点，这时候最需要的是水，水里还放了味精，当然鲜！

知识链接

白醋会与鸡蛋壳中的碳酸钙反应，产生二氧化碳气体，气泡附着在鸡蛋表面，浮力增大，鸡蛋上浮。

知识链接

酱油按照颜色一般可分为生抽和老抽两种。

1. 生抽。

颜色：生抽颜色比较淡，呈红褐色。

味道：生抽是一般烹调用的，吃起来味道比较咸。

用途：生抽用来调味，因颜色淡，故做一般的炒菜或者凉菜的时候用得多。

生抽的制作：以大豆、面粉为主要原料，人工接入种曲，经天然露晒、发酵而成。

2. 老抽。

颜色：老抽中加入了焦糖色，颜色很深，呈棕褐色，有光泽。

味道：老抽吃起来有一种鲜美、微甜的口感。

用途：一般用来给食品着色。

老抽的制作：在生抽酱油的基础上，加焦糖色并经过特殊工艺制成。

称为"苦酒",也同样说明"醋"是起源于"酒"的。中国四大名醋之一的镇江香醋,有"酸而不涩,香而微甜,色浓味鲜,愈存愈醇"等特色。食醋中一般含有3%~5%的醋酸,醋酸的化学名称为乙酸(化学式为CH_3COOH),是无色有刺激性气味的液体,能溶于水。

果醋是以水果为主要原料,利用现代生物技术酿制而成的一种营养丰富、风味优良的酸味调味品。它兼有水果和食醋的营养保健功能。长时间劳动和剧烈运动后,人体内会产生大量乳酸,使人感觉疲劳,适时补充果醋,能促进代谢功能恢复,从而消除疲劳。

> **知识链接**
>
> 苹果醋的作用:
> 1. 保健。
> 2. 护肤。
> 3. 美容塑体。
> 4. 消除疲劳。
> 5. 预防感冒。
> 6. 抗衰老。
> 7. 醒酒。

技能训练
制作苹果醋

活动目的 学会制作苹果醋。

活动器材 米醋300 g,苹果300 g,蜂蜜60 g,冰糖80 g。

活动步骤

1. 准备好新鲜的苹果,洗干净,切成片。取几片苹果放在洗净、晾干的玻璃瓶中,放入冰糖,再放入几片苹果,依次堆积,注意要留下三分之一的空间。
2. 在玻璃瓶中倒入米醋至漫过固体物,密封。
3. 发酵2周至3个月左右,当瓶内溶液颜色变成金黄色,表明苹果醋制作成功了。
4. 饮用时,兑上一到两倍的纯净水或蜂蜜水,调和均匀即可。

❋ 味精

味精是国内外广泛使用的增鲜调味品之一,为白色柱状结晶体,其主要成分为谷氨酸钠($C_5H_8NO_4Na$)和食盐。人体摄入味精后,谷氨酸钠与胃酸作用生成谷氨酸和氯化钠,很快被消化吸收为蛋白质,并参与人体中的多种新陈代谢。味精的使用量占食品质量的0.2%~0.8%时能最大限度地增进食品的天然风味。

> **知识链接**
>
> 实验研究表明,味精对婴幼儿,特别是几周以内的婴儿的生长发育有严重影响。它能使婴幼儿血中的锌转变为谷氨酸锌随尿排出,造成体内缺锌,影响宝宝的生长发育,并造成智力减退和厌食等不良后果。因此,产后3个月内,乳母和婴幼儿的菜肴中不要加味精。

探究·实践
探究味精鲜味的影响因素

实验目的 通过数据分析了解影响味精鲜味的因素。

实验数据 经实验测定发现,当将味精加热至100 ℃以上时,会引起部分失水,生成焦谷氨酸钠,失去鲜味,且有轻微毒性。相关数据见表5-4-2、表5-4-3。

表5-4-2 焦谷氨酸钠含量与加热温度和时间的关系

加热时间 /h	焦谷氨酸钠含量 /%		
	100 ℃	107 ℃	115 ℃
0.5	0.3	0.4	0.7
1.0	0.6	0.9	1.4
2.0	1.1	1.9	2.8
4.0	2.1	3.6	5.7

表 5-4-3　味精的鲜味与 pH 的关系

pH	小于 4.0	5.5~8.0	大于 8.0
味精鲜味	较弱	最强	消失

表达与交流　请你和小组成员讨论烧菜时添加味精的注意事项。

亚硝酸盐

亚硝酸盐是一类无机化合物的总称，主要指亚硝酸钠（$NaNO_2$）。亚硝酸钠呈白色或淡黄色粉末状，有咸味，易溶于水，是一种常见的食品添加剂，广泛用于各种火腿、酱卤肉等熟肉类食品加工，作为防腐剂和护色剂，以防止食品腐败，改进肉类颜色。

在粮食、豆类、蔬菜、肉类、蛋类等食物中都可以检测出一定量的亚硝酸盐。蔬菜中一般都含有硝酸盐，含量最高的是茎叶类蔬菜，其次是根茎类蔬菜，然后是瓜类蔬菜。它们在煮熟后如果久置，硝酸盐就会转化为亚硝酸盐。

科学思维

网传隔夜菜、肉类腌制品不能吃，是因为含亚硝酸盐。这是真的吗？

探究·实践

隔夜菜中的亚硝酸盐含量会超标吗？

实验目的　通过实验了解隔夜菜中的亚硝酸盐含量。
实验器材　清炒芹菜、清炒菠菜、小白菜炒肉。
实验步骤
1. 将三种菜分成 6 份，常温和冷藏条件下各保存一半。
2. 取 1 h 后、6 h 后、20 h 后的剩菜，经过捣碎、提取、离心、过滤，取出汤汁。
3. 通过比色法逐一测得样品中亚硝酸盐含量。

实验数据　如图 5-4-2、图 5-4-3 所示。

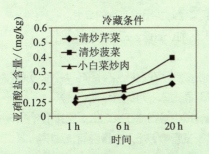

图 5-4-2　冷藏条件下食物中亚硝酸盐含量的变化情况

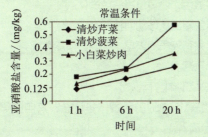

图 5-4-3　常温条件下食物中亚硝酸盐含量的变化情况

实验结论　实验结果表明，三种菜在放置 20 h 后，无论常温还是冷藏，亚硝酸盐含量均增加，但未超过国家标准。

知识链接

亚硝酸盐本身并无致癌效应，它被吸入血液 1~5 min 后就已经分解。亚硝酸盐在胃中酸性环境下易与氨基酸的分解产物发生反应，产生致癌物。摄入维生素 C 可以阻止致癌物产生。

知识链接

人体对亚硝酸盐的一次性安全摄入量为每千克体重 0.2 mg。我们日常吃的大米、蔬菜、肉品里面几乎都含有亚硝酸盐。有数据显示，人体摄入的亚硝酸盐 80% 来自蔬菜。如果你的体重为 50 kg，即使一次性吃 2.5 kg 蔬菜也是安全的。因此，将亚硝酸盐摄入量控制在安全范围内不会对人体造成危害。

科学思维

说起二氧化硫（SO_2），你可能首先想到它是空气质量播报中提及的大气污染物。难道它只是有害物质吗？你对物质的有害与有益是怎样看待的？

二 美食的保鲜与防腐

食品保鲜剂是指为防止食品在储存、流通过程中由于微生物繁殖引起变质，或由于储存、销售条件不善导致食品内在品质发生劣变、色泽下降而使用的食品添加剂。

❀ SO_2——保鲜剂

SO_2 作为防腐剂、漂白剂和抗氧化剂广泛用于食品行业。葡萄酒酿制中适量添加保鲜剂 SO_2，可防止葡萄酒在陈酿和贮藏过程中被氧化，抑制葡萄汁中微生物的活动。

国际食品添加剂联合专家委员会（JECFA）制定的二氧化硫安全摄入限度是每天每千克体重 0.7 mg。"安全摄入限度"的含义是：不超过这个含量的二氧化硫，即使长期食用，也不会带来可见的危害。

添加的保鲜剂并不一定是二氧化硫气体，可以是它的其他化合物，如各种亚硫酸盐、焦亚硫酸盐、亚硫酸氢盐等。这些物质能够实现与二氧化硫类似的功能。

❀ 铁粉——脱氧剂

脱氧剂也称为吸氧剂，是可吸收氧气、减缓食品氧化作用的添加剂。脱氧剂可有效地抑制霉菌和好氧性细菌等的生长，延长食品货架期，在防止脂肪酸败、防止肉类的氧化褐变以及防止食品中维生素的损失等方面也可起到很好的作用。常用铁粉作食品的脱氧剂。

图 5-4-4　用磁铁吸引脱氧剂

> ### 探究·实践
>
> **探究食品脱氧剂的成分**
>
> **实验目的**　通过实验了解食品脱氧剂的成分。
>
> **实验器材**　食品脱氧剂、磁铁、白醋、打火机等。
>
> **实验步骤**
>
> 1. 拆开一袋食品脱氧剂倒在白纸上（图 5-4-4），观察。
> 2. 用磁铁在白纸背面固体下方缓慢移动，观察。
> 3. 将打火机打着，取少量固体在火焰上缓慢撒下（图 5-4-5），观察。
> 4. 另取少量固体于试管中，加入少量白醋，观察。
>
> **实验现象**
>
> 1. 大部分固体为黑色，还有少量白色固体。
> 2. 部分黑色固体会随磁铁移动而移动。
> 3. 打火机火焰上会有较多的火星，说明固体能燃烧。
> 4. 产生许多细小气泡。
>
> **实验结论**　食品脱氧剂中含有铁粉。
>
> **反思交流**　食品脱氧剂中的白色固体是什么？其中的黑色固体全是铁粉吗？如何验证和分离？

图 5-4-5　用打火机点燃脱氧剂

在食品加工制造过程中合理使用食品添加剂，既可以使得加工食品色、香、味、形俱佳，还能保持和增加食品营养成分，防止食品腐败变质，延长食品保存期。随着食品工业的快速发展，加工食品的比重成倍增加，食品的种类日益繁多，我们接触到的食品添加剂也变得越来越多，人们对食品添加剂给食品安全带来的问题也越来越关注。正确掌握食品添加剂的有关知识，科学、准确、合理地使用食品添加剂，才能充分发挥食品添加剂在食品生产中的作用，保证食品安全。

> **科学思维**
>
> **食品添加剂 ≠ 违法添加物**
>
> 谈食品添加剂色变，更多的原因是混淆了非法添加物和食品添加剂的概念，把一些非法添加物的罪名扣到食品添加剂的头上显然是不公平的。

本节自我评估

一、概念理解

1. 下列各种物质中，能代替二氧化硫添加到葡萄酒中的是（　　）。
   A. 碳酸钠　　　　　　B. 硫酸钠　　　　　　C. 亚硫酸钠　　　　　　D. 氯化钠

2. 下列有关叙述**错误**的是（　　）。
   A. "吃隔夜菜会致癌"是没有科学依据的
   B. 常温储存及冷藏储存条件下，亚硝酸盐含量均呈增加趋势
   C. 适量吃富含维生素C的新鲜蔬菜、水果，有利于抑制致癌物的产生
   D. 蔬菜类的隔夜菜中亚硝酸盐含量要高于含肉类的隔夜菜

3. 下列关于味精的叙述合理的是（　　）。
   A. 炒菜时加入味精后生成焦谷氨酸钠的含量只与加热时间有关
   B. 烹饪时加入味精的最佳时间是大火翻炒时
   C. 婴幼儿食品中应该加入适量味精
   D. 味精应避免在酸性或碱性较强的条件下使用

4. 我国拥有丰富的海洋资源，我们可以从海水中提取食盐，并以此为原料制得具有广泛用途的氢氧化钠，主要工艺流程如下图所示。

（1）利用风吹日晒可以从海水中提取粗盐，风吹日晒的主要作用是_____。
（2）实验室粗盐提纯的步骤为溶解、_____、蒸发。
（3）氯化钠饱和溶液在通电条件下发生反应的化学方程式为_____。

二、思维拓展

大剂量的亚硝酸盐能够将人体内血红素中的铁元素由+2价氧化为+3价，从而使其失去携氧能力，引起全身组织缺氧，即产生亚硝酸盐中毒。当体内+3价铁血红蛋白达到20%~40%时就会出现缺氧症状，达到70%以上可导致死亡。为了测定煮熟的蔬菜中亚硝酸盐含量，研究人员选用白菜进行了测定。实验1的温度为20 ℃，实验2的温度为13 ℃。实验中分别取放置2 h、4 h、6 h、8 h、10 h、12 h、24 h的

熟白菜汁3滴，滴入1滴稀硫酸，再滴入2滴0.03%的高锰酸钾溶液，若溶液的紫红色褪去，表示含有亚硝酸盐。实验记录见下表：

时间/h	2	4	6	8	10	12	24
实验1	不褪色	不褪色	不褪色	由稍褪色到褪色且速度逐渐加快			
实验2	不褪色	不褪色	不褪色	不褪色	不褪色	褪色且速度加快	

依据以上内容，回答下列问题：

（1）高锰酸钾溶液中的溶质是 _____。

（2）亚硝酸盐使人体中毒的原因是 _____。

（3）下列有关亚硝酸盐的说法正确的是 _____（填字母序号）。

　　A. 煮熟蔬菜中的硝酸盐会被逐渐分解为亚硝酸盐

　　B. 温度越低，煮熟蔬菜中亚硝酸盐产生的速率越快

　　C. 亚硝酸盐与肌肉中的乳酸作用发生化学变化，产生亚硝胺

（4）为了减少蔬菜中硝酸盐的含量，在种植过程中应该适当减少 _____ 肥的施用。

（5）根据实验现象，你对一次吃不完的煮熟蔬菜的建议是 _____。

第 5 节 健康饮，安全食
——合理膳食

俗语"民以食为天，食以安为先"，表达了人们对于健康和安全饮食的追求。中国早在几千年前就有相关记载，《难经》记载："人赖饮食以生，五谷之味，薰肤（滋养皮肤），充身，泽毛。"《黄帝内经·素问》有："五谷为养，五果为助，五畜为益，五菜为充，气味合而服之，以补精益气。"《礼记·内则》曰："凡和，春多酸，夏多苦，秋多辛，冬多咸，调以滑甘。"

之前已领略了江苏的各种美食，可是你真的会"吃"、会"喝"吗？"吃""喝"是种很深邃的修行，若饮食不合理则可能导致"病从口入"。

学习目标

了解 健康饮食的方法
辨别 食品安全网络传言
尝试 为家人合理制定一日三餐

关键词

- 合理膳食
- 食品安全

一 谷类食物"多"一点

谷类食物含有丰富的糖类和蛋白质，是主要的能量来源，谷类中还含有 E 族和 B 族维生素以及 1.5%~3% 的无机盐。每人每日应摄取 12 种以上食物，每周摄入 25 种以上食物（表 5-5-1）。每日的膳食应包括谷薯类及杂豆类、蔬菜水果类、鱼肉蛋奶类以及大豆坚果类等食物（图 5-5-1），同时在饮食过程中应注意**粗细搭配、荤素搭配，三餐勿忘主食**。

表 5-5-1 建议摄入的主要食物品种数

食物类别	平均每天种类数	每周至少品种数
谷类、薯类、杂豆类	3	5
蔬菜、水果类	4	10
畜、禽、鱼、蛋类	3	5
奶、大豆、坚果类	2	5
合计	12	25

知识链接

古代五谷"稻、黍、稷、麦、菽"主要指稻类、黄米、粟、麦子和豆类。现代的"五谷杂粮"中的"五谷"通常指稻谷、麦子、大豆、玉米、薯类，"杂粮"通常指米和面粉以外的粮食。

盐	<6 g
油	25~30 g
奶及奶制品	300 g
大豆及坚果类	25~35 g
畜禽肉	40~75 g
水产品	40~75 g
蛋类	40~50 g
蔬菜类	300~500 g
水果类	200~350 g
谷薯类	250~400 g
全谷物和杂豆	50~150 g
薯类	50~100 g
水	1500~1700 mL

图 5-5-1 中国居民平衡膳食宝塔

二 蔬果奶豆"多"一点

蔬菜和水果富含维生素、无机盐和膳食纤维，且能量低，具有保持人体肠道正常功能以及降低慢性病发生风险的功能。果蔬中还含有各种有机酸、芳香物质及各种色素成分等，能够增进食欲，预防癌症，帮助塑身，促进人体健康。我们的饭桌上应该餐餐有蔬菜，保证每天摄入 300~500 g 蔬菜，深色蔬菜应占 1/2；天天吃水果，保证每天摄入 200~350 g 新鲜水果。

科学思维

果汁能代替水果吗？

首先，喝一杯纯果汁相当于吃 3 个水果，糖类被集中起来，容易造成肥胖。其次，榨汁后剩下的水果干被扔掉，纤维素也随之扔掉，而果汁中基本不含水果中的纤维素。再次，在压榨和捣碎过程中，水果中某些易氧化的维生素（如维生素 C）已经部分地被破坏，故其营养价值有不同程度的降低。

探究·实践

识别和清洗打工业蜡水果

实验目的 学会识别和清洗打工业蜡水果。
实验器材 打工业蜡水果、热水、湿纸巾等。
实验步骤

1. 识别：
   （1）看。工业蜡多含有染色剂，使用湿纸巾擦拭水果表面，如有较重的颜色，则可能是工业蜡。
   （2）闻。经工业蜡处理的水果会有轻微的刺鼻味。
   （3）刮。经工业蜡处理的水果用手指甲或水果刀一刮，会看到一层白色的蜡状物。

2. 清洗：
   （1）热水清洗。蜡遇热会熔化，把打蜡水果放到热水中，水中浮起一层蜡。
   （2）食盐洗。食盐的小颗粒能增强摩擦，也可以杀菌消毒。

实验现象 如图 5-5-2 和图 5-5-3 所示。

图 5-5-2 打蜡水果

图 5-5-3 工业蜡染色

建议 尽量购买时令水果，少购买反季节及长途运输的水果，以减少买到打蜡水果的概率。

奶类富含钙，有利于少年儿童的生长发育，能促进成人骨的健康，是优质蛋白质和 B 族维生素的良好来源，每天摄入 300 g 或相当量的乳制品可以较好补充不足。大豆富含优质蛋白质、必需脂肪酸、维生素 E 并含有大豆异黄酮、植物固醇等多种植物化合物。我们应经常吃豆制品和适量坚果。

知识链接

复原乳是指把牛奶浓缩、干燥成为浓缩乳或乳粉，再添加适量水，制成与原乳中水、固体物比例相当的乳液。复原乳在制作过程中经过了两次高温处理，虽然保留了蛋白质和矿物质，但是会造成维生素的流失。因此，复原乳没有营养是错误的。

三 鱼禽蛋肉"常"一点

鱼、禽、蛋和瘦肉均属于动物性食物，是蛋白质、脂肪、脂溶性维生素、B 族维生素和矿物质的良好来源。每周应摄入鱼 280~525 g，畜禽肉 280~525 g，蛋类 280~350 g，平均每天摄入总量 120~200 g。目前我国人群摄入的猪肉过多，应当适当多吃鱼、禽肉，减少猪肉

第 5 章 舌尖上的江苏
——江苏美食与美食文化

的摄入量，同时吃鸡蛋不弃蛋黄，少吃烟熏和腌制肉制品。

探究·实践

探究如何煮鸡蛋蛋黄不变灰绿色

实验目的 探究如何煮鸡蛋蛋黄不变灰绿色。

实验器材 新鲜鸡蛋 4 个、铁锅、适量水等。

实验原理 鸡蛋黄的含铁量比蛋白高，而蛋白中的硫含量却比蛋黄稍高且不稳定，在加热下硫更容易分离出去。高温下长时间加热鸡蛋时，蛋白会生成许多硫化氢，当硫化氢扩散并接触到蛋黄表面丰富的亚铁离子时，偏绿色的硫化亚铁便生成了。

实验步骤

1. 将新鲜鸡蛋放入盛有冷水的铁锅中加热。
2. 15 min 后捞出两个鸡蛋，一个常温冷却，一个放入冷水中冷却。
3. 30 min 后再捞出两个鸡蛋，一个常温冷却，一个放入冷水中冷却。

实验现象 加热 15 min 后捞出，常温冷却的鸡蛋蛋黄表面变灰绿色，冷水中冷却的鸡蛋蛋黄表面未变灰绿色（图 5-5-4）；加热 30 min 后捞出，常温冷却和冷水中冷却的鸡蛋蛋黄表面都变灰绿色，且未放入冷水中的颜色更深（图 5-5-5）。

常温冷却　　冷水冷却

图 5-5-4　加热 15 min 后蛋黄的变色情况

常温冷却　　冷水冷却

图 5-5-5　加热 30 min 后蛋黄的变色情况

实验结果 硫化氢通常是一种气体，在加热过程中，蛋白靠近壳的部分是温度最高、硫化氢产生最快最多的；蛋黄附近温度较低，硫化氢较少，因此壳附近的硫化氢会经过蛋白向蛋黄处扩散。当鸡蛋煮熟后立即放入冷水中降温，从外向内扩散的动力大大下降，硫化氢无法移向蛋黄，自然就没有硫化亚铁在黄白交界处形成了。

四 盐油糖酒"少"一点

食盐是食物烹饪或加工的主要调味品，也是人体所需要的钠和氯的主要来源。但目前我国多数人群的食盐摄入量过高，推荐成人每天食盐的摄入量不超过 6 g，少吃高盐食品。

创客空间

自制控盐勺和限盐罐

活动目的 学会制作控盐勺和限盐罐。

活动器材 塑料棒、醋盖子（图 5-5-6）、塑料瓶（图 5-5-7）、剪刀。

图 5-5-6　塑料棒和醋盖子

图 5-5-7　塑料瓶

科学思维

将豆浆加热至 80 ℃左右时，皂素受热膨胀，泡沫上浮，形成"假沸"现象，其实此时存在于豆浆中的皂素等有毒害成分并没有完全被破坏，这样的豆浆是生豆浆。如果饮用这种豆浆便会引起中毒，通常在食用 0.5～1 h 后即可发病，主要出现胃肠炎症状。为了防止饮用生豆浆中毒，在煮豆浆时，出现"假沸"后还应继续加热至 100 ℃。煮熟的豆浆没有泡沫。

那么生豆浆中毒又该如何救治呢？

知识链接

煤、柴油、汽油和香烟等有机物不完全燃烧时会产生大量多环芳烃类化合物，其中以苯并芘的致癌性最为肯定。因此，采用高温烟熏火烤的食品就会直接受到污染。而食品腌制中会产生亚硝酸盐，亚硝酸盐易诱发癌症而严重影响人体健康，因此要少吃烟熏和腌制肉制品。

知识链接

方便面的传闻

传闻1：方便面含盐超标。

我们知道，常人每天摄入食盐量不宜超过6 g，长期过多摄入可能引发高血压、胃溃疡等疾病。经检测，每包方便面平均食盐含量约3 g。

传闻2：方便面的面饼五分之一以上都是油。

专家建议常人每天摄入脂肪不宜超过25 g，长期高脂肪摄入会导致高脂血症等疾病。研究人员将90 g油炸型方便面面饼研碎，在加热条件下，用乙醚作溶剂浸泡并进行提取、分离，得到的油约20 g。

传闻3：吃方便面后，胃里面会形成一层蜡膜。

有传闻称碗装方便面的面碗内有一层蜡，会随食物进入人体产生危害。事实上，面碗内的耐热防水材料是聚苯乙烯，不是蜡。泡面时，聚苯乙烯的释放量远低于每天每千克体重0.04 mg的安全摄入量。

传闻4：吃一包方便面要解毒32天。

人们担心面饼中的食品添加剂BHT（脂肪抗氧化剂）危害健康，BHT每天的最大摄入量为每千克体重0.3 mg。我国相关标准规定，食品中BHT的添加量不得超过0.2 g，因此，就算每天吃5包方便面，摄入的BHT也不会超标。

方便面虽好吃，但营养不全面。

科学思维

一些薯片、饼干、膨化食品标注着"非油炸"，只是表示该产品的加工方式不是油炸，而是采用如烘烤等加工方式，但烘焙时也需要刷油。非油炸食品中也含有一定量的油脂。含碳水化合物的食物油炸和烘烤时都会产生致癌物丙烯酰胺。无论用什么制作工艺制成的薯片、饼干，以及油炸和非油炸方便面等，都含有丙烯酰胺，但很多食物中丙烯酰胺的检出量都远低于世界卫生组织要求的1 mg/kg。

活动步骤

1. 将醋盖子用剪刀戳一个大小合适的小洞，然后将塑料棒塞进小洞，完成控盐勺的制作，一平勺约6 g（图5-5-8）。

图5-5-8 控盐勺

2. 在塑料瓶盖上戳几个小洞，完成限盐罐的制作（图5-5-9）。

图5-5-9 限盐罐

3. 烹饪前按当天用餐的人数用6 g控盐勺按每人一勺放入限盐罐，即为家人全天的最大用盐量。

烹调油包括植物油和动物油，目前我国人群烹调油摄入量过多。过多脂肪摄入会导致肥胖，每天的烹调油摄入量应控制在25~30 g。同时控制添加糖的摄入量，每天摄入量不超过50 g，最好控制在25 g以下。过多摄入糖类可增加龋齿、肥胖发生的风险。

对于少年儿童来说，含糖饮料是添加糖的主要来源，建议不喝或少喝含糖饮料而改喝白开水或茶水，每天7~8杯（1500~1700 mL）。过量饮酒与多种疾病相关，应避免过量饮酒，儿童青少年等特殊人群不应饮酒。

五 食品包装"看"一点

食品标签可以传递食物新鲜度、产品特点、营养学信息等，因此购买食品时需要特别关注生产日期、保质期、配料表，特别要关注添加剂的种类、营养成分表，了解食品的营养组成和特征，注意过敏食物及食物中的过敏原信息。

技能训练

分析食品包装袋上的信息

活动目的 学会分析食品包装袋上的信息。

活动器材 各类食品包装袋等。

活动步骤

1. 收集各类食品包装袋。

2. 找出食品包装袋上的生产日期和保质期；找出食品包装袋上的配料表，分析其中的食品添加剂。
3. 分析食品包装袋上的营养成分表。
4. 找出食品包装袋上的过敏原信息。
5. 找出食品包装袋上的贮存条件。
6. 汇报观察结果。

六 健康运动"勤"一点

"吃动平衡"，顾名思义就是在饮食与运动之间找到平衡点，从食物中摄取的多余能量通过运动的方式消耗，达到身体各机能的平衡。食物摄入量和身体活动量是保持能量平衡、维持健康体重的两大重要因素。如果进食量过大或食物所含热量过高，而运动量不足，多余的热量就会以脂肪的形式在体内积存，使体重增加、身体发胖。反之，进食不足或食物品质太差，而运动量过大，则会引起消瘦甚至营养不良，从而导致劳动力下降。体重过高和过低都是不健康的表现，易患多种疾病，缩短寿命。

食物为人体提供能量，各种生命活动尤其是运动则消耗能量。经常运动可以增强循环系统和呼吸系统的功能，调节食欲，使身体保持良好的生理状态，有利于提高学习和工作效率。"一起吃饭，不如一起出汗。""走路"被世界卫生组织认定为"世界上最好的运动"（图5-5-10）。真正有益健康的是每天走6000步左右，中等强度的下限为中速（4 km/h）步行，6000步需走40~60 min。

探究·实践

测测自己的BMI

实验目的 学会测量体质指数（BMI）。

实验原理 BMI指数是用体重（kg）除以身高（m）平方得出的数字，即体质指数（BMI）= 体重（kg）÷ 身高^2（m）。

实验结果 _____。

表 5-5-2 BMI 中国标准

	BMI 范围	相关疾病发病危险性
偏瘦	<18.5	低（但其他疾病危险性增加）
正常	18.5~23.9	平均水平
偏胖	24~27.9	增加
肥胖	≥28	中度增加

提醒 最理想的体质指数是22。

当我们离开母体啼哭着来到这个世界的时候，父母给我们的是一棵健康的树苗；而后，在父母亲人的呵护下，我们逐渐长成了一棵大树。健康在的时候，可能有人不在乎"管住嘴、迈开腿"的教诲，等到身体的红灯亮了，健康也就在生活中丢了。这棵树能不能健康地成长，树荫能不能为别人遮风挡雨，靠我们自己用心呵护。尊重健康的需要，活好每一天。

知识链接

健康体重的误区：不吃不动就平衡了。

"不吃"带来的问题是食物营养摄入不足，增加营养不良的风险；"不动"带来的后果是影响人体的正常生长发育，减弱机体的抗病能力，并降低机体对环境的适应能力。所以千万不要把"不吃不动"作为自己懒惰的借口，单单维持体重不变而忽略健康的生活方式是极不可取的。

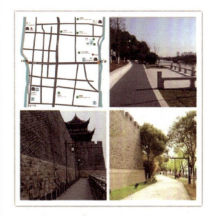

图 5-5-10 苏州环城步道

知识链接

酵素能减肥吗？

酵素是酶，没有相关科学研究证明酵素能减肥，这是商家宣传产品的噱头。酶的种类繁多，食物中大都含有酶，尤其是经过发酵后的食物中含有多种酶。例如，水果经过发酵后就会产生多种酶。人们常吃的泡菜也是一种发酵食物，吃一些也对人体有一定的益处。酶能促进人体消化、吸收，但对减肥并无明显功效。

舌尖上的江苏，不仅是一场味蕾与视觉的盛宴，更是一场浩大的心灵盛宴。

一、概念理解

1. 培养清淡饮食习惯，少吃高盐和油炸食品，成人每天食盐的摄入量不宜超过（　　）。
   A. 2 g　　　　B. 4 g　　　　C. 6 g　　　　D. 8 g

2. 下列**不属于**粗粮的是（　　）。
   A. 玉米　　　B. 小米　　　C. 高粱　　　D. 白面

3. 食品安全事关人的健康。下列做法**不符合**食品安全要求的是（　　）。
   A. 购买快熟面要看保质期　　　　B. 青菜买回时要清洗
   C. 购买经过检疫的猪肉　　　　　D. 吃没有卫生许可证的食品

二、思维拓展

谈到农药，人们可能想到它对人体健康和环境的危害，其实农药在农业生产中起着重要的作用。目前市售蔬菜的农药残留量虽然已达到国家标准，但通过科学的清洗方法仍可进一步降低农药残留。

实验人员分别选取含甲、乙农药的蔬菜，研究了不同清洗方法对农药去除率的影响。

方法一：洗洁精清洗。实验选择了 6 种洗洁精进行测试，结果表明，多数洗洁精对农药的去除率可达到 60% 以上，最高可达 84%。

方法二：清水浸泡。图 1 呈现出两种农药的去除率随浸泡时间的变化。

方法三：碱性溶液浸泡。食用碱（Na_2CO_3 和 $NaHCO_3$）溶液有利于农药分解。图 2 表示不同浓度的食用碱溶液对农药去除率的影响。

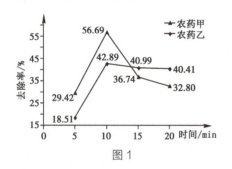

图 1

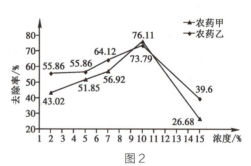

图 2

依据上述内容，回答下列问题：

（1）依据图 1 分析，去除农药残留的最佳浸泡时间是 _____ min。

（2）食用碱溶液的 pH _____（填 ">"、"=" 或 "<"）7。

（3）用食用碱溶液浸泡含有农药甲的蔬菜时，要想超过清水浸泡的最大去除率，可以选取的浓度是 _____（填序号，下同）。
   A. 2%　　　　B. 8%　　　　C. 10%　　　　D. 15%

（4）下列有关叙述正确的是（　　）。
   A. 采用清水浸泡去除农药的时间不宜过长
   B. 多数洗洁精对农药的清洗效果比清水浸泡好
   C. 儿童经常食用经乙烯利催熟的水果会导致性早熟
   D. 食用碱的农药去除效果较好，是因为在浸泡过程中农药发生了化学变化

一、概念理解

1. 某加碘低钠盐的成分表如右图所示。下列有关该盐的说法**错误**的是（　　）。
   A．炒菜时不宜在大火翻炒之前就将食盐加入
   B．碘酸钾的含量为 18～33 mg/kg
   C．等质量的低钠盐比普通食用盐含钠元素的质量少
   D．食盐中加碘说明碘元素与人体健康息息相关

   成分表
   氯化钠含量：60～80 g/100 g
   氯化钾含量：20～35 g/100 g
   碘（以 I 计）含量 [含在碘酸钾（KIO_3）中]：18～33 mg/kg

2. 醋和食盐是日常生活中的必备调味品。
   （1）食盐通过晾晒海水或煮盐井水、盐湖水后经过净化得到；醋通过大米、高粱等粮食发酵酿制而成。晾晒和发酵两种变化的本质区别是_____。
   （2）醋的有效成分是乙酸（CH_3COOH），也叫醋酸。正在服碳酸氢钠片、复方氢氧化铝等药品的人不宜食用醋，原因是_____。

二、思维拓展

你知道吗，深受人们喜欢的早餐食品燕麦中常添加颗粒极小的铁粉，它既可以作为双吸剂（起到干燥和减缓食品变质的作用），还可以作为人体补铁剂。要把铁粉变为人体需要的、能吸收的营养元素，离不开胃酸的帮助。

健康人胃液的 pH 在 0.9~1.5，胃液的 pH 不仅影响人的消化吸收功能，还对伴随食物进入胃内的各类病菌的繁殖有影响。某医院对 99 位胃溃疡和十二指肠溃疡等患者胃液的 pH 及胃液中的病菌进行了检测，结果如下表所示。

分组	胃液的 pH	受检患者人数	胃液中检出病菌的人数及比例
A	≤ 2.0	7	0
B	2.0~4.0	13	3（23.1%）
C	4.0~6.0	26	17（65.4%）
D	> 6.0	53	45（84.9%）

胃酸过多会对胃黏膜具有侵蚀作用，并使人感觉反酸或烧心。治疗胃酸过多的药物主要有两大类：一类是抑酸药，能抑制胃酸分泌，但本身不能与胃酸反应；另一类是抗酸药，能直接与胃酸反应，常见的抗酸药有碳酸氢钠、氢氧化铝、氧化镁、氢氧化镁和碳酸钙等。

胃溃疡患者若服用不合适的抗酸药，会因胃内气体压力增大而引起胃穿孔。患者如长期使用抗酸药，很可能刺激胃酸分泌过多。因此，应遵医嘱合理使用抗酸类和抑酸药。

依据上述内容，回答下列问题：
（1）铁粉可以减缓食物变质，是因为铁可以与_____反应。
（2）胃溃疡患者不宜服用的抗酸药是_____。
（3）下列关于胃液与人体健康关系的叙述合理的是_____（填字母序号）。
　　A．胃酸能帮助人体消化吸收食物，所以胃液 pH 越小越利于人体健康
　　B．胃酸过多会对胃黏膜产生侵蚀作用，所以胃液 pH 越大越利于人体健康
　　C．胃液 pH 越大越有利于病菌生存
（4）保护好胃是关键，请你为人们提一条合理建议：_____。

第6章 寒暑江苏 宜人四季
——温度及其调节

内容提要

* 江苏的气温特点
* 人体体温的调节机制
* 冷却方法和制冷工艺
* 设计加热器和制热设备
* 构建人工智能的恒温系统

本章学习意义

温度,是和我们如影随形的一个物理量。种植、养殖、冶炼、生化制药、家居生活,乃至交通出行等都离不开温度,而气温、水温、食物温度、人体温度、空间环境温度等更与我们的生活息息相关。

本章我们将学会如何感知温度、测量温度,如何调节温度、控制温度,并尝试调节、控制环境温度,感受探究之美、自然之美、科学之美。

江南好,风景旧曾谙。春天,春江水暖,竹外桃花;夏天,山泽凝暑,莲叶无穷碧;秋天,银月冷辉,丹桂飘香;冬天,静雪初霁,虬枝凌寒。江苏的四季,一如这片土地,温婉而内敛,没有极致的寒暑,却有舒适宜居的温度。

江苏宜人的温度和它所处的地理位置密不可分。江苏位于中国大陆东部沿海,北接山东,东濒黄海,东南与浙江和上海毗邻,西接安徽,属东亚季风气候区,处在亚热带和暖温带的气候过渡地带,气候同时具有南方和北方的特征。江苏具有气候温和、四季分明、季风显著、冬冷夏热、春温多变、秋高气爽、雨热同季、雨量充沛、降水集中、梅雨显著、光热充沛等气候特点。江苏的四季皆宜旅行,尤以4~10月最佳。漫步江苏各地,亭榭廊槛,淡雅相尚,四季景色,时时皆是美景,卷卷皆可入画。

生活在江苏是幸运的——水稻、蚕桑、林果、碧螺春茶叶、长江刀鱼、太湖银鱼、阳澄湖大闸蟹应季而生,此消彼长;四月茶芽嫩绿,五月枇杷金黄,六月杨梅多汁,七月黄桃飘香,八月葡萄硕果,九月茨实清香,十月橘子彤红,十一月蟹肥膏黄,最是那一碗冬天的羊肉白汤"勿鲜勿要铜钿",浓郁鲜美,就足以羡煞旁人了!这些,都少不了温度对生物生长发育的调节和影响作用。

让我们携手走过江苏的春夏秋冬,在感受季节交替之余,一起来探索这些现象背后的奥秘——温度变化及其调节吧!

第 1 节 春江水暖
——初识温度

春水碧于天，画船听雨眠，桃花三两枝，水暖鸭先知，好一幅生机盎然、春意暖暖的景色。不经意间，温度也慢慢地回升了。

温度影响着我们生活、工作的方方面面。温度与人体、气候、灾害事件、环境变化等都息息相关。人类探索和改变温度的历史源远流长，《诗经·豳风·七月》即有"二之日凿冰冲冲，三之日纳于凌阴"的诗句，意思是说夏历十二月凿取冰块，正月将冰块藏入冰窖来降温。而现代科技的突飞猛进，为智能温控技术的发展提供了更为广阔的空间。"莫辨亭毒意，仰诉璿与玑"的时代已然过去，借助高科技来调温控温已成为现实，从此"寒暑随意，自在我心"。

学习目标

- **认识** 温度的本质
- **了解** 如何测量温度
- **分析** 实验现象和数据
- **掌握** 转换法和图像法
- **尝试** 设计和完成实验

关键词

- 温度
- 温度测量
- 热传递
- 温度与生活

一 从分子到宇宙——初探温度

❊ 温度——分子热运动的集体表现

温度（Temperature）是描述物体冷热程度的物理量。从分子运动论来看，温度是物体内分子平均动能的一种表现形式。物体由大量分子组成，分子热运动的速率大小不一。分子运动愈慢，对应温度愈低，物体愈冷；分子运动愈快，对应温度愈高，物体愈热。所以各个分子的动能也有大有小，而且在不断改变（图6-1-1）。物体的温度是系统中所有分子动能的平均值（平均动能）大小的标志。从统计意义角度而言，温度是分子热运动的集体表现，对个别分子说它有多少温度是没有意义的。

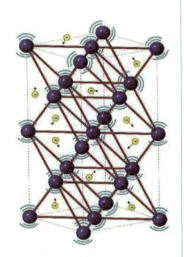

图 6-1-1 分子运动结构图

知识链接

分子运动论

物质由原子或分子那样的微粒组成，分子做永不停息的无规则运动，分子间存在着引力和斥力。

分子做无规则运动所具有的动能叫作"分子的动能"。

探究·实践

探究温度与分子运动快慢的关系

实验目的 探究不同温度时分子运动的快慢。

实验器材 玻璃瓶2个、长颈漏斗、烧杯、量筒、40 mL 硫酸铜、常温清水和热水等。

实验步骤

1. 将 50 mL 常温清水和热水分别注入玻璃瓶内。
2. 用长颈漏斗分别将 20 mL 硫酸铜注入两个玻璃瓶底部。
3. 将两个玻璃瓶静止放置，5 min 后观察对比两个玻璃瓶中的现象，看哪个玻璃瓶中的硫酸铜扩散得快（图6-1-2）。

图 6-1-2 硫酸铜在常温清水和热水中的扩散情况

科学思维

布朗运动

分子的直径很小，大约只有零点几纳米，如何观察分子运动呢？

1827年，英国植物学家R.布朗用显微镜观察花粉微粒悬浮在静止水面上的形态时，却惊奇地观察到花粉微粒在不停顿地做无规则运动。他认为是水分子的无规则运动驱动着花粉粒子做无规则运动。

我们可以用以下方法模拟再现布朗运动：在烧杯中放入150 mL左右的清水，将少量水粉画颜料放入水中，用玻璃棒搅拌稀释，静置一段时间。用胶头滴管吸取一滴悬浊液滴在载玻片的凹槽内，盖上盖玻片，将其放置在显微镜的载物台上进行观察（图6-1-3）。

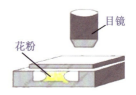

图6-1-3 模拟布朗运动

科学方法

转换法

对于一些看不见、摸不着的现象或不易直接测量的物理量，通常用一些非常直观的现象去认识或用易测量的物理量间接测量，这种研究问题的方法叫转换法。

知识链接

宇宙"趣"温

太阳表面温度约6000 ℃，而处于太阳系里离太阳较远的冥王星的表面温度却只有约–240 ℃。

传说中的牛郎星与织女星，它们在夜空中只是闪烁的小亮点，而牛郎星的表面最高温度达8000 ℃，织女星的表面最高温度达10000 ℃，真可谓是"热恋之星"。

实验结论 根据硫酸铜扩散的快慢可以看出，温度的高低对分子运动快慢有何影响？将自己得到的实验结论和同伴进行交流。

实验反思 你知道实验中选用硫酸铜有什么好处吗？能用其他更简单的液体替代它吗？为什么要从玻璃瓶底部注入硫酸铜？你还有什么新发现？请和同伴交流自己的想法。

✻ 气温——大气层中气体的温度

地球大气层中气体的温度叫作气温，是气象学常用名词。它直接受日射影响：日射越多，气温越高。我国常用摄氏温标（℃）表示气温。气象部门所说的地面气温，是指离地面约1.5 m高处百叶箱中的空气温度。

> **技能训练**
>
> **绘制苏州市2018年各月平均气温折线图**
>
> **活动目的** 学会用图像表示气温变化趋势。
>
> **活动过程**
>
> 1. 上网查找苏州市2018年各月最高气温和最低气温，填入表6-1-1内。
> 2. 绘制坐标轴，根据对应数据绘制折线图。
>
> **数据记录**
>
> 表6-1-1 苏州市2018年各月最高气温和最低气温
>
> | 月份 | 1月 | 2月 | 3月 | 4月 | 5月 | 6月 | 7月 | 8月 | 9月 | 10月 | 11月 | 12月 |
> |---|---|---|---|---|---|---|---|---|---|---|---|---|
> | 最高气温 | | | | | | | | | | | | |
> | 最低气温 | | | | | | | | | | | | |
>
> **数据处理** 根据数据，在下面的空白处画出苏州市各月最高气温和最低气温折线图。

✻ 宇宙温度——生命存在的"神迹"

地球上生命的诞生是偶然的，也是必然的。生命的诞生，温度是必不可少的因素之一，因为只有在适宜的温度下，化学反应才能正常进行物质分解或重组，才有了今天的壮丽河山和这个美丽的星球，以及生命的诞生。

宇宙可以看作是近似真空的环境。对于真空而言，温度就表现为环境温度，是物体在该真空环境下，物体内分子间平均动能的一种表现形式。

在整个宇宙中，温度无处不在。物体在不同热源辐射下的不同真空中，温度是不同的。比如，物体在离太阳较近的太空中温度较高，反之则温度较低。这是太阳辐射对太空环境温度的影响。因此无论在地球上还是在月球上，也无论在炽热的太阳上还是在阴冷的冥王星上，这一切无不由于空间位置的不同而存在着温度的差别，可见，"流浪星球"并非易事。

二 温度测量——人类记录温度的发展史

温度计——常用测温仪器

温度计形式多样，测温原理也不同。常见的温度计是玻璃液体温度计，利用测温液体的热胀冷缩制成，通过温度计中液体的体积变化来指示温度的高低。

玻璃液体温度计由玻璃泡、玻璃毛细管和刻度标尺等组成。玻璃泡和毛细管中装有某种液体，最常用的液体有汞、酒精和甲苯等。测温时，毛细管内液面直接指示出具体温度。

温度计的刻度标尺依据一定的温度标志来划分，当前我国常用的是摄氏温标。摄氏温标由摄尔修斯（瑞典）于1742年建立，他将一个标准大气压下纯净的冰水混合物的温度点定为 0 ℃，纯水的沸点定为 100 ℃，中间划分为 100 等份，每等份为 1 ℃。

玻璃液体温度计在日常生活中使用非常广泛，如体温计、实验室温度计、家用寒暑表（图6-1-4）等。

图 6-1-4　体温计、实验室温度计、寒暑表

DIY·自制简易温度计

自制简易温度计

活动目的　用身边的材料自制一个简易温度计。

活动器材　小玻璃药液瓶（如装蒲地蓝的药液瓶）、空圆珠笔芯、烧杯、红墨水等。

活动步骤

1. 把小药液瓶灌满红墨水。
2. 在药瓶顶部橡皮帽上钻一个小洞，以使圆珠笔芯刚好插进去为宜。
3. 把插了圆珠笔芯的橡皮帽盖在小药液瓶上（此时应该有一小节红墨水上升到圆珠笔芯中），接口的地方用熔化的蜡块或502胶封严。
4. 将自制温度计和比照温度计同时放入温水中（图6-1-6），比照温度计指示温度，在对应红墨水的液面位置画刻度并做标记，放入热水中再重复操作一次，然后把这两个刻度之间进行适当等分，根据确定分度值的对应长度，把剩余刻度标全，自制温度计就做成了。

活动反思　自制的温度计一般测量准确度不高，请思考其中原因并和同伴交流。你有什么好办法提高自制温度计的测量精度？动手尝试并和大家分享。

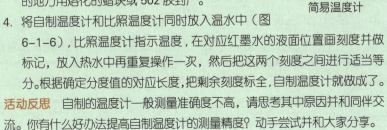

图 6-1-6　自制简易温度计

知识链接

热力学温标

热力学温标由第一代开尔文男爵威廉·汤姆森于1848年引入的，又称开尔文温标、绝对温标，简称开氏温标，是国际单位制七个基本物理量之一，单位为开尔文，简称开（符号为 K）。

开尔文温标以绝对零度（0 K）为最低温度，规定水的三相点的温度为 273.16 K。如果用摄氏度表示，则水的三相点温度为 0.01 ℃。因此热力学温度 T 与人们惯用的摄氏温度 t 之间的关系是：$T(K)=273.15+t(℃)$。

科学轶事

最早的温度计

最早的温度计是在1593年由意大利科学家伽利略发明的。他的第一支温度计是倒置在盛有葡萄酒的容器中的一个带细长颈的大玻璃泡（图6-1-5）。从其中抽出一部分空气，酒面就上升到细颈内。当外界温度改变时，细颈内的酒面因玻璃泡内的空气热胀冷缩而随之升降，因而酒面的高低就可以表示温度的高低。这种温度计受外界大气压强等环境因素的影响较大，所以测量误差较大。

图 6-1-5　伽利略温度计

科学方法

比较法

比较法，是指探究和分析两个或两个以上事物之间的共同性与差异性的方法。比较法是自然科学及社会科学的一种重要研究方法。在自制温度计标注刻度时就用了比较法。

科学思维

"弯"向何方？

由铜铁组成的双金属片（图6-1-7），上面是铜，下面是铁。现对双金属片均匀加热，由于铜的热膨胀系数比铁的大，请判断图6-1-7中双金属片的弯曲方向是否正确。

图6-1-7 双金属片

提示 当加热双金属片时，铜的热膨胀系数比铁的大，铜片的伸长量大，于是双金属片向铁片一侧弯曲。

知识链接

热电偶测温原理

两种不同成分的导体（称为热电偶丝或热电极）两端接合成回路，当两个接合点的温度不同时，在回路中就会产生电动势，这种现象称为热电效应，而这种电动势称为热电势。热电偶就是利用这种原理进行温度测量的。其中，直接用作测量介质温度的一端叫作工作端（也称为测量端），另一端叫作冷端（也称为补偿端）；冷端与显示仪表或配套仪表连接，显示仪表会指示出热电偶所产生的热电势。

科学轶事

电子温度计的发明

自从意大利著名科学家伽俐略于1593年发明第一支温度计以来，直到1984年，芬兰的一位医疗器械设计师才发明了更方便、更准确的电子体温计，相隔近三百年。可以预言，在高新科技日新月异的今天，一定会有人不断研制出更先进、更科学、更准确的新型体温计。你想加入到这个行列中来吗？

✹ 其他测温仪器——科技时代的产物

类似玻璃温度计膨胀测温原理还可用于双金属温度计和定压气体温度计中。常见的双金属温度计是将两种膨胀系数不同的金属制成螺旋形，一端固定，一端自由，受热膨胀时，由于膨胀系数不同，导致自由端移动不同，经过传动放大机构，带动指针把相应温度指示出来。

在SARS病毒防治期，大量使用的是非接触式测温仪器，这种利用辐射测温的仪器能应用到许多不便于测温的场合。

温度传感器（Temperature Transducer）是指能感受温度并转换成输出信号的传感器，在科技和生活中应用更为广泛。温度传感器是不少温度测量仪表的核心部分，品种繁多，按照传感器材料及电子元件特性分为热电阻和热电偶两类。

热电阻温度计是利用导体或半导体的电阻随温度变化而改变的性质来工作的。热电阻温度计的主要优点有：测量精度高，复现性好；有较大的测量范围，尤其是在低温方面；易于使用在自动测量中，也便于远距离测量。其主要缺点有：在高温（大于850 ℃）测量中准确性不好；易于氧化和不耐腐蚀等。

热电偶是温度测量仪表中常用的测温元件，它直接测量温度，并把温度信号转换成热电信号，然后再通过电气仪表转换成温度信号。

创客空间

制作电子温度计

活动目的 尝试使用电子传感器制作电子温度计。

活动器材 Arduino LM 温度传感器。

活动步骤

1. 硬件连接：将LM35模拟式温度传感器的Vs和GND分别连接至Arduino Uno控制器的5V和GND，以给LM35提供工作电源，LM35的Vout引脚接至Arduino Uno控制器模拟输入端口A0（图6-1-8）。

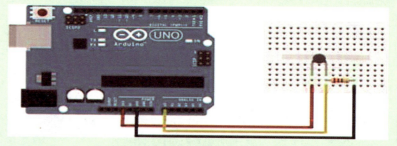

图6-1-8 温度传感器

2. 程序设计的主要思路：Arduino Uno控制器通过模拟输入端口测量LM35输出的电压值，然后通过10 mV/℃的比例系数计算出温度数值，从串口接收温度数据。

活动反思 如果你制作的温度计不能测温，不要着急，仔细观察程序编写或端口是否有问题。如果你的温度计是完好的，你能测试出自制温度计的量程吗？你能发现自制温度计的优缺点吗？和你的同伴进行交流。

三　热传递——高温物体的无私奉献

❋ 温差——热传递发生的条件

热传递是自然界普遍存在的一种自然现象，发生热传递的唯一条件是物体间存在温差。只要物体之间或同一物体的不同部分之间存在温差，就会有热传递发生，一直持续到温度相同的时候为止。

热传递的实质就是能量从高温物体向低温物体转移的过程，这是能量转移的一种方式。热传递转移的是内能，而不是温度。热传递过程中，物质并未发生迁移，只是高温物体放出热量，温度降低，内能减少（确切地说是物体里的分子做无规则运动的平均动能减小），低温物体吸收热量，温度升高，内能增加，直至温差消失，即发生热传递的物体间或物体的不同部分达到相同的温度。

❋ 热传递的三种方式——热量如何传递

热传导（又称导热）是指当不同物体之间或同一物体内部存在温差时，就会通过物体内部分子、原子和电子的微观振动、位移和相互碰撞而发生能量传递的现象（图6-1-9）。

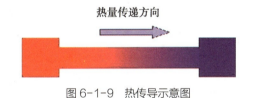

图6-1-9　热传导示意图

> **探究·实践**
>
> **"煮不死"的金鱼**
>
> **实验目的**　探究水是否是热的不良导体。
>
> **实验器材**　烧瓶、水、酒精灯、铁夹等。
>
> **实验步骤**　将金鱼放置在烧瓶内（图6-1-10），用铁夹夹住烧瓶口，适当倾斜烧瓶口，然后用酒精灯加热烧瓶的瓶颈处，直到把瓶颈处的水烧开。加热时观察瓶内鱼的状态。
>
> **实验结论**　根据鱼的状态和你的生活经验判断，水是热的良导体还是不良导体？
>
> **实验反思**　在加热过程中，鱼一直没死，但是鱼开始大口吸水，你知道这是为什么吗？你还有什么方法可以证明水是热的良导体还是不良导体吗？把你的想法和同伴交流。

图6-1-10
水煮金鱼

热对流是指流体内部质点发生相对位移的热量传递过程（图6-1-11）。

由于流体间各部分是相互接触的，除了流体的整体运动所带来的热对流之外，还伴生有由于流体的微观粒子运动造成的热传导。实际上，在气体或液体等流体中，热传递往往是对流和传导同时发生的。

> **知识链接**
>
> **热的不良导体**
>
> 不善于传热的物质叫作热的不良导体。非常不善于传热的物质有羊毛、羽毛、毛皮、棉花、石棉、软木和其他松软的物质。除水银外，其他液体都不善于传热。气体比液体更不善于传热。
>
> 热的不良导体在生活中应用广泛。比如，棉花可用于制防寒棉衣；石棉可用于制炼钢工人穿的防高温工作衣；软木可制成热水瓶软木塞；陶瓷可制成电器上的隔热板；羽绒服中有很多空气，可以保暖；木头可制成金属锅手柄……

> **知识链接**
>
> **什么是内能？**
>
> 内能（Internal Energy）是组成物体分子的无规则热运动动能和分子间相互作用势能的总和。
>
> 内能常用符号 U 表示，内能的国际单位是焦耳（J）。由于分子在不停地做无规则运动，所以内能不能为"0"。

科学思维

红外感应

热辐射的光谱是连续谱，波长覆盖范围理论上可从0直至∞。一般的热辐射主要靠波长较长的可见光和红外光传播。

温度较低时，大多数物体辐射不可见的红外光；当物体的温度在500 ℃至800 ℃时，热辐射中最强的波长成分在可见光区。

当你身着冬装漫步在冬日暖阳下时，你知道让你暖意洋洋的内部或外部原因吗？把你的想法和同伴进行交流。

物体由于具有温度而辐射电磁波的现象称为热辐射（图6-1-12）。一切温度高于绝对零度的物体都能产生热辐射，温度愈高，单位时间内辐射出的总能量就愈大。

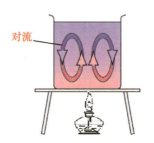

图6-1-11 热对流示意图　　图6-1-12 热辐射示意图

热辐射能使内能以光速穿过真空，从一个物体传给另一个物体。热辐射是真空中唯一的热传递方式。太阳传递给地球的热量就是以热辐射的方式经过宇宙空间而来的。

温度就像熟悉的朋友，它融入我们生活的方方面面，熟悉的温度背后却又有那么多神秘的面纱等待我们去揭开。关注生活中的温度问题，迈开你的脚步，走进温度世界不断探索它的神奇吧！

一、概念理解

下列有关温度的叙述正确的是（　　）。

A. 温度是描述物体内能大小的物理量　　B. 温度计都是利用液体热胀冷缩原理制成的

C. 热传递发生的条件是两个物体间必须有能量差　　D. 冬天晒太阳觉得暖和主要是热辐射导致的

二、技能训练

到药店或百货商场调查出售的温度计有哪些种类，了解不同种类温度计的工作原理。选用一种体温计测量自己在一天中不同时段（如早、中、晚）的体温，设计表格，做好记录，然后重复测量几天。尝试把自己的体温状况用图像表达出来，看看自己体温的变化有无规律可循，如果有，试分析原因。

三、创客空间

请使用器材单片机STC12C5A60S2、温度传感器LM75、段码液晶片EDS812、纽扣电池、微动开关、导线、塑料管等，自行焊接和制作一个电子温度计。

第 2 节 暖玉温香
——人体的体温和调节

地球环境复杂多变，有炎热的沙漠、寒冷的极地，也有温暖舒适的地区。其中，气温高可至 60 ℃，低可至 −90 ℃。而目前人类的足迹几乎遍布全球，在各种环境中都能找到人类的身影。但是无论外界环境的温度发生怎样的变化，我们的体温却能保持相对稳定。在不同的环境中，人是怎样调节自己的体温保持相对稳定的呢？

学习目标

说出 人体体温的不同测量方法
人体体温的调节方式
了解 体温恒定对人体的意义
尝试 测量人体体温
模拟抢救 高温中暑和体温过低患者

关键词
- 体温
- 体温恒定
- 体温调节
- 体温异常

一 体温的含义与测量

❋ 体温

体温指的是身体深部的平均温度，即内核温度。它是物质代谢转化为内能的产物。哺乳动物保持恒定的体温，是保证新陈代谢和生命活动正常进行的必要条件。但体温并非固定不变，常随性别、年龄、昼夜、运动和情绪的变化等因素而有所波动，但这种改变通常在正常范围内（图 6-2-1）。

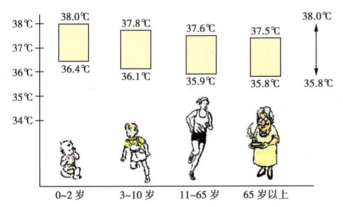

图 6-2-1 人体正常体温范围

❋ 体温测量

由于人体内部温度不易测量，所以临床上常用腋窝温度、口腔温度或直肠温度来代表体温。目前，常见的体温计主要有如图 6-2-2 所示的几种类型。

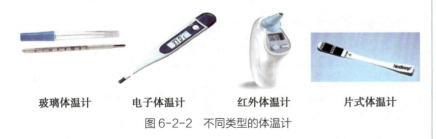

图 6-2-2 不同类型的体温计

玻璃体温计是最常见的体温计，它的测量范围是 35 ℃ ~42 ℃，分度值为 0.1 ℃，具有示值准确、稳定性高等优点。

科学思维

腋窝温度测量的是人体腋窝部位的体表温度。口腔温度测量的是人体舌下的温度。直肠温度测量的是人体直肠内的温度。你觉得哪种温度最接近人体内部温度？为什么？

知识链接

玻璃体温计的工作原理

玻璃体温计的工作物质是水银,它的液泡容积比上面细管的容积大得多,液泡里的水银由于受到体温的影响体积膨胀,就会使管内水银柱的长度发生明显的变化。

体温计的下部靠近液泡处的管颈是一个很狭窄的缩口(图6-2-3),在测体温时,液泡内的水银受热体积膨胀,水银可由缩口部上升到管柱某位置,当与体温达到热平衡时,水银柱恒定。

当体温计离开人体后,外界气温较低,水银遇冷体积收缩,就在狭窄的缩口部断开,使已升入管内的部分水银退不回来,仍保持水银柱在与人体接触时所达到的高度。

因此,玻璃体温计使用后需要"回表",即拿着体温计的上部用力往下猛甩,使已升入管内的水银重新回到液泡里;其他温度计则不能甩动,这是体温计与其他液体温度计的一个主要区别。

图6-2-3 玻璃体温计

探究·实践

测量人体体温

实验目的 学会不同的测量体温的方法,了解人体不同部位的温度是不同的。

实验器材 玻璃体温计、毛巾、酒精棉球等。

实验步骤

1. 测量腋窝温度:用毛巾将腋窝擦干,体温计回表后擦拭干净放在被测者的腋窝下,水银头端要位于腋窝的顶端,被测者夹紧腋窝。5 min后,将体温计取出读数。记录小组各成员的体温,取平均值,填写在表6-2-1中。
2. 测量口腔温度:体温计回表后,用酒精棉球进行消毒,等酒精挥发后把体温计放在被测者的口腔中。3 min后,将体温计取出读数。记录小组各成员的体温,取平均值,填写在表6-2-1中。

表6-2-1 某小组成员人体体温测量表

	腋窝体温	口腔体温
1		
2		
3		
平均值		

注意

1. 测量口腔温度时,将体温计的水银头部分放在舌下,紧闭口唇,切勿用牙咬和说话,以免体温计被咬碎或脱落。
2. 每次测量前均要消毒。

思维拓展

1. 人体的腋窝温度和口腔温度一样吗?哪一个数值较大?为什么?
2. 请你收集全班同学的体温数据,比较一下男女同学之间的体温有什么差别。

人体不同部位的温度是不一样的。体温的正常值一般是:腋窝温度36.5 ℃(范围:36.0 ℃～37.0 ℃);口腔温度37 ℃(范围:36.3 ℃～37.2 ℃);直肠温度37.5 ℃(范围:37.3 ℃～37.5 ℃)。其中直肠温度最接近人体内核温度。

✱ 体温的特点

技能训练

分析家庭成员一日内体温变化

活动目的 学会分析家庭成员一日内体温变化,了解人体体温的特点。

活动过程 表6-2-2是某位学生的家庭成员一日内体温变化情况,请你仔细观察并分析图表。

表6-2-2 某家庭一日内体温变化情况(口腔温度)

成员	清晨6点	上午10点	中午12点	下午3点	傍晚6点	晚上9点
爷爷	36.6 ℃	36.9 ℃	37.0 ℃	37.1 ℃	36.9 ℃	36.7 ℃
母亲	37.0 ℃	37.2 ℃	37.3 ℃	37.4 ℃	37.2 ℃	37.1 ℃
父亲	36.8 ℃	37.0 ℃	37.1 ℃	37.3 ℃	37.1 ℃	36.9 ℃
自己	37.1 ℃	37.3 ℃	37.4 ℃	37.5 ℃	37.3 ℃	37.1 ℃

解释数据 通过小组讨论，由表中数据你可以得出的结论是：

1. 体温会因_____、_____、_____等因素的不同在一定范围内波动，但一般不超过_____℃。
2. 不同年龄的人群，体温一般是_____>_____>_____。（填"儿童"、"成年人"或"老年人"）
3. 体温在性别上的差异是：男性_____女性。（填">"、"="或"<"）
4. 同一个人在一天中通常_____体温较低，_____体温较高。（填"清晨"、"上午"、"中午"、"下午"、"傍晚"或"晚上"）

保持体温的相对恒定，是维持人体内环境的稳定，保证新陈代谢等生命活动进行的必要条件。恒温使我们摆脱了环境的限制，扩大了人类的生存范围，有利于人类在较恶劣的环境中生存。人类为什么能够维持恒定的体温呢？

二 人体体温的调节

体温调节是指温度感受器接受体内外环境温度的刺激，通过体温调节中枢的活动，相应地引起内分泌腺、骨骼肌、皮肤血管和汗腺等组织器官活动的改变，从而调整机体的产热和散热过程，使体温保持在相对恒定的水平。

❀ 产热与散热

♣ 产热

人体的热量来自体内物质代谢过程中释放出来的能量。人在不同的状态下，主要的产热器官是不同的。

> **技能训练**
>
> **分析人体产热的方式**
>
> **活动目的** 学会分析人体产热百分比统计表；学会用柱状图形象直观地表示数据；了解人体产热的方式。
>
> **活动过程** 人体几种器官在安静和活动情况下的产热量百分比统计表如表6-2-3所示。
>
> 表6-2-3 人体器官产热量统计表
>
> | 人体器官 | 产热量/% | |
> |---|---|---|
> | | 安静时 | 劳动或运动时 |
> | 脑 | 16 | 1 |
> | 内脏 | 56 | 8 |
> | 骨骼肌 | 18 | 90 |
> | 其他 | 10 | 1 |
>
> 请你根据上表中的数据，参照下面人体安静时器官产热情况统计图（图6-2-4），用柱状图的形式画出人体运动时各器官的产热情况（图6-2-5）。

科学思维

测腋窝温度时要注意，如果你曾喝过热饮、剧烈运动、情绪激动或洗澡，则需等待30 min后再测量。而口腔测温30 min前不能吃任何食物、吸烟或者喝水，防止测量结果不准确。

请你和同学们讨论一下，以上这些行为会对测量结果造成怎样的影响。

知识链接

小儿发热物理降温法

小儿如果体温稍高，我们可以采用物理降温法：

1. 头部及血管丰富处冷敷：用冷毛巾及冰帽放于患者头部，同时，也可将冰袋放于腋窝、腹股沟等大血管经过处。

2. 酒精或温水擦浴：用30%~50%的酒精溶液或32 ℃~34 ℃的温水，擦浴患者颈、胸、腋下、上肢、手心、手背、腹股沟、下肢、脚心、脚背等部位。每次15~30 min，以促进机体蒸发散热。

知识链接

人体内能的产生

内能的产生是人体新陈代谢的必然结果。人体细胞内的糖类、蛋白质、脂肪通过细胞的呼吸作用氧化分解并释放出能量。这些能量的一部分用于构建 ATP 等其他重要能量化合物，成为人体各种生命活动的直接能量来源；其余没有使用的能量被身体转化成内能。因此，人体新陈代谢功能相对效率并不高，只有总能量的 25% 被直接用于主要的新陈代谢，其余约 75% 以内能的形式流失。

知识链接

线粒体内的温度

线粒体是一种存在于大多数细胞中的由两层膜包被的细胞器，是细胞进行有氧呼吸，分解有机物释放能量的主要场所，被称为"能量工厂"。人体正常体温约为 37 ℃，但细胞内线粒体的温度却高达 50 ℃。

不同生物的不同组织中线粒体的数量存在很大的差异，这与细胞的代谢水平有关。如人体的肝脏细胞中有 1000~2000 个线粒体，而成熟的红细胞不具有线粒体。

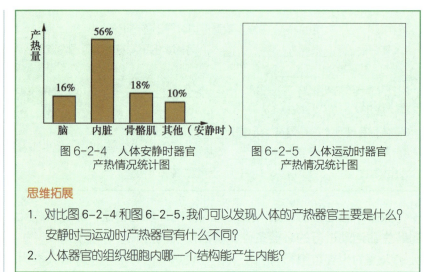

图 6-2-4　人体安静时器官产热情况统计图

图 6-2-5　人体运动时器官产热情况统计图

思维拓展

1. 对比图 6-2-4 和图 6-2-5，我们可以发现人体的产热器官主要是什么？安静时与运动时产热器官有什么不同？
2. 人体器官的组织细胞内哪一个结构能产生内能？

人体产热的主要器官是内脏、骨骼肌和脑，安静状态下以内脏产热为主（特别是肝脏），运动时以骨骼肌产热为主。冷环境刺激可引起骨骼肌的寒战反应，使产热量增加 4~5 倍。产热的细胞器是线粒体（图 6-2-6）。

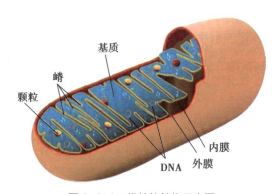

图 6-2-6　线粒体结构示意图

散热

在产热的同时，人体又以各种方式将这些热量散发出体外，以保持体温的相对恒定。人体散热主要是通过皮肤（图 6-2-7）实现的，此外有少部分热量通过呼吸道加温空气和蒸发水分而散失，还有极少部分热量随着尿和粪便的排出而散失。

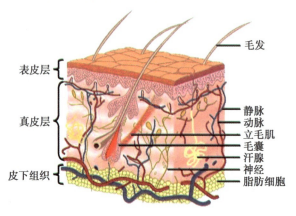

图 6-2-7　皮肤结构示意图

通过皮肤表面的散热可以分为直接散热和蒸发散热两大类。

直接散热。当人体表面温度高于环境温度的时候，人体产生的热量可以通过以下三种方式直接放散到外界环境中：第一种，以热射线的形式将热量直接向外界放射，称为辐射散热；第二种，热量被体表周围的冷空气带走，称为对流散热；第三种，热量直接传给与人体接触的较冷物体，称为传导散热。通过上述三种方式散失的热量约占人体总散热量的85%以上。

蒸发散热。水分的蒸发要吸收热量。在常温条件下，人体皮肤表面不断有水分从角质层渗出而蒸发，会带走少量的热量。但当环境温度达到28 ℃以上的时候，人体汗液分泌增加，蒸发散热成为皮肤散热的主要方式。

> **探究·实践**
> **探究影响蒸发快慢的因素**
> **实验目的** 探究影响蒸发快慢的因素，学会设计探究实验。
> **实验器材** 温度计、酒精、载玻片、滴管等。
> **实验步骤** 用滴管在载玻片上滴一滴生理盐水（模拟汗液），请你设计一个实验让这滴水蒸发得快一些（提示：设计实验时请注意对照实验和变量的控制）。
> **实验结论** _____。
> **解决问题** 如何利用你的实验结论更好地帮助人体散热？

❋ 体温的自主性调节——"神经—体液"调节

当气温发生改变时，人体如何来维持恒定的体温？人体自身有完善的体温调节系统来维持体温的恒定，这属于人体的自主性体温调节。

我们可以感觉到温度的变化，是因为在人体中存在能够感受温度变化的温度感受器。温度感受器分布在人体的皮肤、黏膜和内脏器官中（图6-2-9），分为对温觉敏感的温觉感受器和对冷觉敏感的冷觉感受器。皮肤温度在12 ℃～30 ℃时，冷觉感受器的活动较强；皮肤温度在30 ℃～45 ℃时，温觉感受器的活动较强。当温度感受器受到外界温度变化的刺激后，将神经冲动传至体温调节中枢，再由体温调节中枢控制改变人体的产热和散热，最终维持体温的相对稳定。

人体的体温调节中枢位于下丘脑（图6-2-10）。下丘脑前部存在散热中枢，后部存在产热中枢。两个中枢之间有着交互抑制的关系，从而可以保持体温的相对稳定。除了下丘脑中体温调节中枢可以控制调节人体的体温外，人体中的甲状腺激素和肾上腺激素也与体温调节有关。

知识链接

皮肤直接散热的多少决定于皮肤表面与外界环境之间的温差。当外界温度下降时，皮肤内的血管收缩，血流量减少，皮肤温度下降，散热量随之减少；相反，当外界温度上升时，皮肤血管舒张，血流量增加，皮肤温度上升，散热量也随之增加。

当环境温度与皮肤温度接近或相等时，直接散热方式便无效。如环境温度高于皮肤温度，则机体反而要从环境中吸热。皮肤温度决定于皮肤的血流量和血液温度。皮肤血流量主要受交感－肾上腺系统的调节。

表达训练

不同的环境下，我们会采用不同的方式来更好地散热。请你分析一下，图6-2-8中采用的散热方式分别是什么？

狗吐舌头

天热时只穿背心

人们在树荫下乘凉

发烧后用冷敷法降温

图6-2-8 各种散热方式

知识链接

中枢神经系统

中枢神经系统（Central Nervous System）（图 6-2-11）由脑和脊髓组成。脑和脊髓（图 6-2-12）是各种反射弧的中枢部分，是人体神经系统的最主体部分。中枢神经系统接受全身各处的传入信息，经它整合加工后成为协调的运动性传出，或者储存在中枢神经系统内成为学习、记忆的神经基础。人类的思维活动也是中枢神经系统的功能表现之一。

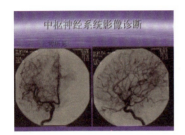

图 6-2-11 中枢神经系统影像

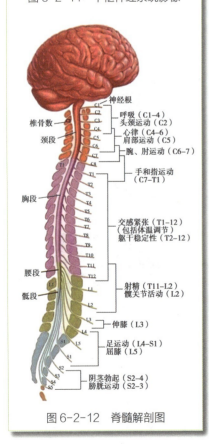

图 6-2-12 脊髓解剖图

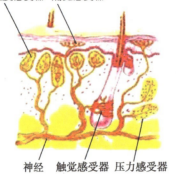

图 6-2-9 皮肤中的感受器

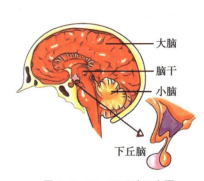

图 6-2-10 下丘脑示意图

技能训练

了解体温调节中枢

活动目的 通过实验分析，了解体温调节中枢的位置。

分析信息 分析实验资料，得出相应结论。

1. 根据对多种恒温动物脑的实验证明：切除大脑皮层及部分皮层下结构后，只要保持下丘脑及其以下的神经结构完整，动物虽然在行为上可能出现一些缺欠，但仍具有维持恒定体温的能力。如进一步破坏下丘脑，则动物不再能维持相对恒定的体温。

    结论：调节体温的主要中枢位于_____。

2. 动物学家为了确定下丘脑在体温调节中的作用，做了如下实验：刺激下丘脑前部，发现实验动物血管舒张，散热增加，有出汗现象；刺激下丘脑后部，实验动物则出现寒战现象，产热增加。

    结论：散热中枢位于_____，产热中枢位于_____。

3. 动物学家进行进一步实验：冷却实验动物的下丘脑前部，实验动物同样会出现寒战现象，产热量增加。

    结论：下丘脑_____部有神经冲动传至下丘脑_____部。

当人处于寒冷环境中时，皮肤中的冷觉感受器兴奋，神经冲动传至下丘脑体温调节中枢中的产热中枢，产热中枢兴奋，引起骨骼肌战栗以增加产热，甲状腺激素和肾上腺素分泌增加，以提高细胞的代谢水平，产热增加；同时，皮肤血管收缩，血流量减少，汗腺停止分泌，立毛肌收缩以缩小汗毛孔，使散热量减少，体温不致过低（图 6-2-13）。

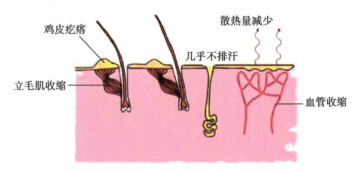

图 6-2-13 寒冷环境下体温调节示意图

反之，当人处于炎热环境中时，温觉感受器兴奋，散热中枢引起血管舒张，血流量增加，汗腺分泌增多，促进散热，从而维持体温的恒定（图6-2-14）。

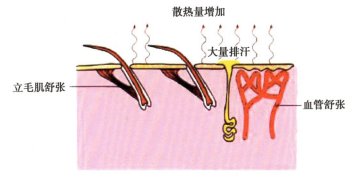

图6-2-14 炎热环境下体温调节示意图

所以，人的体温恒定是在神经和体液的共同调节下，通过人体的产热和散热两个过程保持相对平衡而实现的。

艺术欣赏

夏　词

[明] 智生

炎威天气日偏长，
汗湿轻罗倚画窗。
蜂蝶不知春已去，
又衔花瓣到兰房。

释义：炎热的天气，白昼也比较长，穿着薄薄的罗纱也汗湿了，倚靠在窗前作画。蝴蝶蜜蜂都不知道春天已经过去，带着花瓣到闺房。

技能训练

构建寒冷环境和炎热环境下人体体温调节的模型

活动目的 尝试构建寒冷环境和炎热环境下人体体温调节的模型。

活动过程 通过对课本内容的学习，请你谈谈人体在寒冷环境和炎热环境中维持体温相对恒定的方法。与同学们讨论一下，尝试构建寒冷环境和炎热环境下人体体温调节的模型，并画在下面框内。

寒冷环境下人体体温调节的模型：

炎热环境下人体体温调节的模型：

思维拓展 如果你从寒冷的室外进入热气腾腾的浴室，体温调节模型应该是怎样的？请与寒冷环境下的体温调节模型进行比较。

科学方法

构建模型

构建模型，简称建模，就是为了理解事物而对事物做出的一种抽象，是对事物的一种无歧义的书面描述。

建模是研究系统的重要手段和前提。凡是用模型描述系统的因果关系或相互关系的过程都属于建模。因描述的关系各异，所以实现这一过程的手段和方法也是多种多样的。可以通过对系统本身运动规律的分析，根据事物的机理来建模；也可以通过对系统的实验或统计数据的处理，并根据关于系统的已有的知识和经验来建模；还可以同时使用几种方法来建模。

❋ 体温的行为性调节

一般当环境温度变化时，人体首先采取行为性体温调节。行为性体温调节，是指有意识地进行有利于建立体热平衡的行为活动，

表达训练

变温动物因为体内没有自身调节体温的机制,而仅能靠自身行为来调节体热的散发或从外界环境中吸收热量来提高自身的体温。所以行为性体温调节是变温动物的重要体温调节手段。请你查阅资料,举例说明变温动物是如何来调节体温的。

知识链接

沈李浮瓜

三国时期曹丕在《与朝歌令吴质书》中写道:"浮甘瓜于清泉,沈朱李于寒水。"说的是天热把瓜果用冷水浸后食用。后以"沈李浮瓜"借指消夏乐事,亦用以泛指消夏果品。

知识链接

发热程度的划分
(以口腔温度计)

低热:体温 37.5 ℃～37.9 ℃,如结核病、风湿热。

中等热:体温 38 ℃～38.9 ℃,如一般性感染性疾病。

高热:体温 39 ℃～40.9 ℃,如急性感染性疾病。

超高热:体温 41 ℃以上,如中暑。

人体最高的耐受热为 40.6 ℃～41.4 ℃,达到 43 ℃则很少有人能存活。

如改变姿势、增减衣物、人工改善气候条件等。通常行为性体温调节和自主性体温调节互相补充,以保持体温的相对稳定。

中国古代有许多文学作品里都提到了人体的行为性体温调节方式。唐代李白在《夏日山中》中写道:"懒摇白羽扇,裸袒青林中。脱巾挂石壁,露顶洒松风。"最好还能找个有水有风的地方乘乘凉。宋代秦观的《纳凉》:"携扙来追柳外凉,画桥南畔倚胡床。月明船笛参差起,风定池莲自在香。"其中写的就是水边纳凉的惬意。当然,纳凉时再来点"沈李浮瓜"是最好不过了,不少诗人都在自己的作品里提到过,如宋代李重元的《忆王孙·夏词》:"风蒲猎猎小池塘,过雨荷花满院香,沈李浮瓜冰雪凉。竹方床,针线慵拈午梦长。"而冬天,寒风凛冽,如何取暖成为大家关心的问题。唐代韩愈的《江汉答孟郊》"凄风结冲波,狐裘能御寒"中说的就是穿狐裘御寒。没有厚衣服也可以烧柴、烧炭取暖。陆游的《十一月五夜风雪寒甚燃薪取暖戏作五字》中写道:"束薪从涧底,及此不时求。力比鹅黄酒,功如狐白裘。"意思是烧柴取暖可以和喝酒、穿狐裘媲美。宋代钱选在《题雪霁望弁山图》中写道:"眼前触物动成冰,冻笔频枯字不成。独坐火炉煨酒吃,细听扑簌打窗声。"唐代白居易在《问刘十九》(图6-2-15)中写道:"绿蚁新醅酒,红泥小火炉。晚来天欲雪,能饮一杯无?"可见古人虽然没有现代化的制冷制热技术,但一样能让自己很好地调节体温,舒适生活。

图 6-2-15 《问刘十九》诗意图

虽然人体有完善的体温调节系统,并且会利用各种方式努力让自己保持体温的恒定,但人的体温调节能力是有限的,如果超出了一定的范围,体温就会出现异常,这会严重影响人体的生命活动甚至导致死亡。

三 体温异常及其危害

❊ 体温过高——发热

病理性体温升高超过一般人的正常范围称为发热。有的是由于病原体直接作用于体温调节中枢所致,称为感染性发热;有的是由于机体产热过多或散热减少所致,称为非感染性发热。非感染性发热分为中枢性发热(体温调节中枢功能紊乱,如中暑、脑外伤)、吸收热(如大面积烧伤、内出血)、变态反应性发热(如风湿热、药物热、输液反应)、内分泌与代谢障碍所引起的发热(如甲亢、失水)……

技能训练

模拟抢救高温中暑患者

活动目的　了解高温中暑患者的现场急救方法。

活动步骤

1. 将学生 3～4 人分为一组，并进行小组分工。
2. 请一位学生模拟中暑的病人，其余同学进行救助。

   (1) 转移：迅速将患者抬到通风、阴凉、干爽的地方，使其平卧并解开衣扣，松开或脱去衣服，如衣服被汗水湿透应更换衣服（图 6-2-16）。

   图 6-2-16　中暑急救

   (2) 降温：若体温较高，可在患者头部捂冷毛巾，或用 50% 酒精、白酒、冰水或冷水全身擦浴，进行散热。但不要快速降低患者体温，当体温降至 38 ℃ 以下时，要停止一切冷敷等强降温措施。

   (3) 促醒：病人若已失去知觉，可指掐人中、合谷等穴，使其苏醒。若病人呼吸停止，应立即实施人工呼吸。

   (4) 解暑药物应用：可以在病人额部、颞部涂抹清凉油、风油精等，或使其服用人丹、十滴水、藿香正气水等中药。

   (5) 补水：患者仍有意识时，可给一些清凉饮料。补充水分时，可加入少量盐或小苏打水。但千万不可急于补充大量水分，否则会引起呕吐、腹痛、恶心等症状。

   (6) 转送：对于重症中暑病人，必须立即送医院诊治。可拨打 "120" 急救电话或自行运送病人去医院。搬运病人时，应用担架运送。运送途中要注意，尽可能用冰袋敷于病人额头、枕后、胸口、肘窝及大腿根部，积极进行物理降温，以保护患者的大脑、心肺等重要脏器。

3. 模拟活动结束后，每组学生进行自评。
4. 邀请老师或医生对各组表现进行点评。

❀ 体温过低

人体由于产热减少或散热增加而导致体温低于 35.5 ℃ 称为体温过低，常见于早产儿及全身衰竭的危重病人。前者由于体温调节中枢尚未发育成熟，对外界温度变化不能自行调节；后者则因末梢循环不良，特别是在低温环境中，如保暖措施不当，极易导致体温过低。当人体温度降到 29.5 ℃ 时，血液循环减慢，氧气到达身体的部位减少，大多数人会失去意识；低于 26.5 ℃ 时，血液开始凝结并形成血栓，这时会导致死亡。

技能训练

模拟抢救体温过低患者

活动目的　了解体温过低患者的现场急救方法。

活动步骤

1. 将学生 3～4 人分为一组，并进行小组分工。

知识链接

中暑

中暑是指人体在高温或烈日下，体温调节功能紊乱，散热机能发生障碍，致使热能积累所致的以高热、无汗及中枢神经系统症状为主的综合征。中暑患者的体温往往在 38 ℃ 以上，伴有面色潮红、大量出汗、皮肤灼热，或有四肢湿冷、面色苍白、血压下降、脉搏增快等表现。中暑严重者若不及时抢救，可能危及生命。

知识链接

低温烫伤

皮肤接触 44 ℃ 的温度 6 h 以上，就可能发生不可逆的损伤；接触 44 ℃～51 ℃ 的温度时，皮肤损伤程度与接触时间长短呈正相关；而接触 51 ℃ 以上的温度，则极短时间即可引起损伤。

特别是老年人，因其末梢循环障碍，神经功能受损，感觉较迟钝，对热和痛觉不敏感，往往会造成大面积深度烫伤。医生建议"暖宫贴"这类产品不宜长时间贴用，有的人一贴就是一天显然是不可取的。如果皮肤发红并疼痛应立即避开热源，并用凉水进行冲洗。这样不仅可以止痛，而且可以避免或减轻余热带来的继续损伤。如果疼痛还不能缓解或者出现溃疡，请及时至皮肤科或烧伤科就诊。

科学思维

低温保存技术

2018年6月25日凌晨，又一例人体低温保存在山东银丰生命科学研究院成功完成——6月19日，刘爱慧离世两天后，隔着玻璃窗，她的家属们静静地目送老人被科研人员转移到 –196 ℃ 的液氮罐中。

2. 请一位学生模拟体温过低患者，其余同学进行救助。
   (1) 拨打"120"急救电话请求紧急医疗救助。
   (2) 将患者移出寒冷环境（移动患者时一定要轻柔）。如不能进入室内，也需使患者避开有风之处，覆盖其头部，并使其身体与冰凉的地面隔开。
   (3) 检查患者的衣物，确保其身体是干燥的。如患者衣服已湿，需给其换上干暖的衣物或塞进一件干的衣服或毛巾到贴身处。
   (4) 保暖：用暖布或温热水袋敷在患者的颈部、胸部（或腋窝）与腹股沟部，然后用急救保温毯（图6-2-17）或温暖的被褥将其全身包裹起来（图6-2-18）。

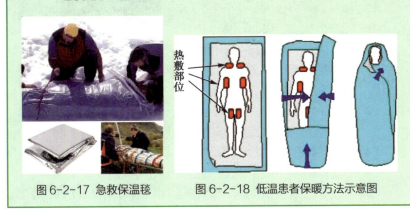

图 6-2-17 急救保温毯　　图 6-2-18 低温患者保暖方法示意图

"捂春晾秋、知冷知热""春不减衣，秋不加帽；冬不蒙首，春不露背"，这些日常生活中流传的脍炙人口、耳熟能详的民间谚语，往往蕴藏着许多生物学知识。

本节自我评估

一、概念理解

1. 如下图所示是一支常用体温计。下列关于该体温计的叙述正确的是（　　）。

   A. 示数是 8 ℃
   B. 每小格代表 1 ℃
   C. 不能离开被测物体读数
   D. 是根据液体热胀冷缩的性质制成的

2. 下列关于人体体温调节过程的叙述正确的是（　　）。
   A. 炎热环境中，毛细血管收缩，汗液分泌增多
   B. 寒冷环境中，骨骼肌和肝脏产热增多，受神经-体液调节
   C. 冬天汗腺活动比夏天弱得多，说明人体冬天散热量小于夏天散热量
   D. 外界温度由 40 ℃ 降到 37 ℃ 的过程中发生兴奋的感受器有冷觉和温觉感受器

3. 中暑的根本原因是（　　）。
   A. 在炎热的环境中偶尔着凉
   B. 环境温度过高，人体内热量散发不出去
   C. 由于气温过高，人体出汗过多
   D. 人体不能适应外界气温的突然升高

二、技能训练

1. 带婴儿看病时，为什么要等他们停止哭闹几分钟后再给他们量体温？
2. 宋代苏轼在《菩萨蛮·回文夏闺怨》中写道："柳庭风静人眠昼，昼眠人静风庭柳。香汗薄衫凉，凉衫薄汗香。手红冰碗藕，藕碗冰红手。郎笑藕丝长，长丝藕笑郎。"请问这首词中写到了哪些人体的散热方式？请你一一说明。

三、思维拓展

小白鼠是恒温动物。科学家们在实验中发现如果破坏了小白鼠的下丘脑，它就不再具有维持体温恒定的能力了。

（1）这个实验说明_____。本实验的对照是_____。

（2）正常小白鼠的体温调节类型和下图中的曲线_____相同。

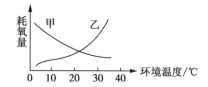

（3）研究者要对实验鼠被破坏下丘脑之前 24 h 和破坏下丘脑以后 24 h 的体温分别进行测量记录（测量间隔为 4 h），请你为该实验设计一个合理的体温记录表。

（4）若研究者仅根据一只小白鼠的实验结果便做出了前面的结论，你认为该结论可靠吗？为什么？

第 3 节 凉意习习
——冷却方法和制冷工艺

学习目标

- **描述** 扇子、电扇的工作原理
- **知道** 古代制冷的方法
- **了解** 空调的制冷原理
- **尝试** 制作简易制冷空调

关键词

- 风扇
- 电扇
- 制冷
- 空调

"银烛秋光冷画屏,轻罗小扇扑流萤。天阶夜色凉如水,坐看牵牛织女星。"(杜牧《秋夕》)

苏州人的生活是优雅的,从精美的冰鉴到现代的智能空调,这个古老而现代的城市总是那么精致而从容。

一 轻风徐徐——从风扇到电扇

苏扇以历史悠久、制作精巧著称,它是中国传统手工艺品。

✤ 绢宫扇

苏州的绢宫扇属于轻罗小扇(图6-3-1)。绢宫扇古名"纨扇",又名"团扇"。苏州绢宫扇纤丽秀雅,其绢面或书画或刺绣,别出心裁;其扇柄或雕镂或彩绘,各尽其巧;其质料或素竹或湘妃竹或象牙或玳瑁,雅而俗。

图 6-3-1 绢宫扇

✤ 折扇

折扇,又名"聚头扇",南方习惯于称"折扇"。苏州折扇又称"吴扇",扇骨造型艺术丰富多彩,扇头造型多,制扇艺人还运用磨、漆、嵌等技艺,千变万化,极尽巧思。在折扇的扇面上作画、题诗是文人雅士的一大爱好。扇面画已成为绘画中的一个门类,或绘以鲜艳的牡丹,或绘以清逸的山水,配以相同题材的诗词,"雅扇"之名名副其实。

科学思维

扇子真的能降温吗?

活动器材 温度计、扇子等。

活动步骤

1. 将温度计悬挂在室内,读出温度计的示数,记为 t_1。
2. 用扇子扇温度计的玻璃泡,读出温度计的示数,记为 t_2。
3. 比较 t_1、t_2 的示数。

思考 扇扇子没有降低温度,为什么你感到凉快了?

延伸实验 取两支相同的温度计,一支玻璃泡包裹湿棉花,再用扇子对玻璃泡扇风,你发现了什么?

DIY·制作一把折扇

制作一把折扇

活动目的 学会制作折扇。

活动器材 扇纸(布)、环扣、扇部支架。

活动步骤

1. 在扇纸上画一个半圆。首先,绘制一条直线并确定中心;然后,从骨孔的中心,画一个与骨尖长度相同的半圆和另一个半圆(半径大约一半)。
2. 剪出扇面形状,以16个相等的部分制作折线。
3. 将扇架和扇面粘在一起。翻转粘贴区域,让环扣紧固件穿过,熔化固定环扣紧固件(图6-3-2)。

图 6-3-2 折扇制作步骤

❈ 檀香扇

檀香扇（图6-3-3）是以檀香为骨的折扇演化发展而来的扇种，以檀香木制扇是我国首创的。苏州的檀香扇式样变化巧妙，以"拉花""烫花""画花"构成独特的风格。"拉花"是在扇骨上以手工拉出透空的花纹，如"天女散花"拉有 15000 多个孔眼，给人以玲珑剔透、纤丽华美的感觉。"烫花"，又名"烙画""烫画"，不做草稿，以铁笔烙绘"西厢""红楼"等故事，棕褐色的图画烫在杏黄色的檀香木上，色调和谐、浑厚古雅。"画花"是用毛笔在绢制扇面上勾勒设色，画面题材广泛，色彩明快。苏州檀香扇极受海内外人士推崇。

图 6-3-3 檀香扇

艺术鉴赏

江苏省工艺美术大师周村豪的檀香扇作品如图6-3-4所示。该作品系采用紫檀木嵌银丝（正面）和檀香木烫花（反面）等技法精心制作而成。

图 6-3-4 周村豪的檀香扇作品

创客空间

尝试用激光雕刻机制作一片雕花扇骨

活动目的 学会运用激光雕刻技术制作扇骨。

活动器材 激光雕刻机（图6-3-5）、计算机、薄木板等。

活动步骤
1. 在计算机上设计出你喜欢的图案。
2. 用激光雕刻机将它在薄木板上雕刻出来。
3. 将薄木板修整成扇骨。
4. 将扇骨打磨光滑。

注意 安全使用激光雕刻机，最好戴上护目镜。

反思 将自己的制作和同伴交流，看看谁雕刻得更好，分享制作经验。

图 6-3-5 激光雕刻机

知识链接

激光雕刻

激光雕刻加工以数控技术为基础、激光为加工媒介，加工材料在激光照射下瞬间熔化和汽化，达到雕刻加工的目的。激光镌刻就是运用激光技术在物件上面刻写文字，这种技术刻出来的字没有刻痕，物体表面依然光滑，字迹亦不会磨损。

❈ 电扇——推陈出新的设计

扇子，是需要靠人用手扇的。有没有可以解放人的手，靠机械工作的扇子呢？

1880年，美国人舒乐首次将叶片直接装在电动机上，再接上电源，叶片飞速转动，阵阵凉风扑面而来，这就是世界上第一台电风扇。

电风扇简称电扇，也称为风扇、扇风机，是一种利用电动机驱动扇叶旋转，从而使空气加速流通的家用电器，主要用于清凉解暑。

电风扇主要由扇头、叶片、网罩和控制装置等部件组成。扇头包括电动机、前后端盖和摇头送风机构等。电风扇的核心部件是交流电动机。其工作原理是利用通电线圈在磁场中受力而转动，将电能主要转化为机械能，一部分电能由于导体发热转化为内能损耗了。

科学思维

电动机和扇叶组合，发明了电扇。电动机和搅拌刀组合，发明了搅拌机……

试着和你的同伴讨论一下，你还能将电动机和什么组合，发明一些新物品或新工具吗？

知识链接

通电导体在磁场中运动

当把一根通电直导线放在蹄形磁铁产生的磁场中，我们可以观察到导体会受力而运动，我们把这种力叫作安培力。

安培力的方向受电流、磁场方向的影响，可用左手定则判断。左手定则：如图 6-3-7 所示，伸开左手，使拇指与其余四个手指垂直，并且都与手掌在同一平面内；让磁感线从掌心进入，并使四指指向电流方向，这时拇指所指的方向就是通电导线在磁场中所受安培力的方向。

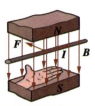

磁感线穿手心
四指指向电流
大拇指指受力

图 6-3-7　左手定则

由安培力到电动机，是由科学到技术的转变，但是这个过程并不容易。

创客空间

自制微型电风扇

活动目的　学会自制微型电风扇。

活动器材　饮料瓶、漆包线、热熔胶枪、电烙铁等。

活动步骤

1. 用一根漆包线绕成一个矩形线圈，漆包线的两端分别从线圈的一组对边的中间位置引出，并作为线圈的转轴。
2. 将左转轴上下两侧的绝缘漆都刮掉，右转轴下侧的绝缘漆刮掉。
3. 线圈架在两个金属支架之间，线圈平面位于竖直平面内，永磁铁置于线圈下方。
4. 将饮料瓶截断后剪成小扇叶，固定在右转轴上（图 6-3-6）。

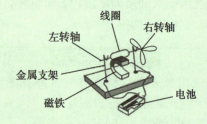

图 6-3-6　自制微型电风扇模型

反思　这个风扇模型虽然简单，但是并不容易制作成功。如果失败，请思考失败的原因，反复尝试一下。当你成功以后，尝试一下如何提高风扇的转速，怎样使你的风扇更美观一点。和同伴交流自己的经验和收获。

根据生活的需要，工程师们设计开发了各种新型的电扇，如换气扇（图 6-3-8）、转页扇（图 6-3-9）、空调扇（图 6-3-10）、塔扇（图 6-3-11）……

图 6-3-8　换气扇　　　　　图 6-3-9　转页扇

图 6-3-10　空调扇　　　　图 6-3-11　塔扇

知识链接

台扇变形记

台扇（图 6-3-12）通常是放在桌子上的。如果帮它把"腿"拉拉长，就可以变成落地扇（图 6-3-13），放在地上直接使用。

图 6-3-12　台扇

创新设计

设计新型电扇

如果你就是未来的新型电扇的设计师,你想赋予它什么新的功能呢?将你的想法写下来吧!

知识链接

图6-3-13 落地扇

如果把它稍做变形,装到墙上可变成壁扇(图6-3-14),装到房顶可变成顶扇(图6-3-16)。

图6-3-14 壁扇

图6-3-16 顶扇

二、优雅生活——古代制冷

井水"冰镇"

"桂花香馅裹胡桃,江米如珠井水淘。"苏州的井是一种风景,亦是一种文化。在没有冰箱的年代,古代的普通百姓夏天通常饮用的就是井水(图6-3-15),并且用井水来"冰镇"食物,达到降温的目的。井水属于地下水,在地底湿润而恒定的温度里,井水通常都比地面上的河水要清凉。因此,井水和其"冰镇"的食物自然就成了古代百姓夏天的天然"冷饮"。

图6-3-15 井水

古代冰鉴

当然,达官贵人的夏季饮品则是真正的"冰镇"了。《诗经》中就有"二之日凿冰冲冲,三之日纳于凌阴"的记载。皇室和达官贵族早有储存冰的习惯(图6-3-17),在院落内开凿冰窖(一般建于地下,原理跟井的构造相同),在冬季时,派队伍收集一年所需的冰块,夏季时敲碎使用。

图6-3-17 古代储冰

图6-3-18 冰鉴

冰鉴(图6-3-18)应该就是古代的冰箱了。冰鉴是暑天用来盛冰,

知识链接

冰块为什么能降温?

冰块为什么能降温呢?因为它会熔化吸热。

熔化是物质从固态变成液态的一种物态变化过程,熔化需要吸收热量。

冰是一种晶体,晶体有一定的熔化温度,叫作熔点,在标准大气压下,与其凝固点相等。晶体吸热温度上升,达到熔点时开始熔化,但温度保持不变。熔化过程中晶体

知识链接

是固、液共存状态。晶体完全熔化成液体后,温度继续上升。

冰的熔点是 0 ℃,我们可以用熔化图像形象表现出冰的熔化温度特点(图 6-3-19)。

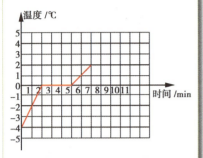

图 6-3-19 冰熔化图像

思考 现有两杯冰水混合物,一杯在阳光下,一杯在树荫下,哪杯温度高呢?

技术链接

压缩机被看成是制冷系统的心脏,压缩的职责是提升压力。

压缩机有五大类型:往复式、螺杆式、回转式、涡旋式和离心式。往复式压缩机是在小型和中型商用制冷系统中应用最多的一种压缩机。螺杆式压缩机主要用于大型商用和工业系统。回转式压缩机、涡旋式压缩机主要用于家用和小容量商用空调装置。离心式压缩机则广泛用于大型楼宇的空调系统。

知识链接

氟利昂

氟利昂,又名氟里昂,名称源于英文 Freon,它是一个由美国杜邦公司注册的制冷剂商标。

氟利昂被广泛用作制冷剂、发泡剂、清洗剂,被广泛用于家用电器、泡沫塑料、日用化学品、汽车、消防器材等领域。

氟利昂在大气中的平均寿命可达数百年。当氟利昂上升到平流层后,会在强烈紫外线的作用下被分

并置食物于其中的容器。冰鉴箱体两侧设提环,顶上有盖板,上开双钱孔,既是抠手,又是冷气散发口。其功能明确,既能保存食品,又可散发冷气,使室内凉爽。

三 惬意到家——现代制冷

江苏的夏天还是有点热的,这时利用空调制冷就能使你的生活变得惬意和舒适。

常见空调由室内机和室外机组成(图 6-3-20)。空调的室外机内有压缩机,它能将气态的氟利昂压缩为高温高压的液态氟利昂,然后送到冷凝器(也在室外机内)散热后成为常温高压的液态氟利昂,所以室外机吹出来的是热风。液态的氟利昂再经毛细管,进入蒸发器(室内机),空间突然增大,压力减小,液态的氟利昂就会汽化,变成气态低温的氟利昂,从而吸收大量的热量,蒸发器就会变冷,室内机的风扇将室内的空气从蒸发器中吹过,所以室内机吹出来的就是冷风;然后气态的氟利昂回到压缩机继续压缩,继续循环。

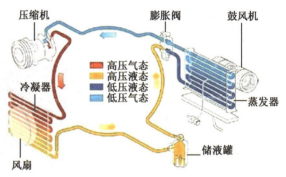

图 6-3-20 空调系统原理图

除了空调外,冰箱也是常见的制冷好手。冰箱的外形和空调差异很大,但是工作原理相似。

DIY·自制简易制冷空调

自制简易制冷空调

活动目的 学会制作简易制冷空调。

活动器材 矿泉水瓶、泡沫塑料箱、剪刀、电烙铁等(图 6-3-21)。

活动步骤

1. 找若干空矿泉水瓶,用剪刀把瓶子的盖子剪掉。
2. 用剪刀把瓶子沿中间剪成两半(图 6-3-22)。

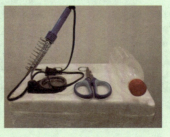 

图 6-3-21 活动器材　　图 6-3-22 中间剪开瓶子

3. 在泡沫塑料箱一侧均匀地画圆,圆的直径大小和矿泉水瓶口直径相当,

然后用加热好的电烙铁沿圆圈挖孔。
4. 将瓶嘴塞进箱子上挖好的孔中（注意塞紧，也可以辅以502胶水），如图 6-3-23 所示。将其他矿泉水瓶进行同样操作，简易空调就做成了。

图 6-3-23 将瓶嘴塞入孔中

5. 在炎热的夏天中午，找另一个大小相同的泡沫箱，在自制空调箱和对照的泡沫箱中各放一支温度计，然后将两个箱子放在太阳下，自制空调箱装瓶子的一侧最好迎风放置。隔 1 h 再观察记录两个箱子中温度计的示数，看看有何不同。

实验反思 对比测量的温度，你可能会觉得不可思议！是什么"神力"使箱内空气"冷"起来的？请和同伴交流、讨论，尝试揭示其中的奥秘。

知识链接

解，含氯的氟利昂分子会离解出氯原子，然后同臭氧发生连锁反应。一个氯氟利昂分子就能破坏多达 10 万个臭氧分子。所以，大气中的氟利昂含量的增加会导致臭氧浓度降低，甚至使南极上空出现了臭氧空洞。

臭氧层能保护地球表面不受太阳强烈的紫外线照射，而其被破坏后将会影响生物圈的动植物，特别是会使人类皮癌患者增多。

科学思维

为何能制冷？

在某些经济落后的热带地区，就是按照如图 6-3-23 所示的方法，在结实的基座上安装足够多的矿泉水瓶，然后安装在房屋的窗户上，在炎热的夏天能使房间温度降低 10 ℃ 左右。可是这么简单的装备怎么可能制冷呢？其实道理很简单，你张大嘴对着你的手背哈气，和抿着嘴对着你的手背吹气，手背的感觉明显不一样，第一次觉得热，第二次觉得冷。简易制冷空调的工作原理与此相同。你能用物理学知识描述其中的原理吗？

回眸历史千年，人类为了追求美好生活，对制冷方法和工艺的追求总是孜孜不倦，人类早已从人工制冷发展到电力制冷。随着互联网技术和纳米技术的发展，制冷家电也越来越智能化，制冷家电的发展还有广阔的空间。同学们，你们愿意加入制冷研发的队伍中来吗？

本节自我评估

一、概念理解

1. 无论是手工扇子，还是电风扇，其原理都是通过促进人体表面皮肤_____，从而加快人体汗液的_____，达到制冷目的。
2. 在科技快速发展的今天，激光在诸多行业有着广泛的应用。比如，"激光橡皮"是一种专门用来去除白纸上的黑色碳粉字迹的特殊橡皮。在激光照射下，纸张上的黑色碳粉可以直接_____（填物态变化名称）为高温碳蒸气，同时字迹消失，此过程需要_____（填"吸热"或"放热"）。
3. 空调工作主要依据的物理学原理是（　　）。
   A. 水蒸发吸热
   B. 冰熔化吸热
   C. 沸点较低的物质在蒸发、沸腾（汽化）过程中带走很多热

二、技能训练

古人为了能在夏天使用冰制冷，一般要用地窖藏冰。你能利用身边的简易器材制作一个简易的保温设备，让冰块在该设备中保存一周以上不熔化吗？画出设备图，记下你的制作过程，并和同伴分享制作的经验。

三、思维拓展

找一个稍大一点的气球，把它吹满气，捏住吹嘴不让它漏气，先用手感受一下气球吹嘴处的温度，然后抓住气球其他部位，让其内部气体迅速排出。等气体排完后，再用手感受一下气球吹嘴处的温度，会发现温度明显降低，你知道这是什么原因导致的吗？你能在本节内容中找到对应的示例吗？

第 6 章 寒暑江苏 宜人四季
——温度及其调节

第 4 节 温暖如春
——取暖和制热技术

"千山鸟飞绝，万径人踪灭。孤舟蓑笠翁，独钓寒江雪。"这是唐朝柳宗元在《江雪》中描写的寒冬萧瑟的场景。在那个环境下，他多希望有一个暖炉，传递一阵温暖，驱散冰冷寒冬；多希望有一座暖屋，送上丝丝暖意，让温暖充满全身，让心中春光和煦。

一 钻木取火——中国的骄傲

在人类没有学会如何用火之前，先民们只能过茹毛饮血的生活。传说燧人氏钻燧取火，掌握了取火之术，开始有了熟的食物，也就有了御寒之道。学会用火，让人类的生活进入了一个崭新的阶段。考古者从周口店北京猿人所用的石器推测，中国猿人开始自觉用火大约是在五十万年以前。

古时"钻木取火"是将硬木棒对着木头摩擦或钻进去，靠摩擦取火。钻木取火的原理是**摩擦生热**，从能量的角度看就是将**机械能**转化为**内能**。

木头燃烧就是碳燃烧氧化形成二氧化碳，化学反应式是 $C+O_2 \xrightarrow{\text{点燃}} CO_2$。木头烧完剩下灰烬的主要成分是无机盐，而没烧完的木头冷却后是木炭（主要成分是碳）。

学习目标

- 说出　钻木取火时能量的转换
- 描述　比热容，电流的热效应
- 概述　取暖器
- 学会　计算所用电器的总功率和电流，会根据计算挑选合适的接线板

关键词

- 钻木取火
- 电流的热效应

探究·实践

仿照古典式钻木取火

实验目的　尝试钻木取火。

实验步骤

1. 找质地较软的木材做钻板，如干燥的白杨、柳树等。
2. 再找较硬一些的树枝做钻头。
3. 将钻板边缘钻出倒"V"形的小槽。
4. 在钻板下放入一些易燃的火绒或者枯树叶。
5. 戴上手套，双手用力钻动，直到钻出火来为止。

实验反思　你的钻木取火过程顺利吗？如果不顺利，你能尝试改进一下吗？比如制作一个木钻，提升钻木取火的效率。

知识链接

火焰分三个部分：内焰、外焰和焰心。焰心是气态的，外焰是燃烧后的反应产物，而内焰是等离子态的。

太阳及其他许多恒星是极炽热的星球，它们就是等离子体。宇宙内大部分物质都是等离子体。地球上也有等离子体，如高空的电离层、闪电、极光等。日光灯、水银灯里的电离气体则是人造的等离子体。

二 热可炙手——小型取暖器

为了方便使用，先人将固定不动的取暖设备逐渐发明改进成了可以移动的取暖设备。

出现较早的取暖设备要数"汤婆子"（图 6-4-1）了。汤婆子，是用铜或锡制成的扁形瓶，装热水。而后，又出现了橡胶、塑料材质的热水袋（图 6-4-2）。汤婆子、普通热水袋通常是以水为工作物质的。

实践尝试

给电热水袋注水

操作过程

1. 将电热水袋电源插座向上，平放在桌面，打开注水塞（图6-4-3）。
2. 用小漏斗顶开注水口底部挡板，将漏斗插到热水袋底部。
3. 小心注水。

注意事项

1. 注水完毕后要进行排气，动作要缓慢。
2. 当注水口有液体溢出时，用小塞子塞住注水口。
3. 擦干充电座及袋体上的水迹。
4. 使用一段时间后要补水、排气。

图6-4-3 电热水袋注水

图6-4-1 汤婆子　　　　图6-4-2 热水袋

汤婆子、热水袋里面装热水，放在被子里取暖，可以给人提供热量。它是利用水的比热容较大的原理工作的。

比热容，符号为 c，简称比热，亦称比热容量，是热力学中常用的一个物理量，表示物体吸热或散热的能力。比热容越大，物体的吸热或散热能力越强。比热容指一定质量的物质，在温度升高时，所吸收的热量与该物质的质量和升高的温度乘积之比，单位是 $J/(kg·℃)$。热传递过程中，有能量从高温物体传递给低温物体，这时所传递的能量称为热量，用符号 Q 表示。物质吸热或放热的计算公式如下：

$$Q=cm\Delta t$$

探究·实践

粗测热水袋放出的热量

实验目的 粗略测量热水袋放出的热量。

实验步骤

1. 用刻度尺粗略量出充满水的热水袋的长度、宽度、厚度，记录数据分别为 a、b、c。
2. 粗略算出热水袋容积 $V=abc$。
3. 根据公式 $m=\rho V$ 计算出水的质量。
4. 水的比热容是 $4.2×10^3 J/(kg·℃)$，请你计算一下热水袋中的水从95 ℃降到45 ℃时放出的热量。

实验反思 你还可以怎样改进实验，使计算更加简单或更加精确？请和你的同伴讨论、尝试一下。

电取暖器是利用电来工作的，将电能转化成热能。如电热水袋（图6-4-4），袋内装入液体，里面有一个加热器，插上电源加热袋中的液体，从而达到取暖的目的。再如电热饼（图6-4-5），其内部填充物是保温棉，插上电源可以使里面的保温棉加热，同样达到取暖的目的。

图6-4-4 电热水袋　　　　图6-4-5 电热饼

知识链接

电热器是利用电流的热效应来加热的设备。电炉、电烙铁、电熨斗、电饭锅、电烤炉等都是常见的电热器。电热器的主要组成部分是发热体，发热体是由电阻率大、熔点高的电阻丝绕在绝缘材料上制成的。

探究·实践

探究电流经过导体发热与电阻大小的关系

实验目的 探究电流经过导体发热与电阻大小的关系。

实验器材 两个相同的平底烧瓶、软木塞、玻璃管、两个相同的气球、蓄电池、开关、导线、两根不同的电阻丝等。

实验步骤

1. 软木塞钻孔，将玻璃管插在软木塞中间。
2. 将气球套在玻璃管上。
3. 将两根电阻丝分别装入两个平底烧瓶中。
4. 所有器材串联连接（图6-4-6）。
5. 闭合开关，观察哪个气球先变大。

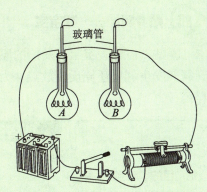

图6-4-6 实验电路

实验现象 电阻____（填"大"或"小"）的气球先变大。

实验结论 在电流、通电时间相同时，电阻____（填"大"或"小"）的放热多。

实验反思 如果实验现象不明显，如何加以改进？

科学轶事

了不起的焦耳

焦耳24岁时开始对通电导体放热的问题进行深入研究，他把父亲的一间房子改成实验室，一有空便钻到实验室里忙个不停。焦耳首先把电阻丝盘绕在玻璃管上，做成一个电热器；然后把电热器放入一个玻璃瓶中，瓶中装有已知质量的水；给电热器通电并开始计时，用鸟羽毛轻轻搅动水，使水温度均匀，从插在水中的温度计可随时观察到水温的变化。同时，他用电流计测出电流的大小。由于当时的测量工具还不够精准，焦耳把这一实验做了一次又一次，最终从大量数据中发现了著名的"焦耳定律"。

同学们，通过焦耳的故事，你受到了什么启发？

当电流通过电阻时，电流做功而消耗电能，产生了热量，这种现象叫作电流的热效应。实践证明，电流通过导体所产生的热量和电流的平方、导体本身的电阻值以及电流通过的时间成正比。这是英国科学家焦耳和俄国科学家楞次得出的结论，即焦耳-楞次定律。其数学表达式为：

$$Q=I^2Rt$$

知识链接

取暖器选购攻略

1. 安全第一。尽可能选择有限温器、温控器等多重安全保护功能的产品。
2. 关注质量。选择品质高、信得过的品牌产品。
3. 经济节能。选择能耗比高的产品。
4. 通常，12 m² 的居室适宜用900 W 的取暖器，15 m² 的居室适宜用1500 W 的取暖器，而20 m² 的居室在电路允许的情况下可选用2000 W 的取暖器。

 满腔热忱——大型取暖器

取暖器已经走进千家万户，取暖器可根据需要灵活选择。冬天睡觉时觉得冷，可购买电热毯；在办公室或房间中，只有一个人要取暖，可买一台石英管电暖器；若全家多人一起取暖，则可买一台对流型取暖器。最方便的还是安装冷暖空调。

常见取暖器优缺点对比如表6-4-1所示。

表6-4-1 常见取暖器

取暖器种类	热传递方式	主要不足	主要优点
电热毯	热传导	容易引起火灾，很干燥	便宜，方便
石英管电暖器	热辐射	升温缓慢，干燥	便宜，移动方便
暖风机	热对流	很干燥	制热速度较快
空调	热对流	价格较高，很干燥	升温很快
电热油汀	热对流	散热慢，耗电多	无噪音，无异味
超导热霸	热辐射	售价较高	传热快
PTC陶瓷电热元件	热对流	忽略不计	可自行断电，升温快，自动恒温

如果你准备用接线板连接一些家用电器，一定要注意安全，先计算连接的家用电器的总功率：$P=P_1+P_2+\cdots+P_n$，然后将计算出

知识链接

取暖器使用注意事项

1. 连接取暖器时应使用合格的、带地线的三孔插座。
2. 当居室中无人时，一定要把取暖器电源拔掉。
3. 取暖器上不能覆盖物品。
4. 一定要按照说明书安装取暖器。

图 6-4-7 接线板

的总功率除以 220 V，算出电流值。购买的接线板（图 6-4-7）上标识的电流值应大于计算出的最大电流数值。为了安全，建议一块接线板上不要连接两个以上大功率的用电器。

四 贴身呵护——暖宝宝

暖贴，俗称暖宝宝，发热的原理是铁粉、碳粉、无机盐和水遇到氧气发生氧化还原反应放热。为了延长保温时间，使用了矿物材料蛭石。

知识链接

暖宝宝在使用前不能发生反应，所以袋子是不透气的，而且材质特别，由原料层、明胶层和无纺布袋组成。无纺布袋是采用微孔透气膜制作的。

使用时，去掉外袋，让内袋（无纺布袋）暴露在空气里，空气中的氧气通过透气膜进入其中。使用后为黑褐色固体，其中含碳粉、NaCl 固体、Fe_2O_3 固体以及含镁铝的盐类。

工作原理如下：

$2Fe+O_2+2H_2O == 2Fe(OH)_2$

$4Fe(OH)_2+2H_2O+O_2 == 4Fe(OH)_3$

$2Fe(OH)_3 == Fe_2O_3+3H_2O$

创客空间
尝试自制暖宝宝

活动目的 自制暖宝宝。

活动器材 铁粉、活性炭、水、NaCl、蛭石粉、胶带纸、无纺布、密封塑料袋等。

活动步骤

1. 缝制无纺布袋。
2. 将适量的铁粉、活性炭、水、NaCl、蛭石粉装入无纺布袋，缝好。
3. 将无纺布袋装入密封塑料袋，密封好。
4. 使用时，撕去密封塑料袋，用手轻微揉搓无纺布袋，使里面的成分混合均匀。

深度探索 什么配比的原料能达到最佳的使用效果？可以借助于相同时间内水吸热的多少来研究。写下你的方案，并做进一步探索。

创新思维
暖宝宝变身

活动材料 暖宝宝。

创新思维 改变暖宝宝单纯用于贴在身上取暖的功效。

如果在袋子里加入中药药物，可以治疗疾病。

如果将它配在饭盒里，冬天可以吃到热乎乎的饭菜。

你还有什么好的主意？请记录下来和大家分享。

如果_____，_____。

如果_____，_____。

如果_____，_____。

如果_____，_____。

……

科学方法

组合创造法

组合创造法是指用一定的技术原理、功能、目的，将两个或两个以上的技术、物质、方法、产品进行合理的组合，形成新产品，甚至把原产品分割，重新排列组合成新产品，或将多个单一产品组合成一个新产品的方法。组合创造法是发明时常用的一种方法。

火，改变了人类的生活方式，给人类带来了希望；而取暖器的发明和使用，使人类的生活更加惬意和美好。当我们在享受前人的"暖意"时，千万别停滞了前进的脚步。同学们，你们能发明更高效、更实用的取暖设备，为后人留下一片"温暖"吗？

一、概念理解

1. 电熨斗通电一段时间后变得很烫,而连接它的导线却不怎么热,其主要原因是(　　)。
   A. 导线散热比电熨斗快
   B. 导线外的绝缘皮隔热效果好
   C. 通过导线的电流远小于通过电熨斗的电流,导线消耗的电能较少
   D. 导线的电阻远小于电熨斗的电阻,导线消耗的电能较少

2. 若想在一个接线板上接一个 700 W 的电饭锅和一台 500 W 的洗衣机,请计算一下,需要购买标识为"220 V　　　　A"的接线板。

二、思维拓展

生物需要能量才能生存,而维持地球生命的能量来自太阳。大部分来自太阳的辐射能量会透过大气层进入地球。地球吸收了部分能量,其他则由地球表面反射回去。部分反射回去的能量会被大气层吸收。由于这个效应,地球表面的平均温度比没有大气层时的温度要高。大气层的作用就像温室一样,因此有了"温室效应"一词。温室效应在 20 世纪后越来越显著(见下图)。

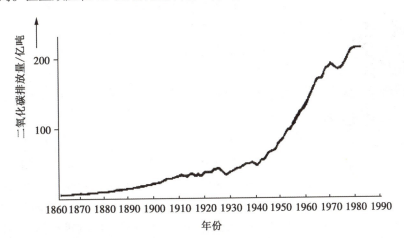

请你搜索 1860—1990 年地球大气层的平均温度变化,画出图像,然后和上图进行比对,写下你的发现,据此以"拯救地球勇士"的身份向全校师生发出呼吁,设计并写出你的呼吁词。

三、实践探究

古代取暖的设施主要有火塘、火墙、壁炉和炉灶等。这些设施在苏州的一些乡村仍然存在,请调查它们的使用情况并拍照片与同学们分享。

第 5 节　舒适随意
——人工智能的恒温系统

学习目标

认识　恒温原理
了解　生物是如何恒温的
尝试　设计恒温系统

关键词

- 恒温
- 恒温生物
- 恒温系统

"永日不可暮，炎蒸毒我肠。""百泉冻皆咽，我吟寒更切。"这两句诗描述了仲夏炎炎和冬日苦寒两种截然不同的感受。曾几何时，吴中大地上一幢幢恒温住宅拔地而起，苏州宅院内一台台恒温设备应运而生。姑苏居民们告别了酷夏和苦寒，自此冷暖年来只自控，回头不似在四时。

一　恒温变温——动物生存秘诀

❄ 恒温动物

常见的恒温动物有鸟类和哺乳类。恒温动物的体温调节机制完善，神经－体液调节和血液循环是其维持体温相对稳定的重要保障。恒温动物的下丘脑中有体温调节中枢，当环境温度升高时，会作用于皮肤的温度感受器，产生兴奋，传递至下丘脑，通过中枢的分析与综合，最终将促使血管舒张，汗腺分泌活动加强，从而带走更多人体热量，使体温逐步恢复正常。

恒温动物在构造上也进化出对低温适应的特征，如皮下具有较厚的脂肪层，减小肢端面积，体表具有毛发（或羽毛）等。水生哺乳动物（如鲸和海豹）以及一些鸟类（如企鹅）有一层特殊的隔离脂肪层。

恒温动物的行为也能对体温进行有效调节。比如，低温时，某些动物会钻进洞穴；大多数动物会减少皮肤的血流量以减少散热，还会发生骨骼肌战栗以产生更多的热量；有的动物则会"抱团取暖"（图 6-5-1）。而高温时，恒温动物会通过多种行为和生理机制来降低温度。比如，找一个温度较低的地方躲起来；尽量减少活动；减少毛发（或脱去羽毛），人类则会脱去部分衣物；增加皮肤的血流量以增加散热；汗腺分泌活动加强，由汗液带走的热量增加；狗等无汗腺动物则通过加速喘息呼出更多水蒸气散热。

图 6-5-1　"抱团"的企鹅

知识链接

恒温植物

科学研究发现，有些植物也会通过调节产生的热量以保持体温，这就是恒温植物。

臭菘主要是通过花枝的线粒体产生热量，维持体温（简单理解即臭菘的花朵会发热）。这让它即使处于 0 ℃的环境中仍能保持 20 ℃的体温。喜林芋也有花朵发热功能。花朵发热不仅可以帮助娇弱的花朵御寒，还可吸引昆虫前来采蜜，完成传粉受精，或形成温差，在周围制造空气涡流来完成传粉受精。

探究·实践

探究动物毛发的保暖效果

实验目的　探究动物毛发的保暖效果。
实验器材　烧瓶、量筒、温度计、天平、常温清水和热水各 50 mL、羊毛、棉布、化纤布、布套（可用袜套代替）等。
实验步骤

1. 取三个等大的烧瓶，分别插入温度计，贴上标签（图 6-5-2）。

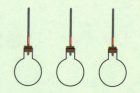

图 6-5-2　插有温度计的烧瓶

2. 用天平称取等质量的羊毛、棉布、化纤布。
3. 在烧瓶中放入等量等温的温水，测出初温。
4. 在1号烧瓶外包裹羊毛放入布套中扎紧；在2号烧瓶外包裹棉布放入布套中扎紧；在3号烧瓶外包裹化纤布放入布套中扎紧。
5. 把它们放在同样的环境下，每隔5 min用温度计分别测量温度填入表6-5-1内。

表6-5-1 材料保温性能对比

物质	温度/℃						
	0	5 min	10 min	15 min	20 min	25 min	30 min
烧瓶（羊毛）							
烧瓶（棉布）							
烧瓶（化纤）							

实验结论 以上三种材料中，_____的保温性能最好。
思考 该实验控制的变量是_____。

科学方法

控制变量法

实验时，对于多因素（多变量）问题，常采用控制因素（变量）的方法，把多因素的问题变成多个单因素的问题。每一次只改变其中的某一个因素，而控制其余几个因素不变，从而研究被改变的这个因素对事物的影响，分别加以研究，最后再综合解决，这种方法叫控制变量法。它是科学探究中的重要思想方法，广泛地运用在各种科学探索和科学实验研究之中。

❋ 异温动物

异温动物是体温调节机制介乎变温动物和恒温动物之间的一种动物类别。它们在非冬眠期体温能维持相当恒定的状态，和恒温动物一样；但在冬眠状态，体温大概维持在环境温度之上约2 ℃，随环境的变化而变化，降低能量的不必要损耗。异温动物如刺猬、蝙蝠等。

❋ 恒温孵化

鸡蛋的孵化需要相对恒定的温度。孵蛋的母鸡会在窝里趴很长时间（图6-5-3），如果母鸡在外时间太长，胚胎就可能因变凉而导致死亡率上升。鸡的胚胎对环境温度有一定的适应能力，适宜温度在35 ℃～40.5 ℃。养殖业中，经常使用电孵化器孵化鸡蛋等，这时需控制好温度。如果温度过高，胚胎死亡率升高；如果温度过低，胚胎孵化率降低。

图6-5-3 母鸡孵蛋

知识链接

变温动物

变温动物缺乏完善的体温调节机制，仅能靠自身行为来调节自身热量的散发，或从外界环境中吸收热量来改变自身的体温。当外界环境的温度升高时，动物的代谢率随之升高，体温也逐渐上升，它们便可以自由活动；当外界环境温度降低时，动物的代谢率也随之降低，体温也逐渐下降，它们或是移向日光下取暖来提高体温，或是钻进地下、洞穴中进行冬眠，或是游向温暖水域。

探究·实践

水床孵蛋

实验目的 探究鸡蛋的孵化条件。
实验器材 长方形泡沫盒、棉被、温度计、塑料薄膜大水袋、棉絮、胶管等。
实验步骤
1. 选取受精的鸡蛋卵。
2. 在泡沫盒底部铺垫两层棉絮，将水袋平放在棉絮上，四周与水袋之间塞上棉絮或软布保温，然后往水袋中注入40 ℃的温水，使水袋鼓起。
3. 将鸡蛋放在水袋上，把温度计放在水袋面上，用棉被将蛋盖严。
4. 定期观测水温，不断注意调节水袋中的水温。第一周蛋温要保持在38.5 ℃～39 ℃，第二周为38 ℃～38.5 ℃，18天后应降至37.5 ℃。

知识链接

冬眠

冬眠，也叫"冬蛰"。某些动物在冬季时生命活动处于极度降低的状态，是动物对冬季外界不良环境条件（如食物缺少、寒冷）的一种适应。一些异温动物和变温动物在寒冷冬季时，其体温可降低到接近环境温度（几乎到0 ℃），全身呈麻痹状态，在环境温度进一步降低或升高到一定程度，或其他刺激下，其体温可迅速恢复到正常水平。

学科交叉

区分鸡蛋受精卵

受精后的鸡蛋成为鸡胚，俗称毛蛋，可药用或用于孵化，而不作为日常食用。受精后鸡卵的胚盘较大、色深（呈白色），可用照蛋灯来识别。在照蛋灯的照射下，蛋中有不透光的黑色斑点，表明该鸡蛋是受精的鸡卵，不透光的斑点即为胚胎发育的部位。

蛋温超过 39 ℃时要向袋内加冷水。每次加水之前，要先用一根胶管吸出等量的水，然后再加水。

5. 定期检测蛋温情况而增减覆盖物。出雏前 3~5 天，用木棍把棉被支起来，以防温度太高，并利于雏鸡破壳。

实验讨论 除用水袋控制孵化温度外，你还有哪些方法控温？

反思 如果实验失败了，请分析具体原因，看是不是温度没控制好。如果实验成功了，请统计孵化率，并和同伴交流。

二 恒温设计——古人智慧

在长沙马王堆汉墓一号墓（图 6-5-4）中出土的"辛追夫人"是世界上保存最好的湿尸。复原的辛追夫人蜡像（图 6-5-5）迄今仍存放于博物馆内。那为什么人的尸体能逾 2100 多年而依然保存完好呢？可能的原因有：马王堆地势较高；墓穴封土中有白膏泥，具有很强的防腐作用，并能有效隔断墓室内外水的联系和气体交换；紧贴棺椁的四周和顶部填充了一层 30 多厘米的木炭，具有超强的吸附和防潮能力。这些因素可使深埋地下的椁室形成恒温、恒湿、缺氧、无菌环境，将棺椁、墓主尸体及随葬物都完好地保存了下来。先人们的恒温设计充分显示了中国古代劳动人民的智慧。

图 6-5-4　马王堆汉墓一号墓

图 6-5-5　辛追复原蜡像

三 恒温住宅——科技生活

✻ 外墙设计

现代住宅通常建有外保温墙，主要由相当厚的保温板、墙体中间的流动空气层组成，能起到保温和隔热的作用。有的节能住宅的墙体和楼板甚至采用了陶粒混凝土，与普通混凝土相比，更为隔音、隔热。装有外保温墙的住宅，无论是炎热的夏天，还是寒冷的冬天，都有较好的恒温功能。

知识链接

陶粒混凝土

以陶粒代替石子作为混凝土的骨料称为"陶粒混凝土"，又称"陶粒砼"。陶粒砼保温性能好，导热系数比普通砼低一半以上，因此热损失小，在同等墙厚条件下，可大大改善房间的保温隔热性能。陶粒砼由于自重轻，弹性模量较低，所以抗震性能也较好。

数学运算

计算材料导热后的温度

当物体中存在温差时，热量会从温度高的地方传向温度低的地方。对于长度为 L、横截面积为 S 的均匀金属棒，当两端的温差稳定为 ΔT 时，Δt 时间内从高温端向低温端传导的热量 Q 满足关系式：

$$Q = \frac{kS \cdot \Delta T}{L} \Delta t$$

其中，k 为棒的导热系数。如图 6-5-6 所示，长度分别为 L_1、L_2，导热系数分别为 k_1、k_2 的两个横截面积相等的细棒，在 D 处紧密对接，两金属棒各自另一端分别与温度为 400 K、300 K 的恒定热源良好接触。若 $L_1 : L_2 = 1 : 2$，$k_1 : k_2 = 3 : 2$，则在稳定状态下，D 处的温度为多少开？

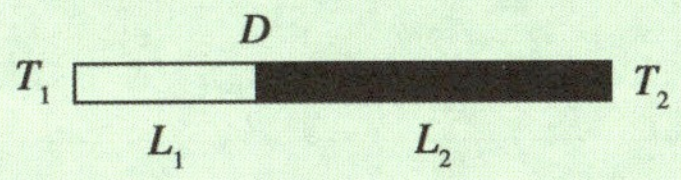

图 6-5-6　紧密对接的两金属棒

思维分析　D 处的温度为_____K。

学科交叉

导热系数

导热系数是指在稳定传热条件下，1 m 厚的材料，两侧表面的温差为 1 K，在 1 s 内通过 1 m² 面积传递的热量，单位为 W/（m·K）。

在所有固体中，金属是最好的导热体。气体的导热系数很小，对导热不利，但对保温有利。

学科交叉

坡屋顶设计

传统坡屋顶多采用在木屋架或钢木屋架、木檩条、木望板上加铺各种瓦面等传统方法。而现代坡屋顶则多改为钢筋混凝土屋面桁架（或屋面梁）及屋面板，再加防水屋面等方法。

坡顶房屋造型比较美观，而且不积水，防水性能好。

✿ 屋顶设计

最典型的屋顶恒温措施就是"平改坡"和加隔热层。如果在屋顶做了一个约 5 cm 的流动空气夹层，则能使夏天顶层房间的温度反而比下层低几摄氏度（℃）左右，冬天则相反，称得上是"冬暖夏凉"。

✿ 窗户设计

居室使用的玻璃可分为单层玻璃和双层玻璃，双层玻璃的保温、隔音效果明显好于单层玻璃。双层玻璃的设计又有所区别，有的只是简单地抽出夹层中的部分空气，有的则是在抽出空气后加入一定量的惰性气体，其保温、隔音效果更好。如果在此基础上再给玻璃镀上膜，这样的中空镀膜玻璃不仅可以增加玻璃的强度，其保温效果更好一些（图 6-5-7）。

有的房屋还会在窗外加装铝质卷帘等设施，也能在一定程度上提高住宅的保温、隔热效果。

✿ 恒温恒湿系统

恒温恒湿是"绿色建筑"的一个特点。简单而言，就是采用一定技术手段，使室内温度和湿度保持在一个相对稳定的范围内。建筑房屋时，可在混凝土楼板内埋设直径为 16~20 mm、间距为 200~300 mm 的水管，根据冬夏居家的习惯，冬天在水管内注入 27 ℃~28 ℃ 的热水，夏季注入 18 ℃~20 ℃ 的冷水，通过混凝土楼板散热和吸热，再以柔和的辐射方式使室内温度均匀受控，达到恒温的效果。恒湿则是依靠新风系统，使冬、夏两季室内空气湿度处于人体舒适的范围。

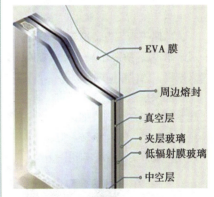

图 6-5-7　中空镀膜玻璃

探究·实践

比较水和煤油的吸热能力

实验目的　探究水和煤油的吸热能力。

实验器材　烧杯、温度计、电热丝等。

实验步骤

1. 取两个相同的烧杯，在烧杯里分别装入质量和初温都相同的水和煤油。

知识链接

水因比热容大而显"贵"

水是比热容比较大的一种液体。基于此，水在生活中有广泛的应用。比如，水在冷却系统中应用较多，用水冷却的效果较好；水稻育苗时，为防止霜冻，可在傍晚时向秧田里灌一些水过夜，第二天太阳升起时再把水放掉，对秧苗起到保温作用；冬季供热用的散热器、暖水袋通常用水作为工作物质；在城市开挖人工湖，调节局部气候等。

2. 用两个完全相同的"热得快"分别给液体加热。
3. 每隔 1 min 记录一次液体温度，填入表 6-5-2 中。

数据记录

表 6-5-2 水和煤油的吸热能力比较

物质	温度 /℃							
	0	1 min	2 min	3 min	4 min	5 min	6 min	7 min
水								
煤油								

实验结论 两种液体中，_____的吸热能力更强。

反思

1. 给水和煤油加热，选用两个相同的"热得快"的目的是什么？
2. 水和煤油在相同时间内升温不同的原因是什么？
3. 为什么在恒温和地暖系统中，要用水来作循环液体？

❋ 新风系统

新风系统如同房屋的"呼吸机"，具有换气、过滤等功能。采用新风系统可及时更换室内空气，使室内长期保持有新鲜空气。研究表明，新风系统还可以减少"空调病"的发生，防止室内家具、衣物发霉。一些新风系统同时还有加湿功能。

工程技术

设计家庭新风系统

工程目的 尝试自行根据需要绘制工程图纸。

工程步骤

1. 下载 CAD 制图软件。
2. 以如图 6-5-8 所示的居室平面图为例，绘制家庭新风系统图纸。

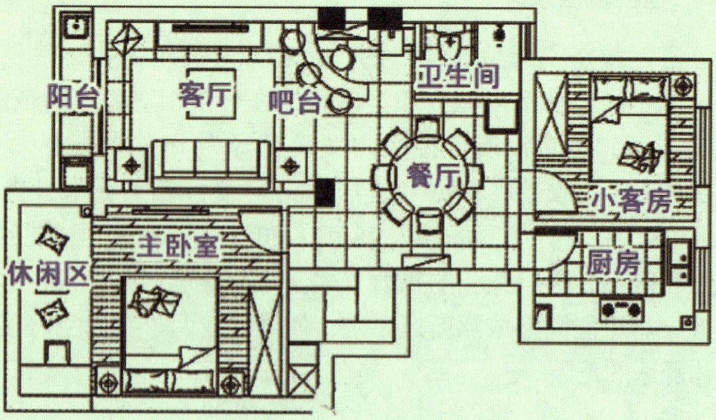

图 6-5-8 居室平面图

艺术欣赏

洞仙歌·冰肌玉骨
[宋] 苏轼

冰肌玉骨，自清凉无汗。水殿风来暗香满。绣帘开，一点明月窥人，人未寝，欹枕钗横鬓乱。

起来携素手，庭户无声，时见疏星渡河汉。试问夜如何？夜已三更，金波淡，玉绳低转。但屈指西风几时来，又不道流年暗中偷换。

图 6-5-9 《洞仙歌·冰肌玉骨》词意画

随着科技的日新月异，江苏这片古老而年轻的大地正焕发出新的生命力，历史和科技的碰撞，传统和现代的融合，是未来江苏大地的主基调。宜居的城市，恒温的住宅，数千年历史悠久的城市同样跳动着时尚与科技的脉搏！

一、概念理解

1. 下列各种生物中，属于恒温动物的是（　　）。
   A. 刺猬　　　　　　B. 企鹅　　　　　　C. 蛇　　　　　　D. 青蛙

2. 小明家住市中心，总觉得城市夏天太热，这激发了他探究城乡温差的原因。星期天，他请全班同学分别到选定的地点，于中午同一时刻测出各测试点的气温，并绘制出如下图所示的"区域－温度"坐标图。

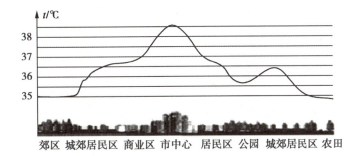

请回答：
（1）图中气温比较低的区域是哪里？为什么这些地方的气温比较低？
（2）请举例说明降低市中心环境气温的办法。

二、思维拓展

为什么种植水稻时要白天把水放掉，夜晚把水灌入？

三、工程技术

请你设计一款恒温孵化箱来替代水浴孵化法，在下面空白处画出设计图，并说出你的设计思路。

一、概念理解

1. 近年来，由于过多地排放二氧化碳，温室效应不断加剧。下列现象中，**不属于**温室效应引发的是（　　）。
   A. 全球气候变暖　　B. 热带风暴频发　　C. 海平面下降　　D. 冰山体积变小

2. 人的体温除受到下丘脑中的体温调节中枢的调节和控制外，还可以通过一些外显行为来调节。下列各种调节体温的行为中，适合于夏季的有（　　），适合于冬季的有（　　）。
   A. 增减衣服　　B. 烤火　　C. 在树荫下　　D. 运动
   E. 吃冷饮　　F. 吹风扇　　G. 开空调　　H. 晒太阳

3. 在炎热的夏天用电风扇可以制冷。下列各项中，和电风扇制冷原理相同的是（　　）。
   A. 纸扇　　B. 冰鉴　　C. 电冰箱　　D. 制冷空调

4. 冬天使用电热水袋可以取暖。下列各项中，和电热水袋获取内能方式相同的是（　　）。
   A. 汤婆子　　B. 电热饼　　C. 暖宝宝　　D. 空调

二、技能训练

有甲、乙两种不同品牌的保温杯，为了比较这两种品牌的保温杯盛水时的保温效果，小明按照科学探究的程序，明确了具体的探究问题，选择了适当的器材，在控制变量的前提下在室内进行实验，得到了一段时间内甲、乙两种保温杯内水的温度的实验数据，根据数据绘制的图像如下图所示。

请你根据图像所提供的信息回答以下问题：
（1）甲、乙两种保温杯，保温效果较好的是_____。
（2）请估计实验过程中第 5 h 的室温：_____℃。

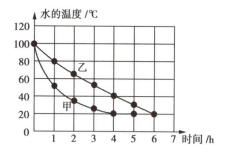

三、思维拓展

1. 地热是新型采暖方式，它是在室内的地面下铺设管道，通过管内热体双向循环方式将地板加热升温到一定温度，再由地板均匀地向室内辐射热量，由空气的自然对流而达到理想温度分布的室内热微气候，使室内环境达到人体感官最舒适的状态。其中"空气自然对流"形成的原因是_____。地暖与空调、火炉等通过送热风供暖相比，不同之处在于它不制造"风"。空调和火炉送出的热风容易使喉咙和皮肤干燥，其中"容易使咽喉和皮肤干燥"的物理原理是_____。

2. 微波炉是现代家庭中加热食品的工具。接通电源后，微波炉内的磁控管能产生频率很高、波长很短的电磁波，故称为微波。微波有以下重要特性：微波的传播速度等于光速；微波遇到金属物体，会像光遇到镜子一样发生反射；微波遇到绝缘材料，如玻璃、塑料等，会像光透过玻璃一样顺利通过；微波遇到含水的食品，能够被其大量吸收，引起食品内部分子发生剧烈的振动，达到加热食品的目的；过量的微波照射对人体有害;微波的传播速度=波长×频率。

(1) 已知某微波的波长为 0.3 m,则该微波的频率为 _____。

(2) 为防止微波泄漏对人体造成伤害,在玻璃炉门内侧应装有 _____。

(3) 小明家使用的微波炉功率为 1000 W,假如该微波炉能将 80% 的电能用于加热,则小明用该微波炉加热质量为 300 g、温度为 20 ℃ 的水至沸腾,需要用时多长?

四、调查走访

美丽的太湖是中国五大淡水湖之一,也是苏州的重要水源基地。但是太湖曾经一度面临较为严重的生态危机——"蓝藻"爆发(见下图)。蓝藻是一种原始、古老的藻类。在高气温、高光照,以及水体中含有较为丰富无机盐的条件下,蓝藻会迅速生长,高温天气持续越长,蓝藻繁殖就越迅猛。请你通过信息搜集或调查走访等方式,调查太湖曾经暴发蓝藻危机的原因,并写出调查报告。

再次为春天里的小草歌唱

（代后记）

北京大学校长蔡元培先生认为："要有良好的社会，必先有良好的个人，要有良好的个人，就要先有良好的教育。"由此不难发现，教育之于个人和社会的重要作用。我入职教师这一行已有20多个年头了，从事教学研究工作也已10多年，从初次站上讲台时的惴惴不安，到站稳讲台后的驾轻就熟，再到久站讲台后的波澜不惊，时间久了，教育的神圣感犹在，活力与激情却愈发少了。有时，看着眼前的学生，想到学校里教授的知识、课堂中的教学方式，以及对学生学业质量的评价方式，心情就沉重起来。教师为何而教？学生为何而学？今天的教育该教什么？不该教什么？怎么去教？怎么去学？这些问题在我的脑海中不断涌现。有人说："每一个无处安放的灵魂，都有一颗躁动的心。"其实，教育者不应有一颗躁动的心，而应有一颗悲悯之心、一颗善良之心、一颗永不磨灭的梦想之心、一颗公心。正如陶行知先生所言："教育为公以达天下为公。"

我是从2007年开始接触STEAM教育的，那时我正在澳大利亚的布里斯班学习。时隔多年，我依然清晰地记得：那天下午，我和几位同学被安排去一所学校听课，教师所上的正是一节关于"鸭子与螺旋桨推进器"的STEAM课。尽管没有教材，但同学们仍兴高采烈地围坐在摆满了木板、锉刀、画笔、电线、电路板、传感器等器材的实验桌旁。教室前面有一个大水盆，盆里装有几只小鸭子。同学们聚精会神地观察鸭子游泳，又七嘴八舌地议论着。在听课过程中，我为教师既幽默又具有启发性的教学语言所折服，为同学们对自然世界认真细致的观察、天真又不乏深刻的发言所打动，为师生们基于批判性思维的激烈思维碰撞所触动，更为这种真正鲜活的学习场景所感染……那时，我就有一种直觉，同学们真实生活的世界是圆融的，其间并没有什么明显的学科分界，只是在进了学校和课堂后，才被人为分割成了数学、物理、化学、生物、地理、音乐等学科。也就在那时，我萌生了一种想法：若有可能，也要在我的课堂里开展STEAM教育。这就是我的STEAM教育梦最早的发端，如同在春天里播下了一粒小草的种子。

我回国以后，由于一直被其他工作所耽误，加上自己的惰性，这个STEAM梦就被搁置了。直到2014年12月中旬，我和吴洪老师一起主持了江苏省"十二五"规划初中专项重点资助课题——"优化初中生物学实验教学策略的实践研究"的工作，这个梦才又被点燃。全体课题组成员一起开始系统学习与STEAM教育相关的理论和原理，考察了国内STEAM教育做得比较好的城市、学校，对一些经验丰富的STEAM教师进行访谈。我们学到了很多先进的经验，也发现当前的STEAM教育存在"重技能培养，轻知识学习""重活动形式,轻科学精神""重学习结果,轻学习过程""重硬件装备,轻科学思维培养"等误区,面临着"缺乏整体设计和推动""缺乏STEAM师资""缺乏STEAM课程教学资源""缺乏社会联动机制"等困境。于是,我便想在STEAM课程开发和师资培养上做一些具体工作。

我们课题组的部分成员以及一些有志于STEAM教育研究的数学、地理、物理和信息技术等学科的教师共计22位,一起参与了第一期"苏式"STEAM精品课程的开发工作。其间遭遇重重困难,主要有三点:一是尚未形成明确的"苏式"STEAM课程的理论体系;二是无现成可借鉴的范本与课程体例;三是作者们受自身学科知识限制,对学科整合感到力不从心。遵循着"学习—实践—反馈—完善—再实践—再反馈—提炼总结"的课程开发指导思想,作者们牺牲了大量的休息时间,夜以继日地工作,用了不到一年的时间,第一期"苏式"STEAM精品课程系列丛书——《苏州印记》《水乡探秘》《能工巧匠》就正式出版了。承蒙读者们的厚爱,丛书刚一面世就受到了肯定和赞誉。一批实验学校的教师也创造性地使用我们的"苏式"STEAM课程进行教学,以自己的汗水和智慧,形成了很多精彩课例,获得了一批国家级、省市级的奖项和荣誉,实现了教师与课程共成长。

为了在更大范围内向读者们介绍"苏式"STEAM教育的理念——精致、适切、圆融、创新与本土化,我们开始了第二期STEAM精品课程系列丛书的编写工作。遵循着"传承与发展"的思路,在第一期课程的基础之上,我们又扩大了选题范围,增添了编委会成员,在江苏、福建、湖北和广东等地招募各学科教师50多人,组建了20个课程研发小组,最终设计并开发了18个精品课程,按主题归为三册——《水韵生活》《科创未来》《非遗传承》。本期课程,我们完善了栏目设置,在正文部分增加了"工程技术""DIY""调查走访"等活动,在旁栏部分增设了"学科交叉"。我们还优化了章、节评价试题,提出了基于真实情境下复杂问题解决的多维度能力、价值观考查的目标导向。这套丛书的出版,标志着"苏式"STEAM课程从理念上走向成熟,在实践上步入正轨,也给了我们一个再次放飞梦想的机会,正如那生长在春天里的小草,经历了夏的绿、秋的黄、冬的白,却依然怀揣着一个美丽春天的梦,在春雷声声处破土、萌芽。

记得在第一期丛书出版后的一次研讨会议上,丛书主编、江苏省数学特级教师周先荣校长与我讨论"苏式"STEAM教育的核心理念问题。我们明确了"苏式"就是精致、质朴、大气和本土融合的意思。"苏式"STEAM精品课程是一种基于STEAM教育理念的本土化实施策略与系统解决方案,是汲取了STEAM教育的优秀理念,凝练精华,团队合作而成。但它又与国内外的STEAM课程有所不同,主要有四个首创:第一,首创性地以主题统领下的学科核心概念和跨学科核心概念为主线,组织STEAM课程的内容,从而有利于形成真正的跨学科学习,发展核心素养;第二,首创性地以递进式的项目活动而非单独的学习活动来设计STEAM活动体系,有利于开展真正意义上的深度学习,避免了为开展活动而设计活动;第三,首创性地以标准教材的形式呈现STEAM课程,包括章首语、内容提要、课程学习意义、每节学习目标(STEAM学习目标)、递进性项目活动串等;第四,首创性地构建了STEAM教育质性与量化相结合的学业质量评价体系,"便于学校课程的实施与管理""便于教师开展教学""利于发展学生STEAM素养"是我们课程开发与设计的指导思想。

丛书的出版,要感谢南京大学的胡征教授作序,并对课程开发予以细心指导,让我们感受到了科学

家的严谨、细致，以及对教育的一片赤诚之心。要感谢华中师范大学的崔鸿教授和朱家华博士、南京师范大学的解凯彬教授、北京师范大学的王健教授、江苏省"人民教育家培养对象"任小文教授，以及江苏省特级教师、教授级高级教师吴红漫老师等专家、学者在丛书编写过程中的悉心指导与后期的细致审校，他们睿智、真诚、严谨的学者风范深深感染了我们，也提升了本套丛书的品质与内涵。更要感谢那些认真、执着、富有激情和创造力的作者，他们踏实、勤奋和富有建设性的工作，让我们得以欣赏到一个又一个精彩课程，以及通过课程传递的"苏式"STEAM教育理念——只因为我们心中有一个共同的愿望：写出贴近教育"一线"的书，让它能真正服务STEAM教学，引领STEAM教学，助推课程改革。书中的每一个课程都经过反复论证，并进行了10多遍的修改、打磨，但每一位作者都无怨无悔，背后支撑他们的是一种基于STEAM课程文化的价值观——在学科整合中自洽，在合作交流中提升，在思维碰撞中完善——这难道不就是教育的本义吗？特别要感谢西安交通大学苏州附属实验初级中学的顾媛源老师，苏州工业园区第二高级中学的陈旗建老师，江苏省苏州第一中学的蒋玉华、朱征宁、魏梦俊老师，苏州市胥江实验中学校的沙莉老师，苏州工业园区星海实验中学的陆全霖、董美麟、王文杰老师，吴江汾湖高级中学的马育国、刘克实老师，苏州工业园区东沙湖学校的徐青、汪悦老师，吴中区临湖实验中学的肖艳艳老师，常熟市中学的瞿栗老师，相城区太平中学的庄伟星老师，中国人民大学附属中学深圳学校的陶明凤老师，还有美国密歇根州立大学的孙先明先生，尽管他们的名字没有出现在编者名单中，但他们的辛勤付出必将被每一个人记住！我们的作者，正是这样一群可爱的人！感谢苏州广协文化传媒为本丛书精心设计了封面。还要感谢苏州大学出版社各位编辑认真、仔细的审校，特别是张凝主任严谨、细致的工作作风使我们的作品得以更加完美。当然，最要感谢的人是你们——亲爱的读者们，你们的喜欢才是我们做这项工作最大的动力，更是我们快乐的源泉。

最后，想对亲爱的同学们说："愿你们始终保持对自然的好奇；愿你们能坚持阅读；愿你们始终保持清醒，即便遭受伤害也不会丧失判断是非的标准；愿你们不会因为利益而偏袒任何一方，能始终保持客观、公正、独立；愿你们即使遭受打击也不会失去梦想和希望，始终保持该有的优雅；愿你们不必高贵，但必须拥有一个有趣的灵魂！"

随同新一天来临的，必然是新的行动、新的希望！让STEAM教育的梦在现实的土壤中发芽，茁壮成长，开花结果。做追梦人是美丽的！所以在今天，我只是放声为春天里这蓬全新的教育小草歌唱。明日或有烈火，但我坚信，焚掉枯草之后，新的小草以此滋养，将更蓬勃。

我爱，我信。

是为记！

马建兴
戊戌年岁末于苏州